KB112136

필수한자 3300

필수한자 3300

초판 발행일   2015년 4월 27일

지은이   문 병 모
펴낸이   손 형 국
펴낸곳   (주)북랩
편집인   선일영   편집   서대종, 이소현, 이탄석, 김아름
디자인   이현수, 윤미리내, 곽은옥   제작   박기성, 황동현, 구성우
마케팅   김회란, 박진관, 이희정
출판등록   2004. 12. 1(제2012-000051호)
주소   서울시 금천구 가산디지털 1로 168, 우림라이온스밸리 B동 B113, 114호
홈페이지   www.book.co.kr
전화번호   (02)2026-5777   팩스   (02)2026-5747

ISBN   979-11-5585-520-1 03710(종이책)
          979-11-5585-521-8 05710(전자책)

이 도서의 국립중앙도서관 출판예정도서목록(CIP)은 서지정보유통지원시스템 홈페이지(http://seoji.nl.go.kr)와
국가자료공동목록시스템(http://www.nl.go.kr/kolisnet)에서 이용하실 수 있습니다.
(CIP제어번호 : CIP2015012269)

일상생활에서 자주 쓰는 한자의 모든것!

필수한자 3300

군더더기는 싹 빼고
일상생활에서 가장 많이 쓰는
한자어만을 엄선!

문병모 지음

필수 한자 3300개

한자 단어	4800개
사자성어	1000개
성구成句	100여 개 수록!

북랩 book Lab

우리말 단어 중 약 70% 가까이는 漢字語로 이루어져 있어, 일부러 漢字의 중요성을 강조할 필요조차 없으리라 봅니다. 그런 만큼 한자와 관련된 교재는 시중에 많이 유통되고 있는 실정입니다.

하지만 모두들 한편으로는 너무 복잡하고 또 한편으로는 너무 허접하여, 간결하면서도 알차게 익히는 데에 적절한 교습지가 없기에 감히 이 책을 만들어 보았습니다.

이 책에 실린 한자는 자전 및 국어사전에서 필수 한자 3,300개와 한자어 단어 4,500개, 사자성어 1,000개를 가려 뽑은 것으로, 일상생활에서 일반인에게 필요한 한자는 거의 실려 있습니다. 따라서 이 책에 실린 한자만 잘 익혀도 일상생활에서 한자 때문에 곤란을 겪는 일은 없어질 것입니다.

한편, 한자는 기본적으로 部首와 旁이 결합되어 만들어졌으므로, 본격적으로 학습하기에 앞서 핵심적인 部首를 익혀 두면 편리합니다.

亻-사람.	刂-칼.	力-힘	口-입.	土-땅.
女-여자.	山-산.	心-마음.	手-손.	氵-물.
犭-짐승.	日-해.	水-물.	火-불.	

이상이 가장 많이 쓰이는 部首들입니다.

한편, 3,300개의 각 한자에는 훈과 음이 달려 있고, 어떤 단어에서 쓰이는지를 알게 하기 위하여 두 글자로 된 한자 단어를 예로 실어 두었습니다. 또한 복습을 겸하고 단어 사용의 다른 예를 볼 수 있도록 세 글자 단어 및 사자성어를 함께 실어 두었습니다.

모쪼록 여러분의 한자 학습에 이 책이 큰 도움이 되기를 바랍니다.

저자 문병모

머리말__4

제1부 2자성어로 익히는 3300자

차 례

제4부 4자성어로 실력 쌓기

제5부 삶을 윤택하게 하는 성구(成句)

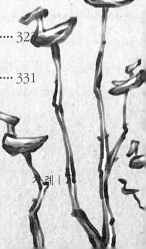

제1부 2자성어로 익히는 3300자

ㄱ

가(加)~길(桔)

加 擔 　더할 가. 맡을 담.
따라서 참여함.

可 觀 　겨우 가. 볼 관.
언행이 보기에 거북함.

佳 約 　아름다울 가. 맺을 약.
결혼을 약속함.

架 空 　시렁 가. 빌 공.
실제가 아닌 꾸며낸 것.

家 譜 　집 가. 문서 보.
가문의 족보.

街 路 　거리 가. 길 로.
시가지 도로.

假 橋 　거짓 가. 다리 교.
임시로 설치한 다리.

歌 謠 　노래 가. 노래 요.
대중이 부르는 노래.

價 値 　값 가. 가치 치.
사물이 지닌 값이나 쓸모.

嘉 尙 　아름다울 가. 상서로울 상.
착하고 기특함.

駕 馬 　수레 가. 말 마.
조그만 집 모양의 탈것.

嫁 娶 　시집갈 가. 장가갈 취.
시집가고 장가 듦.

苛 酷 　가혹할 가. 혹독할 혹.
모질고 혹독함.

迦 燮 　부처 가. 빛날 섭.
부처님의 수제자.

痂 皮 　상처딱지 가. 거죽 피.
부스럼 딱지.

柯 枝 　가지 가. 가지 지.
나무 가지.

呵 欠 　불 가. 하품 흠.
하품을 함.

訶 責 　꾸짖을 가. 책망할 책.
자신의 허물을 자책함.

稼 動 　심을 가. 움직일 동.
기계를 움직여 일함.

暇 日 　한가할 가. 날 일.
휴일. 여가가 있는 날.

伽 藍 　절 가. 절 람.
사찰.

檟 楚 　회초리 가. 회초리 초.
사람을 징벌하는 데 쓰는 매.

各 樣 　각각 각. 모양 양.
여러 가지 모양.

角 逐 　뿔 각. 쫓을 축.
서로 앞서려고 함.

覺 醒 　깨달을 각. 깨달을 성.
정신을 바로 잡음.

却 說 　막을 각. 말씀 설.
화제를 돌림.

刻 薄　　　굵을 각. 엷을 박.
인정이 메마름.

脚 本　　　다리 각. 근본 본.
연극의 꾸밈새.

閣 僚　　　벼슬 각. 동료 료.
내각을 구성하는 장관.

恪 別　　　삼가 할 각. 다를 별.
특별히 생각함.

咯 血　　　토할 각. 피 혈.
피를 토함.

殼 物　　　껍질 각. 종류 물.
조개류.

刊 行　　　펴낼 간. 행할 행.
서적 따위를 인쇄하여 펴냄.

肝 腸　　　간 간. 창자 장.
간과 창자.

看 過　　　볼 간. 지날 과.
대수롭지 않게 대충 보아 넘김.

間 諜　　　사이 간. 이간질할 첩.
정보를 훔치는 사람.

姦 淫　　　간사할 간. 음탕할 음.
타인과의 성적 행위.

幹 部　　　간부 간. 부서 부.
직장의 중요한 인물.

簡 便　　　간략할 간. 편리할 편.
쉽고 편리함.

懇 請　　　간절할 간. 청할 청.
간절히 부탁함.

諫 言　　　간할 간. 말씀 언.
윗사람에게 간청함.

奸 詐　　　간음할 간. 속일 사.
나쁜 꾀.

墾 田　　　개간할 간. 밭 전.
땅을 파서 밭을 만듦.

艱 苦　　　어려울 간. 괴로울 고.
괴롭고 고생스러움.

干 涉　　　방패 간. 지나쳐 볼 섭.
남의 일에 지나치게 참견함.

竿 頭　　　장대 간. 머리 두.
장대 끝. 위태로운 위치.

揀 擇　　　가릴 간. 가릴 택.
가려서 뽑음.

柬 房　　　편지 간. 방 방.
편지를 맡아보는 사람.

杆 棒　　　막대 간. 막대 봉.
곤봉의 옛말.

澗 聲　　　산골 물 간. 소리 성.
산골 물 흐르는 소리.

渴 症　　　목마를 갈. 증세 증.
목이 마름.

葛 藤　　　칡 갈. 등나무 등.
이해관계가 서로 엉킴.

碣 忠　　　다할 갈. 성 충.
충성을 다함.

喝 破　　　꾸짖을 갈. 깨트릴 파.
남이 미처 모른 것을 깨침.

秸 席　　　볏짚 갈. 자리 석.
볏짚으로 만든 자리. 덕석.

喝 采　　　소리 지를 갈. 캘 채.
박수갈채.

苷 草　　　감초 감. 풀 초.
단맛이 나는 한약재.

酣 飮　　　술 즐길 감. 마실 음.
기분 좋게 술을 마심.

敢 行　　　날낼 감. 다닐 행.
과감하게 행동함.

甘 酒　　　달 감. 술 주.
단 술.

減 速　　　덜 감. 속도 속.
속도를 줄임.

柑 皮　　　감귤 감. 가죽 피.
밀감 껍질.

感 懷　　　느낄 감. 품을 회.
지난 일을 회상함.

憾 情　　　섭섭할 감. 뜻 정.
원망하거나 성내는 마음.

監 理　　　감독할 감. 다스릴 리.
감독하여 다스림.

紺 靑　　　보랏빛 감. 푸를 청.
짙고 산뜻한 쪽빛.

鑑 察　　　살필 감. 살필 찰.
자세히 살펴봄.

堪 耐　　　견딜 감. 견딜 내.
참고 견딤.

疳 疾　　　감질 감. 질병 질.
욕심에 차지 않은 마음.

勘 收　　　헤아릴 감. 거둘 수.
자세히 조사하여 압수함.

甲 板　　　껍질 갑. 널 판.
배의 갑판.

胛骨　　　어깨뼈 갑. 뼈 골.
어깨 뼈.

匣 作　　　상자 갑. 지을 작.
주물 그릇의 틀.

閘 門　　　갑문 갑. 문 문.
수위를 조절하는 댐의 문.

糠 粥　　　쌀겨 강. 죽 죽.
쌀겨 죽.

强 弱　　　강할 강. 약할 약.
강하고 약함.

江 湖　　　물 강. 호수 호.
강과 호수.

降 等　　　내릴 강. 오를 등.
계급이나 등급을 낮춤.

剛 度 　　굳셀 강. 정도 도.
강함의 정도.

絳 衣 　　붉을 강. 옷 의.
붉은 옷.

康 寧 　　긴강할 강. 편할 령.
건강하고 편안함.

綱 領 　　근본 강. 중요할 령.
중요한 기본 규칙.

薑 黃 　　생강 강. 누를 황.
생강의 한 종류.

鋼 鐵 　　강철 강. 쇠 철.
강도가 강한 쇠.

講 演 　　강론할 강. 행할 연.
주제를 설파함.

慷 慨 　　비분할 강. 분개할 개.
원망이 끓어오름. 비분강개.

腔 腸 　　창자 강. 창자 장.
강장동물의 체강.

杠 梁 　　외나무다리 강. 다리 량.
외나무다리.

岡 陵 　　멧등 강. 언덕 릉.
언덕과 삭은 산.

改 造 　　고칠 개. 지을 조.
다시 고침.

介 入 　　고칠 개. 들 입.
끼어듦.

皆 勤 　　다 개. 부지런할 근.
빠지지 않고 행함.

個 體 　　낱 개. 몸 체.
낱낱의 물체.

開 講 　　열 개. 강론할 강.
강의를 시작함.

盖 然 　　덮을 개. 그럴 연.
그럴 것 같은 느낌.

槪 念 　　대개 개. 생각 념.
일반적인 생각.

慨 嘆 　　분할 개. 탄식할 탄.
억울함을 탄식함.

凱 旋 　　개선할 개. 돌 선.
이기고 돌아옴.

漑 灌 　　물댈 개. 물댈 관.
물대는 수로.

疥 癬 　　옴 개. 버짐 선.
가려운 피부질환. 옴.

豈 歌 　　승전 악 개. 노래 가.
이겼을 때 부르는 노래.

芥 子 　　개자 개. 열매 자.
개자 씨와 갓 씨를 이울러 이름.

客 談 　　손 객. 말씀 담.
남 말 하듯이 하는 말.

喀 痰 　　기침할 객. 가래 담.
기침 가래.

更 生 　　　　다시 갱. 날 생.
다시 살아남.

羹 粥 　　　　국 갱. 죽 죽.
국과 죽.

坑 道 　　　　구덩이 갱. 길 도.
땅속으로 뚫은 길.

巨 匠 　　　　클 거. 장인 장.
기능이 뛰어난 사람.

去 留 　　　　갈 거. 머무를 류.
떠남과 머무름.

車 馬 　　　　수레 거. 말 마.
수레와 말.

踞 坐 　　　　걸터앉을 거. 앉을 좌.
걸터앉음.

鋸 銶 　　　　톱 거. 끌 구.
톱과 끌.

拒 否 　　　　막을 거. 아니 부.
안 하려고 함.

祛 痰 　　　　제거할 거. 가래 담.
가래를 제거함.

炬 火 　　　　횃불 거. 불 화.
횃불.

居 處 　　　　살 거. 곳 처.
사는 장소.

距 離 　　　　떨어질 거. 떠날 리.
떨어져 있는 정도.

據 點 　　　　의지할 거. 곳 점.
근거로 삼는 위치.

擧 事 　　　　들 거. 일 사.
일을 실행함.

倨 慢 　　　　거만할 거. 거만할 만.
잘난 체함.

据 置 　　　　가질 거. 둘 치.
돈을 일정 동안 돌려주지 않음.

件 數 　　　　사건 건. 셀 수.
사건의 수.

建 坪 　　　　세울 건. 들 평.
건축하는 넓이.

健 勝 　　　　굳셀 건. 이길 승.
탈 없이 건강함.

乾 坤 　　　　하늘 건. 땅 곤.
하늘과 땅.

鍵 盤 　　　　바퀴살 건. 선반 반.
피아노 건반.

巾 布 　　　　수건 건. 베 포.
수건 만드는 천.

傑 作 　　　　호걸 걸. 지을 작.
훌륭한 작품.

桀 惡 　　　　사나울 걸. 악할 악.
사납고 추악함.

乞 神 　　　　구걸할 걸. 귀신 신.
음식을 항상 탐함.

劍 舞　　　칼 검. 춤출 무.
칼춤.

儉 素　　　검소할 검. 바탕 소.
낭비하거나 사치하지 않음.

檢 閱　　　검사할 검. 지낼 열.
자세히 검사함.

黔 炭　　　검을 검. 숯 탄.
화력이 나쁜 숯.

劫 奪　　　겁탈할 겁. 빼앗을 탈.
위협해서 탈취함.

怯 夫　　　겁낼 겁. 지아비 부.
겁이 많은 사람.

揭 揚　　　높이들 게. 들칠 양.
높이 들어 보이게 함.

格 調　　　법식 격. 두루 조.
어울리는 취향.

擊 沈　　　칠 격. 잠길 침.
공격하여 침몰시킴.

激 烈　　　격동할 격. 매울 렬.
세차고 사나움.

隔 世　　　막힐 격. 세상 세.
세대를 거름.

膈 痰　　　명치 격. 가래 담.
가슴에 가래가 참.

檄 文　　　경문 격. 글월 문.
널리 알려 부추기기 위한 글.

犬 齒　　　개 견. 이빨 치.
송곳니.

見 聞　　　볼 견. 들을 문.
보고 들은 지식.

肩 章　　　어깨 견. 글 장.
어깨에 두른 글귀.

堅 固　　　굳을 견. 굳을 고.
굳고 튼튼함.

絹 紗　　　비단 견. 실 사.
명주실. 질긴 연실.

遣 外　　　보낼 견. 밖 외.
해외에 보냄.

譴 責　　　꾸짖을 견. 책할 책.
꾸짖고 나무람

鵑 花　　　두견새 견. 꽃 화.
진달래 꽃.

牽 引　　　끌 견. 이끌 인.
이끌어감.

決 定　　　정할 결. 정할 정.
방향이나 태도를 분명하게 정함.

缺 陷　　　이글어질 결. 빠질 함.
부족한 점이 있음.

結 婚　　　맺을 결. 혼인할 혼.
혼인함. 부부 관계를 맺음.

訣 別　　　이별할 결. 다를 별.
서로 헤어짐.

潔 白　　깨끗할 결. 흰 백.
티 없이 깨끗함

兼 職　　겸할 겸. 직업 직.
두 가지 직분을 가짐.

謙 遜　　겸손할 겸. 겸손할 손.
자신을 낮춤.

慊 然　　미더울 겸. 그래 연.
쑥스러움.

京 鄕　　서울 경. 마을 향.
도시와 시골.

耕 耘　　밭갈 경. 김맬 운.
농사 짓는 일.

莖 葉　　줄기 경. 입사기 엽.
줄기와 잎.

梗 塞　　막힐 경. 막힐 색.
소통이 안 됨.

頃 刻　　때 경. 시각 각.
눈 깜박할 사이.

敬 虔　　공경할 경. 경건할 건.
엄숙함.

硬 直　　굳을 경. 곧을 직.
매우 긴장함.

傾 聽　　기울 경. 들을 청.
귀 기울려 들음.

經 書　　경서 경. 글 서.
유교의 사상과 교리를 써 놓은 책.

競 賣　　다툴 경. 팔 매.
경쟁으로 입찰하는 방법.

景 致　　경치 경. 풍치 치.
눈에 보이는 자연과 세상의 모습.

勁 健　　굳셀 경. 건강할 건.
굳세고 건장함.

竟 夜　　마칠 경. 밤 야.
자지 않고 밤을 새움.

庚 帖　　이름 경. 표제 첩.
신랑 신부의 3대 내력을 적은 문서.

瓊 杯　　붉은 옥 경. 잔 배.
옥돌 잔.

鯁 言　　생선가시 경. 말씀 언.
마음을 아프게 하는 말.

境 界　　지경 경. 경계 계.
일정한 관할 지역.

鏡 臺　　거울 경. 집 대.
거울 달린 화장대.

輕 蔑　　가벼울 경. 멸시할 멸.
업신여김.

慶 事　　경사 경. 일 사.
축하할 일.

警 戒　　경계할 경. 경계 계.
미리 조심하여 경계함.

驚 惶　　놀랄 경. 황망할 황.
놀라서 당황함.

涇 流 　　　통할 경. 흐를 유.
강물이 돌아 흐름.

脛 骨 　　　정강이 경. 뼈 골.
정강이 뼈.

頸 骨 　　　목 경. 뼈 골.
뒷목 뼈.

卿 雲 　　　벼슬 경. 구름 운.
좋은 느낌의 기운.

扃 鎖 　　　빗장 경. 자물쇠 쇄.
자물쇠.

逕 路 　　　지름길 경. 길 로.
지름길. 오솔길.

徑 行 　　　곧을 경. 행할 행.
생각한 대로 행함.

更 新 　　　고칠 경. 새로울 신.
새로 고침.

戒 律 　　　경계할 계. 법 율.
스님의 규범.

界 石 　　　한정할 계. 돌 석.
경계를 표시한 돌.

契 約 　　　맺을 계. 계약 약.
상호 간의 약속.

係 長 　　　맬 계. 어른 장.
직책 분야의 책임자.

計 策 　　　셈 할 계. 꾀 책.
방법을 세움.

桂 皮 　　　계수나무 계. 겉 피.
계피나무의 껍질.

階 段 　　　섬돌 계. 계단 단.
층층대.

啓 蒙 　　　열 계. 깨우칠 몽.
가르쳐 깨우침.

械 器 　　　기계 계. 그릇 기.
기계나 그릇.

溪 谷 　　　시내 계. 골 곡.
산과 산 사이의 물이 흐르는 곳.

季 節 　　　철 계. 절기 절.
봄, 여름, 가을, 겨울.

繫 留 　　　맬 계. 머무를 류.
일 처리를 미룸.

鷄 糞 　　　닭 계. 똥 분.
닭똥.

悸 病 　　　두근거릴 계. 병질 병.
가슴이 두근거리는 병.

繼 續 　　　이을 계. 이을 속.
끊어짐 없이 이어짐.

系 統 　　　멜 계. 거느릴 통.
통일된 조직.

誡 命 　　　경계할 계. 목숨 명.
종교인의 규칙.

高 喊 　　　높을 고. 소리 지를 함.
크게 내치는 소리.

賈 人 　　　장사 고. 사람 인.
장사하는 사람.

告 訴 　　　고할 고. 고소할 소.
처벌을 요청함.

考 證 　　　상고할 고. 증험할 증.
사물을 이론적으로 밝힘.

固 着 　　　굳을 고. 굳을 착.
굳어져 변하지 않음.

古 典 　　　옛 고. 법 전.
옛날 의식.

苦 痛 　　　괴로울 고. 아플 통.
괴롭고 아픔.

故 鄕 　　　옛 고. 마을 향.
태어나서 자란 곳.

姑 婦 　　　시어미 고. 며느리 부.
시어머니와 며느리.

枯 渴 　　　마를 고. 목마를 갈.
물이 말라 없어짐.

孤 陋 　　　외로울 고. 더러울 루.
견문이 좁고 융통성이 없음.

庫 間 　　　창고 고. 사이 간.
물건을 저장하는 곳간.

稿 料 　　　원고 고. 대금 료.
원고료.

雇 用 　　　더부살이 고. 쓸 용.
보수를 주고 남을 부림.

股 間 　　　다리 살 고. 사이 간.
사타구니.

膏 血 　　　기름 고. 피 혈.
애써서 얻은 재물을 일컬음.

鼓 膜 　　　북 고. 홀 떼기 막.
소리를 분별하는 귀청.

顧 客 　　　돌아볼 고. 손 객.
물건을 사는 사람.

錮 疾 　　　땜질할 고. 질병 질.
잘 낫지 않는 질병.

拷 問 　　　두드릴 고. 물을 문.
고통을 가하는 심문.

叩 謝 　　　숙일 고. 사례할 사.
머리 숙여 감사드림.

痼 疾 　　　고질 고. 질병 질.
치료가 어려운 질병.

羔 羊 　　　염소 고. 양 양.
염소와 양.

睾 丸 　　　불알 고. 둥글 환.
남자의 불알.

曲 線 　　　굽을 곡. 실 선.
굽은 선.

谷 澗 　　　계곡 곡. 계곡물 간.
계곡에 흐르는 물.

哭 聲 　　　울 곡. 소리 성.
우는 소리.

穀 氣   곡식 곡. 기운 기.
꼭 필요한 음식.

困 辱   곤할 곤. 욕될 욕.
곤란한 입장.

梏 桎   수갑 고. 쇠고랑 질.
수갑과 쇠고랑.

昆 虫   형제 곤. 벌레 충.
뼈 없는 벌레.

棍 杖   몽둥이 곤. 막대 장.
체벌하는 매.

骨 折   뼈 골. 끊어질 절.
뼈가 부러짐.

汨 沒   물 흐를 골. 빠질 몰.
어떤 일에 심취함.

工 場   장인 공. 마당 장.
물건을 만드는 장소.

孔 子   구멍 공. 아들 자.
유교의 창시자.

公 權   벼슬이름 공. 권세 권.
공법상의 권리.

共 濟   한 가지 공. 공제할 제.
힘을 합하여 서로 노움.

攻 擊   칠 공. 칠 격.
나아가 적을 침.

供 養   이바지할 공. 기를 양.
음식을 대접함.

空 腹   빌 공. 배 복.
뱃속이 비어 있는 상태.

貢 獻   바칠 공. 드릴 헌.
힘써 이바지함.

恭 遜   공손할 공. 겸손할 손.
예의바르게 행함.

恐 怖   두려울 공. 두려울 포.
두려워하는 마음.

控 除   당길 공. 공제할 제.
덜어 내는 것.

拱 手   팔 낄 공. 손 수.
손을 포개 큰절하는 것.

鞏 固   굳을 공. 굳을 고.
견고하고 튼튼함.

蛩 音   귀뚜라미 공. 소리 음.
귀뚜라미 울음소리.

戈 劍   창 과. 칼 검.
창과 칼.

瓜 年   모과 과. 나이 년.
여자가 혼기에 이른 나이.

果 實   과실 과. 열매 실.
나무에 열리는 열매.

夸 裝   지나칠 과. 꾸밀 장.
지나치게 부풀림.

科 目   과목 과. 눈 목.
배워야 할 과제.

過 激   지날 과. 격렬할 격.
지나치게 격렬함.

寬 容   관용할 관. 용서할 용.
너그러이 용납함.

誇 張   자랑할 과. 베풀 장.
실제보다 부풀림.

管 轄   대롱 관. 맡을 할.
관리하는 지역.

課 稅   매길 과. 세금 세.
세금을 부과함.

慣 習   익숙할 관. 익힐 습.
관례적으로 하는 습관.

寡 婦   적을 과. 며느리 부.
홀로된 부인네.

關 聯   빗장 관. 이을 련.
사물이 다른 것과 연관성이 있음.

菓 子   과자 과. 아이 자.
달콤한 과자.

觀 覽   볼 관. 볼 람.
보며 즐김.

踝 骨   복숭아 뼈 과. 뼈 골.
발목 복숭아뼈.

館 舍   집 관. 집 사.
관리가 머무르는 집.

顆 粒   알 과. 알갱이 립.
작은 알맹이.

灌 腸   물댈 관. 창자 장.
장기를 세척함.

霍 亂   광란 곽. 어지러울 란.
구토하는 질병.

串 柿   꿸 관. 감 시.
곶감. 건시.

藿 湯   미역 곽. 끓일 탕.
미역국.

款 待   정성 관. 대접할 대.
정성껏 대접함.

郭 內   성 곽. 안 내.
성곽 안.

盥 水   손 씻을 관. 물 수.
세숫물.

官 舍   벼슬 관. 집 사.
관리들이 사는 집.

棺 材   널 관. 재목 재.
관을 만드는 재목.

冠 禮   벼슬 관. 예절 례.
성인식.

祼 獻   강신제 관. 드릴 헌.
땅에 술을 부어 신을 강림하게 함.

貫 通   꿸 관. 통할 통.
꿰뚫음.

刮 目   비빌 괄. 눈 목.
눈여겨 볼 사항.

忽 視　　　걱정 없을 괄. 볼 시.
업신여기고 무시함.

括 弧　　　쌀 괄. 활모양 호.
글을 한데 묶기 위한 부호.

廣 範　　　넓을 광. 법 범.
넓은 범위.

光 彩　　　빛 광. 채색 채.
찬란한 빛.

壙 中　　　구덩이 광. 가운데 중.
무덤 속.

鑛 脈　　　쇳덩이 광. 맥 맥.
탄광의 근원.

狂 信　　　미칠 광. 믿을 신.
지나치게 믿음.

曠 野　　　클 광. 들 야.
넓은 들판.

匡 復　　　바를 광. 다시 복.
바르게 돌아옴.

掛 鐘　　　걸 괘. 쇠북 종.
벽에 거는 종이 달린 시계.

怪 奇　　　괴이할 괴. 기이할 기.
기묘함.

愧 色　　　부끄러울 괴. 빛 색.
부끄러워하는 표정.

塊 炭　　　흙덩이 괴. 숯 탄.
연탄.

乖 離　　　어그러질 괴. 거리 리.
서로 어그러져 동떨어짐.

壞 滅　　　무너질 괴. 멸할 멸.
무너져 없어짐.

傀 儡　　　허수아비 괴. 꼭두각시 뢰.
꼭두각시.

魁 首　　　우두머리 괴. 머리 수.
나쁜 무리의 두목.

槐 木　　　회나무 괴. 나무 목.
회 나무. 가구를 만드는 강한재목.

宏 壯　　　클 굉. 클 장.
대단이 웅장함.

轟 音　　　우레 굉. 소리 음.
크게 울리는 소리.

交 際　　　사귈 교. 지음 제.
서로 사귀는 것.

巧 妙　　　공교할 교. 교묘할 묘.
재치 있고 묘함.

郊 外　　　들 교. 밖 외.
도시에 인접하여 있는 곳.

喬 林　　　높을 교. 수풀 림.
큰 나무들이 우거진 숲.

校 庭　　　학교 교. 뜰 정.
학교 안 뜰.

敎 鍊　　　가르칠 교. 단련할 련.
학교에서 하는 군사 훈련.

橋 梁　　　다리 교. 기둥 량.
공중에 띄운 다리.

僑 胞　　　객지 교. 보듬을 포.
타국에 사는 동포.

嬌 態　　　아름다울 교. 태도 태.
아양 부리는 모습.

驕 慢　　　교만할 교. 거만할 만.
건방지고 잘난 체함.

狡 猾　　　교활할 교. 교활할 활.
간사하고 건방짐.

攪 亂　　　어지러울 교. 어려울 란.
혼란스럽게 만듦.

姣 童　　　아름다울 교. 아이 동.
예쁜 남자아이.

絞 首　　　목멜 교. 머리 수.
목을 매다는 형벌.

膠 接　　　아교 교. 접할 접.
단단히 붙임.

矯 正　　　바로잡을 교. 바를 정.
사리를 바로잡음.

咬 創　　　씹을 교. 상처 창.
물린 상처.

轎 夫　　　가마 교. 장정 부.
가마 끄는 사람. 운전수.

蕎 麥　　　메밀 교. 보리 맥.
메밀, 전침

皎 潔　　　밝을 교. 깨끗할 결.
마음씨가 깨끗하고 밝음.

九 尾　　　아홉 구. 꼬리 미.
간사한 여우.

口 臭　　　입 구. 냄새 취.
입 냄새.

久 霖　　　오랠 구. 장마 림.
장마가 오래 지속됨.

丘 陵　　　언덕 구. 언덕 릉.
언덕진 곳.

求 婚　　　구할 구. 혼인할 혼.
배우자를 구함.

究 明　　　연구할 구. 밝힐 명.
연구하여 사리를 밝힘.

句 節　　　글귀 구. 절기 절.
한 토막의 말이나 글.

拘 束　　　잡을 구. 묶을 속.
움직이지 못하게 함.

狗 醬　　　개 구. 식혜 장.
개장국. 보신탕.

懼 心　　　두려울 구. 마음 심.
두려워하는 마음.

枸 杞　　　구기자 구. 구기자 기.
구연산 원료. 구기자.

臼 齒　　　절구 구. 이 치.
어금니.

舅 弟 　　외사촌 구. 아우 제.
외사촌 형제.

垢 長 　　언덕 구. 어른 장.
촌장을 일컬음.

舊 面 　　오랠 구. 낯 면.
오래 전부터 아는 얼굴.

垢 衣 　　더러울 구. 옷 의.
때 묻은 옷.

苟 且 　　구차할 구. 또 차.
떳떳치 못함.

寇 賊 　　도둑 구. 도적 적.
도둑.

駒 馬 　　망아지 구. 말 마.
말과 망아지.

驅 步 　　달릴 구. 거닐 보.
뛰어 달려감.

具 象 　　갖출 구. 형상할 상.
사물이 일정한 모습을 갖춤.

鷗 盟 　　갈매기 구. 맹세 맹.
은거하여 갈매기와 벗함.

俱 現 　　함께 구. 나타날 현.
구체적으로 나타남.

毆 縛 　　때릴 구. 얽을 박.
구박하고 괴롭힘.

救 荒 　　구원할 구. 거칠 황.
굶주린 백성을 구제함.

嘔 吐 　　토할 구. 토할 토.
음식을 토함.

球 根 　　공 구. 뿌리 근.
둥글둥글한 뿌리.

購 買 　　살 구. 살 매.
물건을 사는 것.

鳩 便 　　비둘기 구. 편지 편.
비둘기를 이용해 소식을 보냄.

軀 命 　　몸 구. 목숨 명.
몸과 목숨.

構 想 　　얽을 구. 생각 상.
할 일을 계획함.

咎 責 　　허물 구. 꾸짖을 책.
잘못을 꾸짖음.

劬 勞 　　수고할 구. 노력할 로.
자식을 낳아 기르는 수고.

灸 穴 　　뜨거울 구. 구멍 혈.
뜸뜨는 혈 자리.

區 域 　　구역 구. 지역 역.
관할하는 지역.

仇 怨 　　원수 구. 원망 원.
원한이 맺힌 대상.

媾 和 　　화친할 구. 화할 화.
교접국과 화친을 논의함.

謳 歌 　　노래할 구. 노래 가.
함께 칭송하며 노래함.

遘 合 　　만날 구. 합할 합.
남녀가 장래를 약속함.

矩 度 　　법 구. 법도 도.
규율. 법도.

鉤 引 　　갈고랑이 구. 이끌 인.
갈고랑이로 걸어 당김.

歐 美 　　유럽 구. 아름다울 미.
유럽과 미국.

溝 池 　　도랑 구. 못 지.
적의 침입을 막기 위한 도랑.

韭 菹 　　부추 구. 김치 저.
부추김치.

柩 車 　　널 구. 수레 거.
시체를 싣고 가는 상여.

蚯 蚓 　　지렁이 구. 지렁이 인.
지렁이.

局 面 　　판 국. 낯 면.
현실의 상황.

國 論 　　나라 국. 말씀 론.
국민의 여론.

菊 花 　　국화 국. 꽃 화.
가을을 대표하는 꽃.

鞠 育 　　기를 국. 기를 육.
보살펴 키움.

君 子 　　임금 군. 아이 자.
덕망이 있는 사람.

郡 守 　　고을 군. 지킬 수.
군 단위를 관할하는 수장.

群 像 　　무리 군. 형상 상.
여럿이 모여 있는 모습.

軍 屬 　　군사 군. 붙일 속.
군부대에서 일하는 민간인.

窘 塞 　　군색할 군. 막힐 색.
가난함.

屈 辱 　　굽힐 굴. 욕될 욕.
남에게 억눌려 업신여김을 받음.

掘 削 　　팔 굴. 깎을 삭.
땅을 파냄.

窟 穴 　　굴 굴. 구멍 혈.
굴 속. 도둑의 소굴.

宮 殿 　　궁궐 궁. 집 전.
임금이 거하는 곳.

弓 術 　　활 궁. 기술 술.
활 쏘는 기술.

窮 極 　　궁색할 궁. 다할 극.
최후의 상황.

躬 行 　　몸 궁. 다닐 행.
몸소 실행함.

券 契 　　문서 권. 맺을 계.
약속어음.

卷 頭 　　책 권. 머리 두.
책의 첫머리.

拳 銃　　　주먹 권. 총 총.
한손에 들어가는 작은 총.

勸 告　　　권할 권. 고할 고.
하도록 권장함.

權 威　　　권세 권. 위엄 위.
통솔하는 능력.

倦 怠　　　게으를 권. 게으를 태.
싫증과 게으름.

眷 屬　　　친척 권. 붙일 속.
한 집안의 식구.

圈 內　　　둘레 권. 안 내.
정한 범위 안.

厥 明　　　그것 궐. 밝을 명.
그 다음날.

蹶 起　　　넘어질 궐. 일어날 기.
함께 호응함.

闕 內　　　대궐 궐. 안 내.
궁궐 안.

潰 滅　　　무너질 궤. 멸할 멸.
완전히 무너져 사라짐.

詭 辯　　　속일 궤. 말 잘할 변.
혼동시키는 말.

跪 坐　　　꿇어앉을 궤. 앉을 좌.
무릎을 꿇고 앉음.

軌 道　　　굴대 궤. 길 도.
기차가 다니는 철길.

机 上　　　책상 궤. 위 상.
책상 위.

鬼 才　　　귀신 귀. 재주 재.
뛰어난 재주.

貴 賤　　　귀할 귀. 천할 천.
귀하고 천함.

歸 結　　　돌아갈 귀. 맺을 결.
최종적 결과.

龜 鑑　　　본받을 귀. 볼 감.
본보기가 되는 행실.

規 模　　　법 규. 모범 모.
산정한 정도.

硅 砂　　　유리원료 규. 모래 사.
유리 만드는 모래.

窺 見　　　엿볼 규. 볼 견.
몰래 훔쳐봄.

刲 割　　　벨 규. 벨 할.
짐승을 도살함.

閨 秀　　　안방 규. 빼어날 수.
남의 집 딸의 존칭.

叫 喚　　　부르짖을 규. 부를 환.
큰소리로 부르짖음.

奎 章　　　별 규. 글장 장.
임금의 글이나 글씨.

葵 花　　　해바라기 규. 꽃 화.
해바라기 꽃.

圭 勺 　저울 눈 규. 작을 작.
작고 사소한 것.

糾 明 　살필 규. 밝을 명.
사실을 밝혀냄.

勻 旨 　두루 균. 뜻 지.
의정이 발표한 의견.

鈞 衡 　저울 균. 저울 형.
저울.

均 等 　고를 균. 오를 등.
평등하게 함.

菌 類 　버섯 균. 종류 류.
버섯 종류.

橘 皮 　밀감 귤. 겉 피.
귤피. 해소에 좋음.

尅 復 　반드시 극. 다시 복.
원상으로 되돌려 놓음.

棘 皮 　가시 극. 가죽 피.
가시가 있는 동물의 껍질.

克 己 　이길 극. 몸 기.
자신의 한계를 극복함.

極 樂 　다할 극. 즐거울 락.
지극히 즐거움.

劇 藥 　심할 극. 약 약.
독성이 강한 약.

亟 飛 　빠를 극. 날 비.
빠르게 날아감.

斤 數 　근 근. 수량 수.
무게의 수치.

近 隣 　가까울 근. 이웃 린.
가까운 이웃.

根 幹 　뿌리 근. 줄기 간.
중심이 되는 부분.

菫 菜 　씀바귀 근. 나물 채.
씀바귀나물.

筋 力 　힘 근. 힘 력.
몸을 활동하는 기운과 힘.

僅 少 　겨우 근. 작을 소.
아주 작음.

勤 續 　부지런할 근. 이을 속.
한 자리에서 오래 근무함.

謹 賀 　삼갈 근. 하례 하.
삼가 축하함.

槿 花 　무궁화 근. 꽃 화.
무궁화 꽃.

芹 菜 　미나리 근. 나물 채.
미나리나물.

覲 行 　뵈올 근. 갈 행.
어버이를 뵈러 오거나 감.

跟 骨 　발뒤꿈치 근. 뼈 골.
뒤꿈치 뼈.

慇 懃 　은근할 근. 간절할 간.
은근하고 간절함.

今 明　　　이제 금. 밝은 명.
오늘이나 내일 사이.

金 融　　　돈 금. 융통할 융.
돈의 융통.

禁 煙　　　금할 금. 연기 연.
흡연을 끊음.

琴 瑟　　　비파 금. 비파 슬.
부부 간의 정. 비파 악기.

禽 獸　　　날짐승 금. 짐승 수.
모든 짐승.

錦 衣　　　비단 금. 옷 의.
비단 옷.

衾 枕　　　이불 금. 베게 침.
이불과 베개.

衿 契　　　옷깃 금. 합할 계.
마음에 맞는 가까운 벗.

擒 縱　　　사로잡을 금. 노을 종.
사로잡음과 풀어줌.

伋 伋　　　속일 급. 속일 급.
속이기에 급급함.

急 騰　　　급할 급. 오를 등.
갑자기 오름.

及 第　　　미칠 급. 과거 제.
과거 시험에 합격함.

給 食　　　줄 급. 밥 식.
음식을 배식함.

級 友　　　등급 급. 벗 우.
함께 공부하는 친구.

汲 水　　　물기를 급. 물 수.
물을 보급함.

肯 定　　　즐길 긍. 정할 정.
옳다고 인정함.

兢 懼　　　조심할 긍. 두려울 구.
조심함. 전전긍긍.

矜 持　　　자랑할 긍. 가질 지.
자신의 능력을 믿음.

技 倆　　　재주 기. 재주 량.
능력. 수완. 기능.

其 實　　　그것 기. 사실 실.
실제의 상황. 사실.

畿 內　　　경기도 기. 안 내.
경기도 안.

棋 道　　　바둑 기. 도리 도.
바둑 두는 예의.

己 出　　　몸 기. 날 출.
자기가 낳은 자식.

氣 勢　　　기운 기. 세력 세.
힘 있고 기운차게 뻗는 형세.

紀 綱　　　기강 기. 벼리 강.
규율과 법도.

祺 祥　　　상서 기. 상서로울 상.
상서로운 기운.

忌 避 　　　꺼릴 기. 피할 피.
서러서 피함.

記 帳 　　　기록할 기. 치부책 장.
수첩에 기록함.

綺 羅 　　　아름다울 기. 별 라.
곱고 아름다운 비단.

肌 骨 　　　살 기. 뼈 골.
몸집. 뼈대와 살집.

伎 樂 　　　이길 기. 즐거울 락.
이겼을 때 울리는 음악.

飢 饉 　　　주릴 기. 흉년들 근.
흉년이 들어 굶주림.

器 量 　　　그릇 기. 수량 량.
자신의 역량.

崎 險 　　　험할 기. 험할 험.
성품이 음험함.

基 盤 　　　터 기. 선반 반.
기초가 되는 터전.

期 待 　　　기약 기. 기다릴 대.
좋은 결과를 기다림.

欺 瞞 　　　속일 기. 속일 만.
남을 속임.

旗 幟 　　　깃발 기. 깃대 치.
깃발에 표식해서 보여줌.

企 劃 　　　꾀할 기. 그을 획.
일을 계획함.

祈 願 　　　빌 기. 원할 원.
이루어시기를 빎.

奇 襲 　　　기이할 기. 엄습할 습.
몰래 습격함.

寄 贈 　　　줄 기. 줄 증.
무료로 줌.

騎 馬 　　　말 탈 기. 말 마.
말 타고 달림.

旣 婚 　　　이미 기. 혼인 혼.
이미 결혼함.

幾 死 　　　몇 기. 죽을 사.
거의 죽을 지경.

機 密 　　　틀 기. 비밀 밀.
남이 몰라야 되는 일.

起 床 　　　일어날 기. 평상 상.
잠자리에서 일어남.

棄 却 　　　버릴 기. 물리칠 각.
물리침.

碁 譜 　　　바둑 기. 문서 보.
바둑을 기록함.

杞 憂 　　　산 버들 기. 근심 우.
필요 없는 걱정.

岐 路 　　　가닥 나눌 기. 길 로.
갈림길.

嗜 好 　　　즐길 기. 좋을 호.
좋아하는 것.

冀 望	바랄 기. 바랄 망.
바라는 마음.

汽 笛	김 기. 피리 적.
배의 충돌을 막는 신호음.

妓 女	기녀 기. 계집 녀.
기생.

耆 儒	늙은이 기. 선비 유.
나이든 선비.

麒 麟	기린 기. 기린 린.
목이긴 동물.

畸 形	기이할 기. 형태 형.
정상이 아닌 상태.

譏 察	엿 볼 기. 살필 찰.
살며시 엿봄.

棋 客	비둑둘 기. 손님 객.
바둑 두는 사람.

掎 角	한쪽다리 기. 뿔 각.
사슴의 다리와 뿔을 붙잡음.

綺 談	아름다울 기. 말씀 담.
아름다운 이야기.

喫 煙	마실 긱. 연기 연.
담배를 피움.

緊 縮	긴요할 긴. 줄일 축.
규모를 줄임.

吉 祥	길할 길. 상서로울 상.
좋은 기운.

桔 莖	도라지 길. 줄기 경.
도라지.

▌다음 한자의 훈과 음을 차례로 적으시오.

01 佳約 (   ). (   )

02 覺醒 (   ). (   )

03 感懷 (   ). (   )

04 康寧 (   ). (   )

05 健勝 (   ). (   )

06 敬虔 (   ). (   )

07 慶事 (   ). (   )

08 共濟 (   ). (   )

09 恭遜 (   ). (   )

10 鑛脈 (   ). (   )

11 救荒 (   ). (   )

12 龜鑑 (   ). (   )

ㄴ

나(拏)~니(泥)

拏 捕　　　　잡을 나. 붙잡을 포.
강제로 붙잡음.

那 落　　　　어찌 나. 떨어질 락.
어려운 처지. 지옥.

懦 弱　　　　약할 나. 약할 약.
의지나 체력이 약함.

糯 餅　　　　찰벼 나. 떡 병.
찰떡.

諾 約　　　　허락 낙. 맺을 약.
계약을 승낙함.

洛 陽　　　　서울 낙. 볕 양.
중국의 옛 수도. 허남성.

駱 駝　　　　낙타 낙. 낙타 타.
낙타.

暖 流　　　　따뜻할 난. 흐를 류.
따뜻한 기류.

難 解　　　　어려울 난. 풀 해.
해결하기 어려운 상황.

煖 爐　　　　따뜻할 난. 화로 로.
불을 피워 온도를 올리는 기구.

捺 印　　　　누를 날. 도장 인.
도장을 찍음.

捏 造　　　　꾸며댈 날. 지을 조.
사실을 꾸며냄.

男 莖　　　　사내 남. 줄기 경.
남자의 성기.

甥 妹　　　　오라버니 남. 누이 매.
아들과 딸.

南 極　　　　남쪽 남. 다할 극.
지구의 남쪽 끝.

納 稅　　　　들일 납. 세금 세.
세금을 냄.

衲 子　　　　장삼 납. 아이 자.
스님.

鑞 封　　　　납 납. 봉할 봉.
틈 따위를 납으로 매움.

拉 致　　　　끌 납. 이를 치.
억지로 데리고 감.

娘 子　　　　아가씨 낭. 아이 자.
아가씨.

囊 中　　　　주머니 낭. 가운데 중.
주머니 속.

乃 父　　　　이어 내. 애비 부.
자식에게 자신을 말할 때의 자칭.

內 容　　　　안 내. 내용 용.
사물의 속내를 이루는 것.

奈 苑　　　　사과 내. 동산 원.
사과 밭.

耐 熱　　　　견딜 내. 뜨거울 열.
열기를 견뎌냄.

女 息　　　　계집 녀. 자식 식.
딸.

撚 絲　　　비빌 년. 실 사.
비벼서 꼬아 만든 실.

年 齡　　　해 년. 나이 령.
나이.

念 慮　　　생각 념. 생각 려.
우려하는 마음.

恬 雅　　　편안할 념. 우아할 아.
이익을 탐내는 마음이 없이 단아함.

佞 險　　　아첨할 녕. 험할 험.
입심이 좋고 속이 검은 사람.

獰 惡　　　모질 녕. 악할 악.
이해가 밝고 약음.

奴 僕　　　종 노. 종 복.
하인.

駑 馬　　　노둔할 노. 말 마.
느린 말. 재능이 없는 사람.

努 力　　　힘쓸 노. 힘 력.
힘을 다함.

怒 濤　　　성낼 노. 파도 도.
성난 파도.

農 耕　　　농사 농. 갈 경.
농사짓는 것.

濃 淡　　　짙을 농. 흐릴 담.
색상이 짙고 흐림.

膿 血　　　고름 농. 피 혈.
피 고름.

惱 苦　　　번뇌할 뇌. 괴로울 고.
몹시 괴로움.

腦 血　　　머리 골 뇌. 피 혈.
뇌 속에서 피가 흐름.

耨 耕　　　김맬 누. 밭갈 경.
호미로만 경작함. 텃밭.

訥 言　　　더듬거릴 눌. 말씀 언.
더듬더듬 천천히 하는 말.

嫩 草　　　연약할 눈. 풀 초.
새로 싹튼 풀.

尿 道　　　오줌 뇨. 길 도.
오줌 길.

鐃 聲　　　꽹과리 뇨. 소리 성.
꽹과리 소리.

能 力　　　능할 능. 힘 력.
할 수 있는 힘.

稜 線　　　밭두렁 능. 줄 선.
산등성이가 이어진 선.

尼 寺　　　여승 니. 절 사.
비구니 승려만 사는 절.

泥 匠　　　흙손 니. 기술자 장.
미장하는 기술자.

▌다음 한자의 훈과 음을 차례로 적으시오.

01 暖流 ( ). ( )

02 恬淡 ( ). ( )

03 諾約 ( ). ( )

04 暖流 ( ). ( )

05 南極 ( ). ( )

06 農耕 ( ). ( )

07 惱苦 ( ). ( )

08 訥言 ( ). ( )

09 能力 ( ). ( )

10 綾羅 ( ). ( )

11 納稅 ( ). ( )

12 耐熱 ( ). ( )

ㄷ

다(茶)~등(騰)

茶 器　　　　차 다. 그릇 기.
차 그릇.

多 樣　　　　많을 다. 모양 양.
여러 가지 형태.

丹 脣　　　　붉을 단. 입술 순.
붉은 입술.

旦 暮　　　　아침 단. 저물 모.
아침과 저녁.

但 只　　　　다만 단. 다만 지.
이것 뿐.

段 階　　　　층계 단. 계단 계.
이행하는 순서.

短 劍　　　　짧을 단. 칼 검.
짧은 칼.

單 價　　　　단위 단. 가격 가.
물품 낱개의 가격.

端 緒　　　　끝 단. 실마리 서.
사물의 실마리.

團 體　　　　단결 단. 몸 체.
여러 사람이 함께함.

壇 上　　　　제단 단. 웃 상.
무대 위.

檀 君　　　　향나무 단. 임금 군.
우리나라 시조.

斷 髮　　　　끊을 단. 터럭 발.
머리를 짧게 자름.

蛋 黃　　　　새알 단. 누를 황.
알의 노른자.

緞 衣　　　　비단 단. 옷 의.
비단 옷.

鍛 鍊　　　　단련할 단. 단련할 련.
사물을 강하게 함.

簞 食　　　　도시락 단. 밥 식.
도시락 밥.

達 筆　　　　발달 달. 붓 필.
붓을 뜻대로 다룸.

疸 病　　　　황달 달. 질병 병.
황달병. 눈이 노랗게 됨.

撻 楚　　　　매질할 달. 회초리 초.
회초리로 다스림.

覃 思　　　　깊을 담. 생각 사.
깊이 생각함.

淡 白　　　　맑을 담. 흰 백.
순수함.

談 笑　　　　말씀 담. 웃음 소.
웃으며 이야기함.

擔 保　　　　질 담. 보전할 보.
물건을 대신 맡김.

曇 天　　　　흐를 담. 하늘 천.
날씨가 흐림.

膽 汁　　　　쓸개 담. 즙 즙.
쓸개 즙.

潭 深 　　　연못 담. 깊을 심.
깊은 연못. 깊이 연구함.

痰 咳 　　　가래 담. 기침 해.
가래와 기침.

湛 水 　　　잠길 담. 물 수.
저수지에 물을 채움.

沓 合 　　　합할 담. 합할 합.
겹쳐서 합해지는 것.

澹 味 　　　담백할 담. 맛 미.
짜지 않고 담백한 맛.

畓 穀 　　　논 답. 곡식 곡.
논에서 나는 곡식. 벼.

答 辯 　　　대답 답. 답변할 변.
질문에 대답함.

踏 査 　　　밟을 답. 살필 사.
현장에 찾아가서 조사함.

倘 來 　　　아마 당. 올 래.
혹은, 또는.

當 選 　　　마땅 당. 가릴 선.
선거에서 선출됨.

堂 叔 　　　집 당. 아저씨 숙.
5촌 7촌 아저씨.

唐 突 　　　갑자기 당. 부딪힐 돌.
거리끼는 마음이 없음.

糖 尿 　　　엿 당. 오줌 뇨.
소변에 당분이 많은 질환.

黨 規 　　　무리 당. 법 규.
단체의 규율.

撞 球 　　　칠 당. 구슬 구.
당구.

搪 塞 　　　막을 당. 막을 색.
통하지 못하게 막음.

代 表 　　　대신 대. 겉 표.
단체의 우두머리.

待 期 　　　기다릴 대. 기약 기.
때를 기다림.

帶 同 　　　띠 대. 같이할 동.
둘이 함께함.

貸 出 　　　빌릴 대. 날 출.
담보를 잡히고 돈을 빌림.

隊 列 　　　무리 대. 벌릴 열.
긴 행렬.

大 覺 　　　큰 대. 깨달을 각.
크게 깨달음.

戴 冠 　　　머리에 일 대. 갓 관.
대관식에서 왕관을 씀.

對 話 　　　대할 대. 말씀 화.
말을 주고받음.

臺 本 　　　집 대. 근본 본.
연극 영화의 각본.

垈 地 　　　터 대. 땅 지.
건물을 지을 수 있는 땅.

德 望 　　큰 덕. 바랄 망.
덕행과 명망.

刀 傷 　　칼 도. 상처 상.
칼에 베인 상처.

陶 器 　　질그릇 도. 그릇 기.
구어서 만든 그릇.

到 着 　　이를 도. 다다를 착.
목적지에 다다름.

倒 産 　　넘어질 도. 재산 산.
재산을 모두 잃고 망함.

度 量 　　법도 도. 헤아릴 량.
사물의 양을 헤아림.

渡 河 　　건널 도. 물 하.
바닷물을 건너감.

途 中 　　길 도. 가운데 중.
일을 하는 중.

道 理 　　길 도. 이치 리.
이행해야 할 이치.

導 入 　　이끌 도. 들 입.
끌어 들임.

挑 戰 　　북돋을 도. 싸울 전.
싸움을 걸어옴.

桃 園 　　복숭아 도. 동산 원.
복숭아 밭.

逃 亡 　　달아날 도. 도망 망.
달아남.

跳 躍 　　뛸 도. 뛸 약.
뛰어 오름.

都 市 　　도시 도. 저자 시.
도회지.

島 嶼 　　섬 도. 섬 서.
작은 섬.

圖 畵 　　그림 도. 그림 화.
그림.

稻 作 　　벼 도. 지을 작.
벼농사.

盜 賊 　　도적 도. 도적 적.
물건을 몰래 훔친 사람.

徒 步 　　무리 도. 걸음 보.
길을 걸어감.

堵 列 　　담 도. 벌릴 열.
쭉 늘어섬.

屠 殺 　　죽일 도. 죽일 살.
짐승을 죽임.

棹 歌 　　노 도. 노래 가.
뱃노래.

掉 兒 　　당길 도. 아이 아.
소매치기.

萄 乾 　　포도 도. 마를 건.
건포도.

賭 博 　　도박 도. 클 박.
내기하는 놀음.

淘 汰　　　　물 흐를 도. 사태 태.
무너져 내림.

鍍 金　　　　도금할 도. 쇠 금.
금속에 막을 입힘.

悼 歌　　　　슬퍼할 도. 노래 가.
장례식에 부르는 노래.

塗 色　　　　바를 도. 빛 색.
색을 칠함.

掉 尾　　　　흔들 도. 꼬리 미.
꼬리를 흔들음.

覩 星　　　　볼 도. 별 성.
덕망 있는 사람을 사모함.

搗 精　　　　찧을 도. 뜻 정.
곡식을 찧는 것.

毒 素　　　　독 독. 흴 소.
독이 들어있는 물질.

督 促　　　　감독할 독. 재촉할 촉.
재촉함.

獨 島　　　　홀로 독. 섬 도.
동해에 있는 외로운 섬.

禿 頭　　　　대머리 독. 머리 두.
대머리.

篤 實　　　　두터울 독. 열매 실.
열성적으로 믿음.

讀 者　　　　읽을 독. 사람 자.
책을 읽는 사람.

瀆 職　　　　더러울 독. 직업 직.
직업을 더럽힘.

犢 牛　　　　송아지 독. 소 우.
어린 소.

豚 肉　　　　돼지 돈. 고기 육.
돼지고기.

頓 首　　　　조아릴 돈. 머리 수.
머리를 숙임.

敦 篤　　　　두터울 돈. 두터울 독.
정이 두터움.

突 變　　　　부딪칠 돌. 변할 변.
갑자기 변함.

咄 歎　　　　혀 찰 돌. 탄식할 탄.
혀를 차면서 탄식함.

冬 節　　　　겨울 동. 절기 절.
겨울철.

童 謠　　　　어린아이 동. 노래할 요.
아이들이 부르는 노래.

動 脈　　　　움직일 동. 맥 맥.
심장에서 나와 도는 피.

同 僚　　　　한 가지 동. 동료 료.
같은 일을 하는 사람.

洞 窟　　　　고을 동. 굴 굴.
자연적인 동굴.

銅 錢　　　　구리 동. 돈 전.
구리로 만든 동그랗게 생긴 동전.

東 邦 　　동녘 동. 나라 방.
동방에 있는 나라.

凍 傷 　　얼 동. 상처 상.
추위에 어는 질환.

棟 梁 　　기둥 동. 들보 량.
기둥과 대들보. 인재.

瞳 孔 　　눈동자 동. 구멍 공.
눈동자.

桐 君 　　오동나무 동. 그대 군.
거문고의 다른 이름.

憧 憬 　　마음동할 동. 깨달을 경.
그리워하고 생각함.

疼 痛 　　아플 동. 아플 통.
몹시 쑤시고 아픔.

彤 雲 　　붉을 동. 구름 운.
붉은 빛이 나는 구름.

凍 雨 　　소나기 동. 비 우.
소나기. 폭우.

胴 體 　　큰창자 동. 몸 체.
몸통.

斗 絶 　　글씨 두. 끊을 절.
소식이 끊김.

杜 鵑 　　두견새 두. 두견새 견.
두견 새.

豆 乳 　　콩 두. 젖 유.
콩 기름.

頭 髮 　　머리 두. 털 발.
머리털.

痘 瘡 　　두창 두. 부스럼 창.
부스럼이 생기는 질병.

屯 據 　　모일 둔. 웅거할 거.
모여 삶.

鈍 感 　　무딜 둔. 느낄 감.
감각이 둔함.

遁 甲 　　달아날 둔. 갑옷 갑.
모습을 변화시킴.

得 道 　　얻을 득. 길 도.
도를 깨달음.

等 級 　　오를 등. 미칠 급.
계급의 단계.

登 攀 　　오를 등. 오를 반.
산이나 높은 곳의 정상에 오름.

燈 臺 　　등잔 등. 집 대.
뱃길을 밝혀 주는 곳.

謄 寫 　　베낄 등. 쓸 사.
복사기로 찍어냄.

藤 床 　　등나무 등. 평상 상.
등나무 의자.

騰 極 　　오를 등. 다할 극.
왕좌에 오름.

▌다음 한자의 훈과 음을 차례로 적으시오.

01 端緒 (   ). (   )

02 滄味 (   ). (   )

03 覲星 (   ). (   )

04 棟梁 (   ). (   )

05 團體 (   ). (   )

06 斷髮 (   ). (   )

07 達筆 (   ). (   )

08 談笑 (   ). (   )

09 答辯 (   ). (   )

10 代表 (   ). (   )

11 到着 (   ). (   )

12 瞳孔 (   ). (   )

ㄹ

라(羅)~립(笠)

羅 卒　　　그물 라. 병사 졸.

순찰을 도는 병사.

倮 蟲　　　벌거벗을 라. 벌레 충.

털 없는 벌레.

裸 體　　　벗을 라. 몸 체.

벌거벗은 몸.

懶 怠　　　게으를 라. 게으를 태.

게으름.

喇 叭　　　나팔 라. 나팔 팔.

금속으로 만든 악기의 일종.

騾 駒　　　나귀 라. 망아지 구.

당나귀.

螺 線　　　소라 라. 실 선.

나사를 일컬음.

癩 病　　　문둥이 라. 질병 병.

문둥병.

樂 園　　　즐거울 락. 동산 원.

천국.

落 膽　　　떨어질 락. 쓸개 담.

크게 놀람.

烙 印　　　지질 락. 도장 인.

지워지지 않게 표시함.

絡 車　　　연락할 락. 수레 거.

실을 감는 물레.

酪 乳　　　소젖 락. 젖 유.

우유.

駱 駝　　　낙타 락. 낙타 타.

낙타과에 속한 동물의 총칭.

卵 巢　　　알 란. 새집 소.

여자의 생식기.

亂 髮　　　어지러울 란. 터럭 발.

흐트러진 두발.

蘭 草　　　난초 란. 풀 초.

난초과의 여러해살이 식물.

欄 干　　　난간 란. 방패 간.

떨어지지 않게 하는 장치.

爛 發　　　밝을 란. 필 발.

꽃이 한창 흐드러지게 핌.

剌 子　　　사나울 랄. 아들 자.

부잡한 사내 아이.

辣 風　　　매서울 랄. 바람 풍.

매서운 바람.

埒 乳　　　짤 랄. 젖 유.

젖을 주물러 짜냄.

濫 獲　　　넘칠 람. 어들 획.

지나치게 잡아들임.

藍 色　　　쪽 람. 빛 색.

푸른 색.

襤 褸　　　남루할 람. 남루할 루.

허름한 모습

郎 君　　　신라 랑. 임금 군.

서방님.

浪 說　　물결 랑. 말씀 설.
터무니없는 말.

朗 誦　　밝을 랑. 외울 송.
시를 낭송함.

廊 下　　행랑 랑. 아래 하.
사랑 방.

狼 狽　　이리 랑. 이리 패.
이리의 앞발이 짧아 잘 넘어짐.

娘 子　　아가씨 랑. 아이 자.
처녀.

來 賓　　올 래. 손 빈.
오신 손님.

萊 湯　　쑥 래. 끓일 탕.
쑥국.

冷 却　　찰 랭. 물리칠 각.
열기를 식힘.

掠 奪　　노락질 략. 빼앗을 탈.
강제로 빼앗음.

略 字　　간략할 략. 글자 자.
획을 줄인 글자.

粱 米　　기장 량. 쌀 미.
기장미를 일컬음.

良 心　　어질 량. 마음 심.
어진 마음.

兩 斷　　둘 량. 끊을 단.
두 쪽으로 가름.

涼 風　　서늘할 량. 바람 풍.
서늘한 바람.

梁 材　　들보 량. 재질 재.
큰 재목.

量 産　　수량 량. 생산할 산.
생산할 물량.

諒 解　　양해할 량. 풀 해.
양보하는 마음

糧 食　　식량 량. 밥 식.
밥 짓는 곡물.

亮 許　　알 량. 허락 허.
용서하거나 허용함.

涼 風　　시원할 량. 바람 풍.
시원한 바람.

旅 程　　여행할 려. 과정 정.
여행하는 과정.

慮 外　　생각 려. 밖 외.
뜻밖에.

麗 辭　　고울 려. 말씀 사.
고운 말씨.

侶 伴　　짝 려. 짝 반.
친구.

黎 明　　동틀 려. 밝은 명.
새벽.

儷 匹　　짝 려. 짝 필.
부부.

勵 行 　　　힘쓸 려. 다닐 행.
힘써 일함.

戾 天 　　　이를 려. 하늘 천.
하늘에 이름.

濾 過 　　　물 거를 려. 지날 과.
걸러냄.

廬 幕 　　　농막 려. 장막 막.
임시로 머무는 움막.

藜 杖 　　　명아주 려. 지팡이 장.
명아주 줄기로 만든 지팡이.

力 量 　　　힘 력. 수량 량.
할 수 있는 힘.

曆 書 　　　달력 력. 글 서.
달력.

歷 史 　　　지낼 력. 역사 사.
과거의 기록.

轢 死 　　　치일 력. 죽을 사.
열차나 차에 치여 죽음.

霹 聲 　　　벼락 력. 소리 성.
벼락 소리.

連 關 　　　연할 련. 통할 관.
서로가 연결됨.

蓮 根 　　　연꽃 련. 뿌리 근.
연뿌리.

練 習 　　　익힐 련. 익힐 습.
반복해서 익힘.

鍊 磨 　　　단련할 련. 갈 마.
강하게 단련함

聯 盟 　　　연합할 련. 맹세 맹.
서로 뭉침.

憐 憫 　　　가엾을 련. 불쌍할 민.
가엽고 불쌍히 여김.

戀 人 　　　사모할 련. 사람 인.
사랑하는 사람.

煉 炭 　　　쇠 불릴 련. 숯 탄.
연탄.

列 擧 　　　벌릴 렬. 들 거.
모조리 나열함.

烈 死 　　　매울 렬. 죽을 사.
나라를 위해 죽음.

裂 傷 　　　찢을 렬. 상처 상.
찢어진 상처.

洌 泉 　　　찰 렬. 샘 천.
차고 맑은 샘.

劣 惡 　　　용렬할 렬. 그르칠 악.
조건이 나쁨.

廉 價 　　　검소할 렴. 값 가.
싼 가격.

斂 跡 　　　거둘 렴. 자취 적.
종적을 감춤.

獵 銃 　　　사냥할 렵. 총 총.
사냥하는 총.

另 居　　　다를 령. 살 거.

따로 생활함.

令 狀　　　명령 령. 형상 장.

명령을 전달하는 문서.

零 度　　　떨어질 령. 도수 도.

얼음이 어는 도수.

寧 居　　　편안할 령. 살 거.

편안히 삶.

鈴 語　　　방울 령. 말할 어.

방울 소리.

齡 稚　　　나이 령. 어릴 치.

어린 나이.

領 海　　　거느릴 령. 바다 해.

나라에서 관리하는 해역.

嶺 高　　　재 령. 높을 고.

고개의 제일 높은 곳.

靈 魂　　　신령 령. 혼백 혼.

영원한 넋.

伶 俐　　　영리할 령. 영리할 리.

머리가 좋음.

玲 瓏　　　옥 소리 령. 옥 롱.

광채가 찬란한.

囹 圄　　　감옥 령. 가둘 어.

감옥에 갇힘.

禮 節　　　예절 례. 절기 절.

예절과 범절.

醴 泉　　　단술 례. 샘 천.

물맛이 달콤한 샘.

例 規　　　법식 레. 법규 규.

관례와 규칙.

隷 書　　　종 례. 글 서.

한문의 서체의 한 가지.

老 齡　　　늙을 로. 나이 령.

나이가 많음.

勞 役　　　수고로울 로. 부릴 역.

힘든 일.

路 面　　　길 로. 낯 면.

도로 바닥.

露 宿　　　이슬 로. 잘 숙.

길거리에서 자는 것.

爐 邊　　　화로 로. 갓 변.

화로 불 옆. 부모 옆.

櫓 歌　　　노 저을 로. 노래 가.

노 젓는 노래.

魯 鈍　　　둔할 로. 둔할 둔.

멍청하고 둔함.

擄 獲　　　사로잡을 로. 잡을 획.

사로잡음

虜 掠　　　노략질 로. 노략질 략.

무력으로 빼앗아감.

盧 生　　　성 로. 날 생.

짧은 꿈속에서 일생을 꿈꾼 선비.

墟 邸　　　술집 로. 집 저.

술파는 집

鹿 茸　　　사슴 록. 뿔 용.

사슴 뿔.

祿 俸　　　녹 록. 봉급 봉.

관료가 받던 봉급.

綠 豆　　　초록빛 록. 팥 두.

녹두 콩.

錄 音　　　기록 록. 소리 음.

소리를 저장함.

論 述　　　말씀 론. 지을 술.

논리 적으로 서술함.

弄 談　　　희롱 롱. 말씀 담.

실없이 하는 말.

聾 啞　　　귀먹을 롱. 벙어리 아.

듣지 못하고 말도 못함.

膿 尿　　　고름 롱. 오줌 뇨.

소변에 고름이 섞여 나옴.

籠 絡　　　새장 롱. 얽을 락.

남을 속이며 놀림.

賴 力　　　힘입을 뢰. 힘 력.

남의 힘에 의지함.

雷 聲　　　우레 뢰. 소리 성.

천둥소리.

賂 物　　　뇌물 뢰. 물자 물.

부정하게 주는 물품.

牢 籠　　　가둘 뢰. 새장 롱.

능락암. 놀리는 행위.

了 債　　　마칠 료. 빚 채.

빚을 다 갚음.

料 理　　　헤아릴 료. 다스릴 리.

잘 다스림.

寮 舍　　　관리 료. 집 사.

기숙사.

僚 船　　　동료 료. 배 선.

같이 고기 잡는 배.

療 養　　　다스릴 료. 봉양할 양.

건강과 식사를 도움.

累 計　　　포겔 루. 계산할 계.

모두 합친 수량.

淚 痕　　　눈물 루. 흔적 흔.

눈물 흘린 자국.

樓 閣　　　다락 루. 집 각.

사방이 뚫린 정자.

屢 次　　　여러 루. 버금 차.

여러 번 반복함.

漏 落　　　샐 루. 떨어질 락.

기록에서 빠짐.

縷 望　　　실 루. 바랄 망.

실낱 같이 작은 희망.

陋 醜　　　더러울 루. 추할 추.

더러워 보임.

壘 審 　진지 루. 심판할 심.
야구의 루 심판.

鏤 刻 　새길 루. 새길 각.
새겨 넣음.

流 速 　흐를 류. 빠를 속.
물 흐름의 속도.

類 似 　무리 류. 같을 사.
비슷함.

榴 花 　석류 류. 꽃 화.
석류나무의 꽃.

劉 邦 　성 류. 나라 방.
삼국지의 유비. 촉나라 왕.

柳 眉 　버들 류. 눈썹 미.
가느다란 눈썹.

留 任 　머무를 류. 맡을 임.
직책을 계속 맡음.

榴 子 　석류 류. 열매 자.
유자 열매.

溜 槽 　물방울 류. 구유 통 조.
빗물 받는 그릇.

六 甲 　여섯 륙. 천간 갑.
육십갑자.

陸 橋 　뭍 륙. 다리 교.
차도를 건너가는 다리.

戮 屍 　죽일 륙. 주검 시.
죽은 시체에 형벌을 가함.

倫 理 　인륜 륜. 이치 리.
도리와 이치.

掄 才 　가릴 륜. 인재 재.
인재를 가려 뽑음.

輪 廻 　바퀴 륜. 돌 회.
생사를 반복함.

淪 落 　빠질 륜. 떨어질 락.
심신이 타락함.

律 師 　법 률. 스승 사.
변호사.

栗 谷 　밤 률. 계곡 곡.
이 이 율곡.

隆 熙 　성할 륭. 빛날 희.
마지막 왕 순종 때 연호.

肋 膜 　갈비 륵. 홀 때기 막.
갈비뼈 안쪽.

勒 約 　억지로 륵. 약속 약.
강제로 약속 하게함

凜 凜 　찰 름. 의젓할 름.
용기가 왕성한 모습.

陵 園 　무덤 릉. 동산 원.
능이 있는 동산

凌 駕 　능가할 릉. 멍에 가.
정도를 넘어섬.

菱 形 　마름 릉. 모양 형.
마름모꼴.

李 朝　　　오야 리. 조정 조.
이씨조선.

履 行　　　밟을 리. 다닐 행.
실천함.

吏 房　　　아전 리. 방 방.
관청의 하급 관리.

離 散　　　떠날 리. 흩어질 산.
서로 흩어짐.

利 敵　　　이로울 리. 적군 적.
상대방을 이롭게 함.

梨 花　　　배 리. 꽃 화.
배 꽃.

里 長　　　마을 리. 어른 장.
마을일을 보는 책임자.

理 想　　　다스릴 리. 생각 상.
온전한 사고방식.

裏 面　　　속 리. 낯 면.
보이지 않은 곳.

鯉 魚　　　잉어 리. 고기 어.
잉어 고기.

俚 言　　　속될 리. 말씀 언.
비속한 말.

俐 才　　　영리할 리. 재주 재.
영리한 사람.

厘 物　　　사소할 리. 물건 물.
사소한 물품.

罹 災　　　걸릴 리. 재앙 재.
재앙에 처함.

貍 毛　　　이리 리. 터럭 모.
붓을 만드는 털.

痢 疾　　　이질 리. 질병 질.
설사하는 질병.

隣 近　　　가까울 린. 가까울 근.
가까운 이웃.

燐 光　　　도깨비 린. 빛 광.
도깨비 불.

鱗 紋　　　비늘 린. 무늬 문.
비늘무늬.

麟 角　　　기린 린. 뿔 각.
기린 뿔. 매우 작음.

悋 嗇　　　아낄 린. 아낄 색.
물품을 아낌.

林 野　　　수풀 림. 들 야.
숲과 들.

臨 床　　　다다를 림. 평상 상.
환자의 침상.

痲 疾　　　임질 림. 질병 질.
성병.

立 證　　　설 립. 증명할 증.
증거를 내놓음.

粒 子　　　낱알 립. 씨 자.
작은 알맹이.

笠 帽　　　삿갓 립. 모자 모.

삿갓 모자.

▌다음 한자의 훈과 음을 차례로 적으시오.

01 樂園 (   ). (   )

02 朗誦 (   ). (   )

03 來賓 (   ). (   )

04 量産 (   ). (   )

05 侶伴 (   ). (   )

06 歷史 (   ). (   )

07 練習 (   ). (   )

08 鍊磨 (   ). (   )

09 寧居 (   ). (   )

10 禮節 (   ). (   )

11 錄音 (   ). (   )

12 離散 (   ). (   )

ㅁ

마(馬)~밀(蜜)

馬 鹿　　　말 마. 사슴 록.
고라니.

萬 感　　　일만 만. 느낄 감.
온갖 생각.

麻 藥　　　삼 마. 약 약.
마취 작용을 하는 약.

晚 餐　　　늦을 만. 먹을 찬.
저녁 식사.

痲 醉　　　저릴 마. 취할 취.
반응 할 수 없는 상태.

漫 談　　　부질없을 만. 말씀 담.
재미있는 말.

磨 耗　　　갈 마. 마모될 모.
작아지거나 없어짐.

挽 留　　　당길 만. 머무를 류.
못하게 말림.

寞 寞　　　고요할 막. 쓸쓸할 막.
고요하고 쓸쓸함.

鰻 鰱　　　뱀장어 만. 연어 연.
민물 장어와 연어.

媽 媽　　　어미 마. 암말 마.
임금과 그 가족을 부르는 호칭.

饅 頭　　　만두 만. 머리 두.
만두.

摩 擦　　　문지를 마. 부딪힐 찰.
두 물건을 비비거나 문지름.

滿 喫　　　찰 만. 즐길 긱.
충분히 만족할 만큼 즐김.

魔 術　　　마술 마. 기술 술.
남을 현혹시키는 기술.

灣 泊　　　항구 만. 머무를 박.
항구에 머무름.

莫 甚　　　말 막. 심할 심.
대단히 심각함.

蠻 行　　　오랑캐 만. 다닐 행.
못된 짓을 함.

漠 然　　　아득할 막. 그래 연.
앞이 아득함.

輓 章　　　수레 만. 글장 장.
죽은 사람을 위로하는 글.

邈 志　　　멀 막. 뜻 지.
막연한 꿈. 무지막지.

娩 痛　　　해산할 만. 아플 통.
아기 낳는 진통.

幕 間　　　장막 막. 사이 간.
잠깐 틈새.

慢 性　　　느릴 만. 성질 성.
치료가 오래 걸리는 질환

卍 字　　　만자 만. 글자 자.
卍과 같은 무늬의 형상.

彎 曲　　　활당길 만. 굽을 곡.
활처럼 굽음.

蔓 延　　넝쿨 만. 성할 연.
많이 퍼져 있음.

瞞 報　　속일 만. 알릴 보.
속여서 거짓으로 보고함,

抹 消　　지울 말. 녹일 소.
사실을 지워 없애 버림.

亡 靈　　없을 망. 혼령 령.
죽은 이의 영혼.

妄 信　　허황될 망. 믿을 신.
신뢰를 잃음.

忙 日　　바쁠 망. 날 일.
바쁜 날.

芒 種　　가시 망. 종자 종.
보리 수확기 절기.

望 鄕　　바랄 망. 고향마을 향.
고향 생각.

忘 却　　잊어버릴 망. 물리칠 각.
잊어버림.

罔 極　　없을 망. 다할 극.
이루 말할 수 없이 큼.

網 羅　　그물 망. 벌릴 라.
모두 포함함.

惘 然　　심심할 망. 그래 연.
맥이 풀림.

每 樣　　매일 매. 모양 양.
항상 그 모습.

梅 實　　매실 매. 열매 실.
매실나무의 열매.

昧 夜　　어둘 매. 밤 야.
어두운 밤.

妹 夫　　손위누이 매. 지아비 부.
누이의 남편.

賣 店　　팔 매. 점포 점.
물건을 파는 가게.

買 收　　살 매. 거둘 수.
사들임.

埋 伏　　감출 매. 엎드릴 복.
몰래 숨어 있음.

罵 倒　　꾸짖을 매. 무너질 도.
꾸짖어 욕함.

魅 惑　　도깨비 매. 혹할 혹.
끌리게 함.

煤 煙　　그을음 매. 여기 연.
연료가 불탈 때 생기는 연기.

枚 數　　낱 매. 수량 수.
낱낱의 수량.

邁 進　　갈 매. 나아갈 진.
앞으로 나아감.

寐 語　　잠잘 매. 말씀 어.
잠꼬대.

媒 婆　　중매 매. 할미 파.
중매하는 사람.

麥 麴　　　보리 맥. 누룩 국.
누룩.

脈 搏　　　맥 맥. 두드릴 박.
심장 박동에 의한 주기적인 진동.

盲 信　　　소경 맹. 믿을 신.
무조건 믿음.

盟 誓　　　맹세할 맹. 맹세할 세.
굳게 약속함.

孟 春　　　맏 맹. 봄 춘.
이른 봄.

猛 烈　　　사나울 맹. 사나울 렬.
사나운 기세.

萌 芽　　　비롯할 맹. 싹 아.
새싹이 나옴.

免 許　　　면할 면. 허락할 허.
국가가 허락하는 증서.

面 駁　　　낯 면. 꾸짖을 박.
바로 앞에서 꾸짖음.

俛 首　　　구부릴 면. 머리 수.
머리를 숙임.

麵 包　　　국수 면. 꾸러미 포.
국수와 빵.

勉 學　　　힘쓸 면. 배울 학.
열심히 공부함.

眠 食　　　잠잘 면. 밥 식.
자고 먹음.

綿 密　　　실 면. 빽빽할 밀.
꼼꼼함.

滅 亡　　　멸할 멸. 망할 망.
망하여 없어짐.

蔑 視　　　업신여길 멸. 볼 시.
업신여김.

名 譽　　　이름 명. 명예로울 예.
빛나는 업적.

茗 宴　　　차 싹 명. 잔치 연.
차를 즐기는 모임.

溟 洲　　　바다 명. 고을이름 주.
큰 바다 가운데에 있는 섬.

命 脈　　　목숨 명. 맥 맥.
최소한의 중요한 부분.

明 晳　　　밝을 명. 밝을 석.
판단이 밝음.

酩 酒　　　단술 명. 술 주.
단 술.

冥 福　　　어두울 명. 복 복.
사후의 행복.

鳴 鐘　　　울 명. 쇠북 종.
종을 울림.

銘 心　　　새길 명. 마음 심.
마음에 새김.

瞑 想　　　눈감을 명. 생각 상.
곰곰이 생각함.

毛 孔　　　　　　털 모. 구멍 공.
털이 빠진 구멍.

牡 丹　　　　　　모란 모. 꽃 이름 란.
작약과에 속한 낙엽 활엽 관목.

耗 損　　　　　　감할 모. 덜 손.
닳아 없어짐.

母 系　　　　　　어미 모. 이을 계.
어머니 쪽의 계통.

某 處　　　　　　아무 모. 곳 처.
어느 장소.

謀 議　　　　　　꾀 모. 의논할 의.
은밀히 의논함.

貌 樣　　　　　　모양 모. 모양 양.
생김새.

募 集　　　　　　모을 모. 모을 집.
불러 모음.

暮 景　　　　　　저물 모. 경치 경.
저녁노을.

慕 情　　　　　　사모할 모. 뜻 정.
그리워하는 마음 .

模 範　　　　　　모범 모. 모범 범.
본받아 배울 만한 본보기.

姆 傅　　　　　　여선생 모. 스승 부.
여자 선생님.

牟 利　　　　　　빼앗을 모. 이익 리.
옳지 못한 방법으로 이익만 앞세움.

冒 險　　　　　　무릅쓸 모. 험할 험.
어려운 길을 감.

矛 盾　　　　　　창 모. 방패 순.
앞뒤가 맞지 않음.

侮 辱　　　　　　업신여길 모. 욕될 욕.
깔보고 욕 되게 함.

帽 子　　　　　　모자 모. 아이 자.
머리에 쓰는 것의 총칭.

茅 屋　　　　　　띠 모. 집 옥.
초가집.

摸 索　　　　　　다듬을 모. 찾을 색.
찾아냄.

目 算　　　　　　눈 목. 셈할 산.
눈짐작으로 계산함.

木 刻　　　　　　나무 목. 새길 각.
나무에 새김.

沐 浴　　　　　　머리감을 목. 씻을 욕.
몸을 씻음.

牧 師　　　　　　맡을 목. 스승 사.
신도를 지도하는 사람.

睦 友　　　　　　화목할 목. 벗 우.
절친한 친구.

沒 收　　　　　　빠질 몰. 거둘 수.
모두 거두어 감.

歿 後　　　　　　죽을 몰. 뒤 후.
죽은 다음에.

夢 想　　　꿈 몽. 생각 상.
실현 가능성이 없는 헛된 생각.

蒙 古　　　어릴 몽. 옛 고.
원나라의 옛 이름.

朦 朧　　　희미할 몽. 흐릿할 롱.
정신이 흐릿한 상태.

卯 酒　　　토끼 묘. 술 주.
조금씩 먹는 술.

杳 然　　　어두울 묘. 그럴 연.
전망이 어두움.

妙 齡　　　요할 묘. 나이 령.
나이를 알 수 없음.

苗 板　　　싹 묘. 널 판.
모종을 심는 곳.

猫 睛　　　고양이 묘. 눈동자 정.
날카로운 눈 빛.

墓 域　　　무덤 묘. 경계 역.
묘소로서의 경계를 정한 구역.

描 寫　　　그릴 묘. 베낄 사.
비슷하게 그려냄.

廟 堂　　　사당 묘. 집 당.
신주를 모시는 집.

茂 盛　　　무성할 무. 성할 성.
잘 자라 빽빽함.

武 裝　　　호반 무. 장식할 장.
싸움에 대비한 장비를 갖춤.

務 進　　　힘쓸 무. 나아갈 진.
다함이 없음.

霧 散　　　안개 무. 흩어질 산.
안개처럼 사라짐.

舞 踊　　　춤출 무. 뛸 용.
춤추는 모양.

貿 易　　　다살 무. 바꿀 역.
물품을 수출하고 수입함.

無 念　　　없을 무. 생각 념.
아무 생각이 없음.

撫 摩　　　만질 무. 어루만질 마.
허물을 덮어 줌.

巫 俗　　　무속 무. 풍속 속.
점보고 굿하는 풍습.

誣 告　　　속일 무. 고할 고.
거짓으로 고발함.

毋 疆　　　없을 무. 지경 강.
한계가 없음.

拇 印　　　엄지 무. 도장 인.
엄지로 찍는 손도장.

戊 夜　　　무성할 무. 밤 야.
오전 4시경. 寅時.

墨 香　　　먹 묵. 향기 향.
먹물 향기.

黙 契　　　침묵할 묵. 계약할 계.
계약을 묵인함.

文 章　　글월 문. 글 장.
생각이나 느낌을 글로 나타낸 것.

門 徒　　집안 문. 무리 도.
배우는 문하생.

問 安　　물을 문. 편할 안.
안부를 물음.

聞 知　　들을 문. 알 지.
들어서 알게 됨.

紊 亂　　어지러울 문. 어려울 란.
질서가 없이 어지러움.

蚊 帳　　모기 문. 장막 장.
모기장.

紋 樣　　무늬 문. 모양 양.
무늬 모양.

吻 合　　입술 문. 합할 합.
사물이 잘 맞음.

刎 草　　벨 문. 풀 초.
풀을 베는 것.

物 慾　　물질 물. 욕심 욕.
물질 욕심.

勿 論　　말 물. 말씀 론.
더 말할 것도 없이.

未 明　　아닐 미. 밝을 명.
아직 밝아지지 않음.

味 覺　　맛 미. 깨달을 각.
맛을 아는 감각.

米 壽　　쌀 미. 목숨 수.
88세 나이.

美 辭　　아름다울 미. 말씀 사.
아름다운 말.

尾 行　　꼬리 미. 다닐 행.
몰래 뒤를 따라다님.

眉 間　　눈 섶 미. 사이 간.
눈썹과 눈썹 사이.

迷 惑　　혼미할 미. 혹할 혹.
정신을 혼란하게 함.

微 量　　가늘 미. 수량 량.
적은 수량.

彌 勒　　두루 미. 굴레 륵.
미래의 부처님 미륵보살.

糜 飮　　죽 미. 마실 음.
죽보다 묽은 음식.

媚 笑　　아첨할 미. 웃음 소.
소리를 내지 않고 빙그레 웃음.

民 弊　　백성 민. 폐할 폐.
민간에게 끼치는 폐해.

敏 捷　　민첩할 민. 이길 첩.
능란하고 빠름.

憫 惘　　민망할 민. 실망할 망.
답답하고 안타까움.

閔 惜　　불쌍할 민. 아낄 석.
불쌍히 여기고 아낌.

悶 絶　　　고민할 민. 끊을 절.
기막힌 말을 듣고 기절함.

泯 黙　　　빠질 민. 침묵할 묵.
입을 다물고 말을 하지 않음.

旻 天　　　가을하늘 민. 하늘 천.
가을 하늘.

密 約　　　빽빽할 밀. 약속할 약.
아무도 모르게 약속함.

蜜 源　　　꿀 밀. 근원 원.
벌이 꿀을 빨아오는 원천.

▋다음 한자의 훈과 음을 차례로 적으시오.

01 魔術 (   ). (   )

02 幕間 (   ). (   )

03 忘却 (   ). (   )

04 賣店 (   ). (   )

05 枚數 (   ). (   )

06 脈搏 (   ). (   )

07 免許 (   ). (   )

08 綿密 (   ). (   )

09 慕情 (   ). (   )

10 睦友 (   ). (   )

11 舞踊 (   ). (   )

12 美辭 (   ). (   )

ㅂ

박(泊)~빙(騁)

泊 舟 　머무를 박. 배 주.
배가 머무름.

拍 手 　칠 박. 손 수.
손을 마주침.

迫 害 　핍박할 박. 해로울 해.
무시하고 해롭게 함.

博 愛 　넓을 박. 사랑 애.
모두를 사랑함.

薄 荷 　담백할 박. 연 하.
꿀풀과에 속한 여러해살이풀(박하)

舶 載 　큰 배 박. 실을 재.
배에 실음.

搏 擊 　얽을 박. 두드릴 격.
몹시 후려침.

撲 滅 　두드릴 박. 멸할 멸.
모두 없애 버림.

駁 論 　논박할 박. 말씀 론.
남의 말을 반박함.

雹 雪 　우박 박. 눈 설.
우박과 눈.

縛 格 　묶을 박. 칠 격.
묶어놓고 매질함.

剝 脫 　벗길 박. 벗을 탈.
권리나 자격을 빼앗음.

朴 素 　순박할 박. 흴 소.
꾸밈이 없이 순수함.

反 撥 　돌이킬 반. 다스릴 발.
상대의 뜻에 반대함.

般 若 　일반 반. 같을 야.
불법의 지혜.

攀 登 　당길 반. 오를 등.
큰 폭으로 오름.

班 家 　양반 반. 집 가.
양반 가문.

斑 指 　아롱질 반. 손가락 지.
손가락에 끼우는 예쁘장한 고리.

返 送 　돌이킬 반. 보낼 송.
돌려보냄.

叛 逆 　배반할 반. 거스릴 역.
나라와 국민을 배반함.

飯 匙 　밥 반. 숟가락 시.
밥과 숟가락.

半 島 　반 반. 섬 도.
삼면이 바다인 나라.

伴 侶 　짝 반. 짝 려.
뜻과 행동이 맞는 짝이 되는 동무.

絆 緣 　얽힐 반. 이연 연.
인연으로 얽힘.

畔 路 　밭두렁 반. 길 로.
밭두렁 길.

搬 出 　운반할 반. 날 출.
내보냄.

盤 面 소반 반. 낯 면.
눈에 보이는 범위.

頒 布 반포할 반. 펼 포.
널리 알림.

磐 石 반석 반. 돌 석.
넓고 튼튼한 기초.

斑 点 얼룩무늬 반. 점 점.
얼룩얼룩한 점.

發 展 필 발. 펼칠 전.
좋은 상태로 나아감.

髮 膚 터럭 발. 피부 부.
머리털과 피부.

拔 群 뽑을 발. 무리 군.
보통사람보다 뛰어남.

魃 旱 가물 발. 가물 한.
몹시 가뭄.

潑 剌 물 뿌릴 발. 어그러질 랄.
유쾌하고 활기가 있음.

撥 簾 다스릴 발. 발 염.
창문에 발을 침.

醱 酵 술 괼 발. 발효될 효.
효모니 미생물에 의해 분해됨.

鉢 盂 바릿대 발. 밥그릇 우.
스님 밥그릇.

跋 文 밟을 발. 글월 문.
책 뒤에 적는 후기.

勃 起 일어날 발. 일어날 기.
힘차게 일어섬.

渤 海 바다 발. 바다 해.
대조영이 만주에 세운 나라.

方 今 이제 방. 이제 금.
바로 조금 전.

放 課 놀 방. 공부할 과.
공부가 끝남.

防 彈 막을 방. 실탄 탄.
총알을 막음.

妨 害 방해할 방. 해로울 해.
못하게 가로막음.

房 貰 방 방. 세낼 세.
방 빌린 값.

芳 年 꽃다울 방. 해 년.
꽃다운 나이.

傍 觀 곁 방. 볼 관.
관여하지 않고 구경하듯 지켜봄.

倣 似 본받을 방. 같을 사.
비슷함

彷 徨 거닐 방. 방황할 황.
정처 없이 돌아다님.

肪 豚 살찔 방. 돼지 돈.
살찐 돼지.

紡 織 실 뽑을 방. 짤 직.
옷감을 짬.

幫 助   도울 방. 도울 조.
일을 도와 줌.

厖 大   클 방. 큰 대.
대단히 큼.

尨 犬   삽살개 방. 개 견.
삽살개.

榜 文   패 방. 글월 문.
알림 글.

膀 胱   오줌통 방. 오줌통 광.
오줌 장기.

旁 通   넓을 방. 통할 통.
여러 가지를 잘함.

蒡 根   우엉 방. 뿌리 근.
우엉 뿌리.

魴 魚   방어 방. 고기 어.
전갱잇과의 온대성 바닷물고기.

舫 屋   쌍배 방. 집 옥.
배 위에 만든 집.

配 匹   짝 배. 짝 필.
배우자.

倍 加   곱 배. 더할 가.
배로 증가함.

培 養   북돋을 배. 기를 양.
사물을 길러냄.

杯 酒   잔 배. 술 주.
술잔에 따른 술.

拜 上   절 배. 웃 상.
절하며 올림.

俳 優   광대 배. 광대 우.
영화 연극을 하는 사람.

徘 徊   어정거릴 배. 돌 회.
돌아다님.

排 尿   물리칠 배. 오줌 뇨.
오줌을 눔.

背 景   등 배. 경치 경.
뒤쪽의 경치. 배후에 숨겨진 사정.

輩 出   무리 배. 보낼 출.
인재를 길러냄.

賠 償   배상할 배. 줄 상.
보상을 해줌.

陪 審   도울 배. 심판할 심.
재판의 심리에 배석함.

胚 芽   아이 밸 배. 싹 아.
새싹이 남.

褙 接   배접할 배. 접할 접.
종이나 천을 포개 붙임.

白 米   흰 백. 쌀 미.
흰쌀.

伯 兄   맏 백. 형님 형.
맏형.

帛 書   비단 백. 글 서.
비단에 쓴 글씨.

柏 子　　　잣나무 백. 씨 자.
잣.

百 壽　　　일백 백. 목숨 수.
오래 삶.

番 號　　　차례 번. 부를 호.
차례를 정한 숫자.

煩 悶　　　번민할 번. 민망할 민.
속을 태우고 괴로워함.

飜 譯　　　번역할 번. 번역할 역.
다른 나라 말로 바꿈.

繁 昌　　　무성할 번. 설할 창.
확산되어감.

蕃 盛　　　많을 번. 성할 성.
잘되어 풍성함.

燔 肉　　　구을 번. 고기 육.
구운 고기.

閥 族　　　가문 벌. 일가 족.
집단의 권력을 가진 무리.

罰 則　　　벌줄 벌. 법 칙.
법을 어겨 벌을 받음.

伐 草　　　칠 벌. 풀 초.
산소에 풀을 베어냄.

凡 人　　　무릇 범. 사람 인.
보통 사람.

汎 論　　　넓을 범. 말씀 론.
대부분의 여론.

犯 法　　　범할 범. 법 법.
죄를 범함.

氾 濫　　　넘칠 범. 넘칠 람.
물이 넘쳐흐름.

範 圍　　　법 범. 둘레 위.
지정한 지역.

帆 船　　　돛 범. 배 선.
돛단배.

梵 鐘　　　클 범. 쇠북 종.
절에 있는 큰 종.

法 度　　　법 법. 정도 도.
법으로 정한 기준.

碧 眼　　　푸를 벽. 눈 안.
서양인의 파란 눈.

甓 瓦　　　벽돌 벽. 기와 와.
벽돌.

闢 邪　　　열 벽. 어긋날 사.
잘못을 바로잡음.

壁 畵　　　벽 벽. 그림 화.
벽에 그린 그림.

擗 賀　　　손뼉 칠 벽. 하례 하.
손뼉을 치며 축하함.

僻 地　　　궁벽할 벽. 땅 지.
도회지와 떨어져 외진 곳.

劈 頭　　　펼 벽. 머리 두.
시작할 때.

霹 靂   벼락 벽. 벼락 력.
몹시 큰 소리.

變 更   변할 변. 고칠 경.
새롭게 고침.

邊 村   갓 변. 마을 촌.
외진 마을.

辯 論   말 잘할 변. 말씀 론.
변호하는 말.

辨 濟   분변할 변. 구할 제.
빌린 돈을 도로 갚음.

卞 急   조급할 변. 급할 급.
몹시 조급함.

抃 舞   손뼉 칠 변. 춤출 무.
덩실덩실 춤을 춤.

便 通   편리할 변. 통할 통.
다른 방법으로 해결함.

弁 帽   고깔 변. 모자 모.
고깔모자.

別 途   다를 별. 길 도.
다른 방법.

瞥 見   잠깐 볼 별. 볼 견.
잠깐 봄.

兵 法   병사 병. 법 법.
전쟁에서 싸우는 방법.

病 席   병들 병. 자리 석.
환자가 있는 자리.

竝 行   함께 병. 행할 행.
두 가지 일을 같이함.

屛 風   병풍 병. 바람 풍.
바람막이.

丙 寅   밝을 병. 호랑이 인.
병인양요. 강화도 침입.

甁 花   병 병. 꽃 화.
병에 꽂은 꽃.

秉 權   잡을 병. 권세 권.
권력을 잡음.

倂 合   아우를 병. 합할 합.
둘 이상을 하나로 합침.

餠 師   떡 병. 뭇사람 사.
떡 장수.

炳 煜   빛날 병. 빛날 욱.
더욱 빛남.

報 酬   고할 보. 갚을 수.
고마움의 대가.

補 償   도울 보. 줄 상.
재산상의 손실과 손해의 대가를 줌.

保 釋   보전할 보. 풀 석.
담보를 받고 풀어줌.

步 調   걸음 보. 고를 조.
상호간의 조화나 진행 속도.

普 施   넓을 보. 베풀 시.
널리 배품.

寶 劍 보물 보. 칼 검.
귀중하고 값진 칼.

譜 牒 문서 보. 편지 첩.
족보 책.

菩 薩 보살 보. 보살 살.
부처님 바로 아래 성인.

堡 壘 방축 보. 쌓을 루.
튼튼한 기반.

甫 田 클 보. 밭 전.
큰 터전.

輔 弼 도울 보. 도울 필.
도와 드림.

褓 商 포대기 보. 장사 상.
봇짐장수.

福 祉 복 복. 복 지.
행복한 삶을 누릴 수 있는 상태.

服 飾 입을 복. 꾸밀 식.
의복과 장신구 차림세.

複 利 겹칠 복. 이익 리.
이자에 이자를 더함.

復 舊 다시 복. 오래 구.
예전대로 돌이킴.

腹 痛 배 복. 아플 통.
배가 아픔.

覆 面 덮을 복. 낯 면.
얼굴을 가림.

伏 乞 엎드릴 복. 빌 걸.
엎드려 빔.

卜 師 점 복. 스승 사.
점술사.

輻 射 바퀴살 복. 쏠 사.
열이나 전자기파가 방출됨.

僕 從 종 복. 따를 종.
시키는 대로 따름.

幞 巾 두건 복. 두건 건.
머리에 쓰는 두건.

本 錢 근본 본. 돈 전.
처음에 투자한 돈.

峰 頭 산봉우리 봉. 머리 두.
산꼭대기.

蓬 灸 쑥 봉. 지질 구.
쑥뜸.

丰 姿 예쁠 봉. 자세 자.
예쁜 자태.

封 套 봉할 봉. 씌울 투.
종이로 만든 주머니.

鳳 凰 새 봉. 봉황새 황.
상사의 새, 봉황새.

逢 變 만날 봉. 변할 변.
뜻밖의 해를 당함.

蜂 起 벌 봉. 일어날 기.
벌떼처럼 일어남.

烽 火 　　　봉화 봉. 불 화.
소식을 알리는 불빛.

鋒 刃 　　　창 봉. 칼날 인.
창이나 칼의 날카로운 날.

縫 製 　　　꿰맬 봉. 제조할 제.
재봉틀로 제품을 만듦.

奉 養 　　　받들 봉. 기를 양.
받들어 모심.

俸 給 　　　봉급 봉. 줄 급.
일하고 정기적으로 받는 돈.

棒 術 　　　막대기 봉. 기술 술.
나무막대를 다루는 기술.

捧 納 　　　받들 봉. 들일 납.
물품을 바치는 것.

茯 苓 　　　복령 복. 복령 령.
소나무 뿌리에서 기생하는 버섯.

芙 蓉 　　　연꽃 부. 연꽃 용.
연꽃.

父 道 　　　아비 부. 길 도.
아버지의 도리.

富 裕 　　　부할 부. 넉넉할 유.
재물이 넉넉함.

赴 任 　　　다다를 부. 맡을 임.
일할 곳에 다다름.

浮 揚 　　　뜰 부. 드날릴 양.
떠오름.

桴 鼓 　　　북채 부. 북 고.
북채와 북.

仆 伏 　　　엎드릴 부. 엎드릴 복.
낮게 엎드림.

俘 斬 　　　사로잡을 부. 벨 참.
잡아 죽임.

傅 會 　　　이를 부. 모일 회.
자기에게 유리하도록 억지로 붙임.

付 託 　　　부칠 부. 부탁할 탁.
청하거나 맡김.

符 合 　　　붙을 부. 합할 합.
사물이 꼭 들어맞음.

附 錄 　　　붙일 부. 기록 록.
본문의 마지막에 덧붙이는 글.

腐 敗 　　　썩을 부. 패할 패.
변질되어 상하게 됨.

負 傷 　　　질 부. 상처 상.
상처를 입음.

副 食 　　　버금 부. 먹을 식.
주식외의 음식.

埠 頭 　　　부두 부. 머리 두.
선창가.

部 落 　　　마을 부. 마을 락.
하나의 마을.

簿 記 　　　문서 부. 기록할 기.
장부에 기록함.

膚 理　　피부 부. 다스릴 리.
피부. 살결.

賻 儀　　부의 부. 법도 의.
상가에 돈이나 물건을 보냄.

婦 德　　부인 부. 큰 덕.
부인네의 덕행.

剖 決　　가를 부. 결정할 결.
옳고 그름을 판가름함.

賦 課　　지을 부. 구실 과.
대가를 책임지게 함.

鮒 鱖　　붕어 부. 쏘가리 추.
붕어와 쏘가리.

孚 佑　　믿을 부. 도울 우.
믿고 도움.

莩 甲　　껍질 부. 껍질 갑.
알맹이를 싸고 있는 껍질.

否 認　　아닐 부. 인정할 인.
인정하지 않음.

北 極　　북녘 북. 다할 극.
북극. 지구 북쪽의 끝.

夫 婦　　지아비 부. 지어미 부.
부부. 결혼한 한 쌍의 남녀.

分 擔　　나눌 분. 맡을 담.
나누어 담당함.

府 尹　　고을 부. 벼슬 윤.
조선시대 府의 수장. 지금의 시장.

粉 碎　　가루 분. 부술 쇄.
가루로 만듦.

扶 助　　도울 부. 도울 조.
도와줌.

紛 糾　　어지러울 분. 물을 규.
말썽이 많고 시끄러움.

敷 衍　　펼 부. 성할 연.
알기 쉽게 더해서 자세히 설명함.

奔 忙　　빨리 갈 분. 바쁠 망.
매우 바쁨.

釜 鼎　　가마 부. 솥 정.
가마 솥.

奮 發　　떨칠 분. 필 발.
기운을 냄.

斧 鉞　　도끼 부. 도끼 월.
도끼.

憤 怒　　분할 분. 성낼 노.
분개하여 화를 냄.

孵 化　　알 깔 부. 될 화.
알에서 새끼가 나오는 것.

墳 墓　　무덤 분. 무덤 묘.
무덤.

訃 告　　부고 부. 고할 고.
사망을 알림.

雰 霧　　안개 분. 안개 무.
안개.

噴 出 　　　 뿜을 분. 날 출.
뿜어냄.

扮 裝 　　　 꾸밀 분. 장식할 장.
모습을 꾸밈.

忿 爭 　　　 성낼 분. 다툴 쟁.
화가 나서 서로 다툼.

焚 身 　　　 불사를 분. 몸 신.
자기 몸을 불사름.

盆 栽 　　　 동이 분. 기를 재.
화분에 길러냄.

糞 尿 　　　 똥 분. 오줌 뇨.
똥과 오줌.

坌 集 　　　 먼지 분. 모일 집.
무더기로 모여듦.

芬 香 　　　 향기로울 분. 향기 향.
향기로운 냄새.

佛 像 　　　 부처 불. 형상 상.
부처님의 형상.

不 信 　　　 아니 불. 믿을 신.
믿을 수 없음.

弗 貨 　　　 말 불. 화폐 화.
미국 돈. 달러.

拂 入 　　　 떨칠 불. 들 입.
돈을 납부함.

祓 飾 　　　 덜 불. 꾸밀 식.
낡은 것을 버리고 새로 고침.

朋 友 　　　 벗 붕. 벗 우.
친구.

崩 壞 　　　 무너질 붕. 무너질 괴.
무너져 내림.

棚 戶 　　　 누각 붕. 집 호.
임시로 지은 작은집.

非 常 　　　 아닐 비. 항상 상.
정상이 아닌 상태.

悲 慘 　　　 슬플 비. 슬플 참.
매우 슬프고 비참함.

比 較 　　　 견줄 비. 비교할 교.
견주어 봄.

批 評 　　　 비평할 비. 평할 평.
가치를 평가하고 논함.

費 用 　　　 비용 비. 쓸 용.
필요한 경비.

鼻 炎 　　　 코 비. 염증 염.
콧속의 염증질환.

肥 沃 　　　 거름 비. 기름질 옥.
식물에 필요한 자양분이 많음.

秘 密 　　　 숨길 비. 가만할 밀.
남이 모르게 함.

飛 行 　　　 날을 비. 다닐 행.
공중을 날아다님.

備 品 　　　 갖출 비. 품성 품.
준비한 물품.

卑 俗　　　낮을 비. 풍속 속.
격이 낮은 풍습.

丕 構　　　클 비. 이을 구.
나라를 세우는 큰 사업.

琵 琶　　　비파 비. 비파 파.
비파. 현악기의 하나.

妃 嬪　　　왕비 비. 지어미 빈.
왕비와 세자의 아내.

婢 女　　　계집종 비. 계집 녀.
심부름하는 여자.

碑 石　　　비석 비. 돌 석.
글을 새긴 돌.

誹 謗　　　비방할 비. 비방할 방.
남을 헐뜯어 흉봄.

匪 賊　　　아닐 비. 도적 적.
나쁜 도적.

庇 護　　　덮을 비. 보호할 호.
허물을 덮어줌.

悱 憤　　　분낼 비. 분할 분.
슬프고 분함.

泌 尿　　　흐를 비. 오줌 뇨.
소변.

脾 胃　　　지라 비. 위장 위.
지라와 위.

鄙 劣　　　더러울 비. 용렬할 열.
비겁하고 천박함.

緋 緞　　　비단 비. 비단 단.
명주실로 짠 광택 나는 피륙.

匕 首　　　비수 비. 머리 수.
날카로운 칼.

臂 力　　　팔 비. 힘 력.
팔 힘.

譬 喩　　　비유할 비. 비유할 유.
다른 사물을 빗대어 말함.

妣 考　　　어미 비. 아비 고.
돌아가신 부모의 신위.

扉 門　　　사리문 비. 문 문.
싸리문.

圮 絶　　　무너질 비. 끊어질 절.
단절됨.

枇 杷　　　비파 비. 비파 파.
비파나무의 열매.

毘 益　　　도울 비. 이로울 익.
이익이 되게 도와줌.

沸 騰　　　끓을 비. 오를 등.
여론이 떠들썩하게 일어남.

秕 政　　　쭉정이 비. 다스릴 정.
정치를 잘못하여 어지러움.

髀 骨　　　넓적다리뼈 비. 뼈 골.
골반을 이루는 뼈.

菲 才　　　둔할 비. 재주 재.
자신의 재주를 겸손하게 일컬음.

貧 困 　　가난할 빈. 곤할 곤.
살림이 어려운 것.

賓 客 　　손 빈. 손 객.
손님.

頻 煩 　　자주 빈. 번거로울 번.
자주 생기는 일.

殯 所 　　빈소 빈. 곳 소.
장례 장소.

瀕 死 　　임박할 빈. 죽을 사.
죽을 지경에 다다름.

嬪 宮 　　궁녀 빈. 집 궁.
왕세자의 아내.

牝 牛 　　암컷 빈. 소 우.
암소.

儐 者 　　인도할 빈. 놈 자.
손님을 인도하는 사람.

嚬 蹙 　　찡그릴 빈. 찡그릴 축.
얼굴을 찡그림.

憑 藉 　　의지할 빙. 도울 자.
남의 힘에 의지함.

聘 丈 　　청할 빙. 어른 장.
아내의 아버지.

氷 點 　　얼음 빙. 점 점.
물이 어는 기준.

騁 馬 　　달릴 빙. 말 마.
말을 타고 달림.

▌다음 한자의 훈과 음을 차례로 적으시오.

01 博愛 (   ). (   )

02 返送 (   ). (   )

03 倍加 (   ). (   )

04 百壽 (   ). (   )

05 壁畫 (   ). (   )

06 本錢 (   ). (   )

07 富裕 (   ). (   )

08 婦德 (   ). (   )

09 費用 (   ). (   )

10 飛行 (   ). (   )

11 碑石 (   ). (   )

12 氷點 (   ). (   )

ㅅ

사(士)~십(什)

士 兵　　　선비 사. 병사 병.
하사관과 일반 병사.

仕 途　　　벼슬 사. 길 도.
벼슬에 오르는 길.

社 會　　　단체 사. 모일 회.
공동생활을 하는 인류의 집단.

巳 尾　　　뱀 사. 꼬리 미.
뱀 꼬리.

四 柱　　　넉 사. 기둥 주.
생년 월 일 시.

司 試　　　맡을 사. 시험 시.
사법 시험.

史 劇　　　사기 사. 연극 극.
역사를 주제로 하는 영화.

寺 刹　　　절 사. 절 찰.
절.

俟 門　　　기다릴 사. 문 문.
문 앞에서 기다림.

死 境　　　죽을 사. 지경 경.
죽을 지경.

私 債　　　사사 사. 빚 채.
개인의 사사로운 빚.

舍 廊　　　모일 사. 사랑방 랑.
손님을 접대하는 별채의 방.

使 役　　　부릴 사. 부릴 역.
일을 시킴.

事 理　　　일 사. 이치 리.
일의 이치.

思 慕　　　생각 사. 사모할 모.
애틋하게 그리워함.

査 察　　　조사할 사. 살필 찰.
조사해서 살핌.

師 恩　　　스승 사. 은혜 은.
스승의 은혜.

射 出　　　쏠 사. 날 출.
액체를 뽑아냄.

蛇 足　　　뱀 사. 발 족.
쓸데없는 짓이 도리어 잘못되게 함.

斜 陽　　　비낄 사. 빛 양.
힘이 쇠퇴해감.

詐 稱　　　속일 사. 일컬을 칭.
속여서 말함.

斯 道　　　곧 사. 길 도.
종교 지도자의 길.

寫 眞　　　쓸 사. 참 진.
광학적 방법으로 박아낸 물체의 영상.

瀉 血　　　쏟아질 사. 피 혈.
혈액을 뽑아냄.

賜 暇　　　줄 사. 한가할 가.
휴가를 줌.

謝 意　　　사례할 사. 뜻 의.
감사하는 마음.

似 類 같을 사. 종류 류.
비슷한 종류.

祀 孫 제사 사. 자손 손.
제사를 모시는 자손

娑 婆 세상 사. 할미 파.
일반 인간이 사는 세상.

飼 育 먹일 사. 기를 육.
먹여 기름.

莎 草 잔디 사. 풀 초.
산소에 떼를 입히고 다듬음.

砂 糖 모래 사. 사탕 탕.
맛이 달고 물에 잘 녹는 과자.

紗 帽 비단 사. 모자 모.
신랑이 쓰는 모자.

捨 身 버릴 사. 몸 신.
일신의 욕심을 버림.

獅 子 사자 사. 아이 자.
고양이 과의 맹수.

砂 布 모래 사. 수건 포.
거친 면을 다듬는 재질.

些 少 적을 사. 적을 소.
작은 일.

祀 堂 제사 사. 집 당.
조상의 신주를 모신 집.

赦 免 용서할 사. 면할 면.
죄를 용서함.

沙 鉢 모래 사. 그릇 발.
사기로 만든 그릇.

奢 侈 사치 사. 사치할 치.
호사스럽게 치장함.

絲 雨 실 사. 비 우.
실처럼 가는 이슬비.

邪 惡 간사할 사. 악할 악.
간사하고 악함.

肆 虐 방자할 사. 사나울 학.
제 멋대로 나쁜 짓을 함.

嗣 子 이을 사. 아들 자.
대를 이을 아들.

詞 兄 글 사. 맏 형.
벗을 높여 부르는 호칭.

辭 讓 말씀 사. 사양 양.
남에게 양보함.

乍 雨 잠깐 사. 비 우.
잠깐 오는 비.

伺 察 살필 사. 살필 찰.
동정을 살핌.

麝 香 사향노루 사. 향기 향.
노루의 일종.

徙 植 옮길 사. 심을 식.
옮겨 심음.

朔 望 초하루 삭. 보름 망.
초하루와 보름날.

削 減　　　깎을 삭. 덜 감.
깎아서 준이는 것.

山 脈　　　뫼 산. 맥 맥.
산줄기.

刪 竄　　　깍을 산. 자를 전.
고쳐 바로잡음.

霰 散　　　싸락눈 산. 흩어질 산.
산산이 흩어짐.

産 婆　　　낳을 산. 할미 파.
출산을 돕는 사람.

散 亂　　　흩어질 산. 어지러울 란.
어지럽힘.

算 數　　　셈할 산. 수량 수.
기초적인 셈법.

酸 性　　　초 산. 성질 성.
신맛이 나는 염기물질.

傘 下　　　우산 산. 아래 하.
세력이나 조직의 아래.

珊 瑚　　　산호 산. 산호 호.
바다 속에 자라는 돌 꽃.

撒 水　　　뿌릴 살. 물 수.
물을 뿌림.

殺 菌　　　죽일 살. 세균 균.
세균을 죽임.

三 綱　　　석 삼. 그물 강.
군위신강, 부위부강, 부위자강.

森 林　　　빽빽할 삼. 수풀 림.
숲과 나무.

蔘 圃　　　인삼 삼. 채전 포.
인삼 밭.

杉 木　　　삼나무 삼. 나무 목.
외송. 똑바로 자라는 소나무.

滲 透　　　물 스며들 삼. 통할 투.
물이 스며듦.

揷 木　　　꽂을 삽. 나무 목.
꽃꽂이.

償 還　　　갚을 상. 돌 환.
빚을 갚음.

橡 實　　　상수리 상. 열매 실.
상수리 열매.

牀 榻　　　걸상 상. 평상 탑.
평상. 침대.

顙 汗　　　이마 상. 땀 한.
이마에 땀이남.

翔 空　　　날 상. 빌 공.
하늘을 날아다님.

上 樑　　　윗 상. 기둥 량.
가장 중요한 대들보.

狀 況　　　형상 상. 하물며 황.
일이 되어가는 형편.

床 石　　　평상 상. 돌 석.
돌로 만든 의자.

尙 宮　　　　오히려 상. 집 궁.
궁녀를 관리하는 직분.

晌 飯　　　　한낮 상. 밥 반.
점심 밥

相 扶　　　　서로 상. 붙들 부.
서로 도와줌.

桑 田　　　　뽕나무 상. 밭 전.
뽕나무 밭.

祥 瑞　　　　상서 상. 상서로울 서.
좋은 일이 일어날 기운.

常 識　　　　항상 상. 알 식.
일반적인 지식.

商 圈　　　　장사 상. 우리 권.
영업 범위.

喪 輿　　　　잃을 상. 수레 여.
죽은 사람을 운반하는 제구.

想 像　　　　생각 상. 형상 상.
미루어 생각함.

詳 細　　　　자세할 상. 가늘 세.
속속들이 자세함.

象 牙　　　　코끼리 상. 어금니 아.
코끼리 이빨.

傷 處　　　　상처 상. 곳 처.
심신의 다친 곳.

賞 牌　　　　상줄 상. 호패 패.
상을 표시한 패

嘗 膽　　　　맛볼 상. 쓸개 담.
쓴맛을 봄.

霜 降　　　　서리 상. 내릴 강.
서리가 내림.

箱 子　　　　상자 상. 기를 자.
나무나 종이로 만든 그릇.

爽 快　　　　시원할 상. 상쾌할 쾌.
시원하고 유쾌함.

廂 廊　　　　곁채 상. 행랑 랑.
복도. 골마루.

殤 死　　　　어려서 죽을 상. 죽을 사.
어려서 죽음.

觴 詠　　　　술마실 상. 읊을 영.
술을 마시며 시를 읊음.

雙 胎　　　　둘 쌍. 애 밸 태.
쌍둥이를 잉태함.

塞 栓　　　　막을 색. 말뚝 전.
혈관을 막는 물질.

色 盲　　　　빛 색. 어둘 맹.
색을 분간 못하는 시력.

索 出　　　　찾을 색. 날 출.
찾아 냄

嗇 人　　　　인색할 색. 사람 인.
인색한 사람.

生 産　　　　날 생. 생산할 산.
물품을 만들어냄.

笙 席 　　　　대자리 생. 자리 석.
대나무 조각으로 만든 기리.

甥 姪 　　　　생질 생. 조카 질.
형제의 자녀.

西 歐 　　　　서역 서. 유럽 구.
서유럽.

序 列 　　　　차례 서. 벌릴 렬.
순서.

書 畵 　　　　글 서. 그림 화.
글씨와 그림.

徐 行 　　　　천천히 서. 다닐 행.
천천히 다님.

庶 民 　　　　여럿 서. 백성 민.
일반 백성.

敍 述 　　　　펼 서. 지을 술.
글로 씀.

婿 子 　　　　사위 서. 아들 자.
사위.

署 長 　　　　관청 서. 어른 장.
관서의 장.

緖 論 　　　　실마리 서. 말씀 론.
머리말.

曙 光 　　　　새벽 서. 빛 광.
새벽 빛.

逝 去 　　　　갈 서. 갈 거.
돌아가심.

棲 息 　　　　깃들일 서. 숨 쉴 식.
너불러 삶.

瑞 雪 　　　　상서 서. 눈 설.
상서로운 눈.

鼠 賊 　　　　쥐 서. 도적 적.
좀 도둑.

鋤 犁 　　　　호미 서. 쟁기 여.
논밭을 경작 하는 것.

黍 穀 　　　　기장 서. 곡식 곡.
기장.

絮 雪 　　　　솜 서. 눈 설.
솜털 같은 눈.

恕 免 　　　　용서할 서. 면할 면.
용서하여 면죄함. 사면.

抒 情 　　　　당길 서. 뜻 정.
자기감정을 표현함.

暑 氣 　　　　더위 서. 기운 기.
더운 기운.

犀 角 　　　　물소 서. 뿔 각.
물소 뿔.

芧 栗 　　　　도토리 서. 밤 율.
도토리와 밤.

誓 約 　　　　맹서할 서. 약속 약.
굳게 약속함.

曙 光 　　　　새벽 서. 빛 광.
어둠속에서 밝아오는 빛.

皙 次　　분석할 석. 버금 차.
성적의 차례.

宣 揚　　베풀 선. 들칠 양.
널리 떨치게 함.

夕 陽　　저녁 석. 빛 양.
저녁때 지는 해.

渲 染　　물 적실 선. 물들일 염.
묵담을 조화롭게 물들임.

石 刻　　돌 석. 세길 각.
돌에 글이나 그림을 새김.

繕 造　　고칠 선. 지을 조.
수선하여 새로 만듦.

析 別　　쪼갤 석. 나눌 별.
쪼개어 나눔.

羨 望　　부러울 선. 바랄 망.
부러워 바라봄.

昔 年　　옛 석. 해 년.
여러 해 전.

蟬 聲　　매미 선. 소리 성.
매미 우는 소리.

席 卷　　자리 석. 잡을 권.
세력을 넓힘.

鮮 度　　생선 선. 정도 도.
싱싱한 정도.

惜 敗　　아낄 석. 패할 패.
아깝게 패함.

腺 癌　　멍울 선. 종기 암.
샘 세포에 생긴 암.

釋 迦　　해석할 석. 부처 가.
부처님 이름.

先 塋　　먼저 선. 무덤 영.
조상의 묘.

碩 士　　석사 석. 선비 사.
석사 논문을 통과한 사람.

嬋 娟　　고울 선. 고울 연.
아름다움.

錫 杖　　주석 석. 막대 장.
스님이 쓰는 지팡이.

船 路　　배 선. 길 로.
배가 다니는 뱃길.

汐 潮　　썰물 석. 밀물 조.
썰물과 밀물.

鮮 明　　빛날 선. 밝을 명.
산뜻하고 뚜렷함.

仙 女　　신선 선. 여자 녀.
여인. 미인.

選 擧　　가릴 선. 들 거.
가려서 선출함.

善 德　　착할 선. 큰 덕.
착하고 덕망 있음.

蘚 苔　　이끼 선. 이끼 태.
이끼.

旋 風　　　　돌 선. 바람 풍.
회오리바람.

禪 房　　　　고요할 선. 방 방.
참선하는 방.

線 路　　　　실 선. 길 로.
기찻길.

膳 物　　　　먹을 선. 물건 물.
남에게 주는 물건.

扇 風　　　　부채 선. 바람 풍.
부채 바람.

煽 動　　　부치길 선. 움직일 동.
남을 부추겨 세움.

跣 走　　　맨발 선. 달릴 주.
맨발로 달려감.

雪 辱　　　　씻을 설. 욕될 욕.
명예를 되찾음.

設 置　　　　베풀 설. 둘 치.
만들어 두는 것.

說 話　　　말씀 설. 말씀 화.
전해오는 이야기.

泄 瀉　　　　셀 설. 쏠 사.
묽은 변.

屑 豆　　　　가루 설. 콩 두.
콩 가루.

舌 戰　　　　혀 설. 싸울 전.
말싸움.

楔 柱　　　문설주 설. 기둥 주.
문설주.

殲 滅　　　몰살할 섬. 멸할 멸.
죽여 없앰.

纖 維　　　　가늘 섬. 이을 유.
실로 짠 천.

閃 光　　　번쩍할 섬. 빛 광.
번쩍이는 빛.

憸 人　　　간사할 섬. 사람 인.
간사스러운 사람.

涉 歷　　　　건널 섭. 이력 력.
기술을 익힘.

攝 生　　　　이을 섭. 살 생.
운동과 식사로 조절함.

燮 理　　　　화할 섭. 이치 리.
음양을 다스림.

囁 語　　　소곤거릴 섭. 말할 어.
귓속말을 함.

腥 臭　　　비린내 성. 냄새 취.
비린내.

醒 悟　　　술 깰 성. 깨달을 오.
깨달음. 각성.

成 果　　　　이룰 성. 과실 과.
이루어진 결과.

性 格　　　　성품 성. 이를 격.
가지고 있는 성질.

姓 銜	성 성. 머금을 함.
성명을 높인 말.	
星 霜	별 성. 서리 상.
한해의 세월.	
省 察	살필 성. 살필 찰.
자세히 살핌.	
城 閣	재 성. 집 각.
성을 두른 담과 누각.	
盛 宴	성할 성. 잔치 연.
화려한 잔치.	
聖 架	성인 성. 시렁 가.
십자가.	
誠 實	정성 성. 열매 실.
정성스럽고 참됨.	
聲 討	소리 성. 토론할 토.
비판함.	
世 波	세상 세. 물결 파.
세상의 풍파.	
洗 濯	씻을 세. 씻을 탁.
깨끗이 만들어냄.	
細 密	가늘 세. 촘촘할 밀.
정밀 함.	
稅 額	세금 세. 수요 액.
세금으로 내는 돈.	
歲 暮	해 세. 저물 모.
연말.	

勢 力	세력 세. 힘 력.
기세와 힘.	
貰 家	빌릴 세. 집 가.
세를 주고 사는 집.	
小 包	작을 소. 꾸밀 포.
작은 꾸러미 우편물.	
少 年	적을 소. 해 년.
어린 남아.	
埽 眉	그릴 소. 눈썹 미.
눈썹을 그림.	
召 集	부를 소. 모을 집.
불러서 모음.	
宵 行	밤 소. 다닐 행.
밤에 다니는 것.	
巢 窟	새 집 소. 굴 굴.
자리 잡고 사는 곳.	
搔 亂	분분할 소. 어지러울 란.
어수선하고 시끄러움.	
簫 鼓	퉁소 소. 북 고.
퉁소와 북.	
所 持	가질 소. 가질 지.
물건을 지님.	
昭 詳	부를 소. 자세할 상.
자세하게 말함.	
笑 顔	웃음 소. 얼굴 안.
웃는 얼굴.	

消 極   끌 소. 다할 극.
마지못해 임함.

素 質   바탕 소. 근본 질.
근본 재량.

掃 蕩   쓸 소. 소탕할 탕.
모조리 없앰.

訴 訟   송사할 소. 송사할 송.
판결을 제기함.

紹 介   이을 소. 소개할 개.
중계 역할을 함.

嗉 囊   먹이주머니 소. 주머니 낭.
조류의 먹이 주머니.

疎 脫   성길 소. 벗을 탈.
솔직한 성품.

蔬 田   나물 소. 밭 전.
채소 밭.

燒 却   불사를 소. 물리칠 각.
불살라 없앰.

甦 生   긁어모을 소. 날 생.
사경에서 살아 남.

騷 音   떠들 소. 소리 음.
시끄러운 소리.

沼 淵   연못 소. 연못 연.
연못.

逍 風   노닐 소. 바람 풍.
견학이나 관찰을 위한 것.

塑 像   흙이길 소. 형상 상.
흙으로 만든 주물의 원형.

嘯 聚   휘파람 소. 취할 취.
휘파람소리로 모이게 함.

銷 失   사라질 소. 잃을 실.
사라져 버림.

韶 顔   아름다울 소. 얼굴 안.
젊어 보이는 얼굴. 동안.

遡 及   거스를 소. 미칠 급.
지나간 일까지 소급함.

梳 帚   얼레빗 소. 비 추.
칫솔.

佋 价   소개할 소. 소개할 개.
중간에서 연결해줌.

蛸 魚   오징어 소. 고기 어.
오징어.

蕭 瑟   쑥 소. 비파 슬.
가을바람 부는 소리.

束 縛   묶을 속. 얽을 박.
얽어매거나 제한함.

俗 說   풍속 속. 말씀 설.
떠도는 말이나 견해.

速 決   빠를 속. 맺을 결.
신속히 처리함.

贖 罪   속바칠 속. 범죄 죄.
죄를 뉘우침.

粟 飯　　　　　졸쌀 속. 밥 반.
좁쌀 밥.

續 出　　　　　이을 속. 날 출.
잇따라 나타남.

孫 女　　　　　손자 손. 여식 녀.
손녀딸.

損 益　　　　　덜 손. 이익 익.
손해와 이익.

遜 色　　　　　겸손 손. 모양 색.
부족한 점.

率 先　　　　　거느릴 솔. 먼저 선.
스스로 앞장섬.

松 餠　　　　　솔 송. 떡 병.
송편.

送 出　　　　　보낼 송. 날 출.
내보냄. 전달함

誦 讀　　　　　외울 송. 읽을 독.
읽어서 외우는 것.

訟 事　　　　　송사할 송. 일 사.
소송을 신청함.

頌 歌　　　　　칭송할 송. 노래 가.
찬송가.

悚 然　　　　　놀랄 송. 그래 연.
두려워 몸이 떨림.

悚 懼　　　　　두려울 송. 두려울 구.
두렵고 미안함.

鎖 國　　　　　쇠사슬 쇄. 나라 국.
통상을 단절함.

刷 新　　　　　고칠 쇄. 새 신.
새로 고침.

碎 氷　　　　　부슬 쇄. 얼음 빙.
얼음을 깨트려 부숨.

洒 掃　　　　　물 뿌릴 쇄. 쓸 소.
물을 뿌려서 청소함.

衰 退　　　　　쇠할 쇠. 물러갈 퇴.
쇠약하여 물러감.

授 戒　　　　　줄 수. 명할 계.
계명을 줌.

讎 仇　　　　　원수 수. 원수 구.
원수.

需 給　　　　　구할 수. 줄 급.
수요와 공급.

戍 樓　　　　　집 수. 다락 루.
적을 살피는 망루.

狩 獵　　　　　사냥할 수. 사냥 렵.
사냥 함.

竪 立　　　　　세울 수. 설 립.
일으켜 세움.

粹 美　　　　　순수할 수. 아름다울 미.
순수하고 아름다움.

殊 常　　　　　다를 수. 항상 상.
평상시와 다름.

修 道　　　닦을 수. 길 도.
진리를 궁구함.

須 要　　　필요할 수. 필요할 요.
물품을 사려는 욕구.

愁 心　　　근심 수. 마음 심.
염려하는 마음.

睡 眠　　　잠잘 수. 잠잘 면.
잠을 자는 일.

壽 命　　　목숨 수. 목숨 명.
살아있는 연한.

數 量　　　수량 수. 수량 량.
물품의 수량.

豎 子　　　더벅머리 수. 아이 자.
더벅머리. 업신여겨 부름.

繡 屛　　　수놓을 수. 병풍 병.
수놓아 만든 병풍.

晬 宴　　　돌 수. 잔치 연.
생일잔치.

搜 査　　　찾을 수. 조사할 사.
찾아서 조사함.

帥 臣　　　장수 수. 신하 신.
장수와 신하.

獸 醫　　　짐승 수. 의원 의.
동물을 치료하는 의사.

水 泳　　　물 수. 헤엄칠 영.
물속에서 헤엄치는 것.

手 腕　　　손 수. 손목 완.
일을 치러 나가는 재간.

囚 人　　　가둘 수. 사람 인.
갇힌 사람.

秀 才　　　빼어날 수. 재주 재.
재주가 뛰어남.

垂 直　　　드리울 수. 곧을 직.
수평에 각도를 이룬 각.

瘦 瘠　　　여윌 수. 수척할 척.
여위고 마름.

受 賞　　　줄 수. 상줄 상.
상장이나 상품을 받음.

羞 恥　　　부끄러울 수. 욕될 치.
부끄러움.

蒐 集　　　모을 수. 모을 집.
여러 가지 자료를 모음.

袖 傳　　　소매 수. 전할 전.
손수 가져다 줌.

隨 筆　　　따를 수. 붓 필.
자기 생각을 씀.

樹 液　　　나무 수. 액체 액.
나무에서 나오는 액체.

輸 出　　　보낼 수. 나 출.
외국에 물건을 팜.

遂 行　　　드디어 수. 행할 행.
임무를 따름.

誰 何　　　누구 수. 누구 하.
누구인지 모를 때 묻는 것.

酬 酌　　　술 권할 수. 잔 작.
주객이 서로 술을 권함.

首 勳　　　머리 수. 공 훈.
제일 큰 공적.

守 護　　　지킬 수. 보호할 호.
보호하는 것.

收 穫　　　거둘 수. 거둘 확.
성과를 거두어들임.

髓 腦　　　골수 수. 뇌 뇌.
사물의 가장 중요한 곳.

鬚 髮　　　수염 수. 머리털 발.
수염과 머리털.

夙 起　　　일직 숙. 일어날 기.
일찍 일어남.

叔 姪　　　아저씨 숙. 조카 질.
아저씨와 조카.

俶 裝　　　갖출 숙. 장식할 장.
설비를 갖춤.

菽 豆　　　콩 숙. 팥 두.
콩과 팥.

宿 題　　　지킬 숙. 문제 제.
예습 복습을 하도록 함.

淑 女　　　밝을 숙. 계집 녀.
젊은 여자.

肅 淸　　　엄숙할 숙. 맑을 청.
부정을 바로 잡음.

熟 達　　　익을 숙. 통할 달.
익숙하고 통달함.

塾 堂　　　글방 숙. 집 당.
공부 방. 서당.

巡 警　　　순행할 순. 경계할 경.
하위직 경찰.

筍 席　　　대나무껍질 순. 자리 석.
대나무 껍질로 만든 자리.

殉 國　　　죽을 순. 나라 국.
나라를 위해 죽음.

純 粹　　　순수할 순. 순수할 수.
성정이 깨끗함.

順 理　　　순할 순. 다스릴 리.
순수한 이치.

循 環　　　쫓을 순. 돌 환.
주기적으로 도는 것.

脣 紅　　　입술 순. 붉을 홍.
붉은 입술.

瞬 間　　　순간 순. 사이 간.
짧은 시간.

淳 朴　　　순박할 순. 클 박.
순수함.

馴 鹿　　　길들일 순. 사슴 록.
뿔이 있는 사슴.

醇 白 순수할 순. 흰 백.
티 없이 하얀 색.

旬 刊 열흘 순. 새길 간.
열흘 만에 발행하는 책.

舜 花 무궁화 순. 꽃 화.
무궁화 꽃.

盾 矛 방패 순. 창 모.
방패와 창.

荀 子 성 순. 어른 자.
춘추전국시대의 학자.

述 懷 밝힐 술. 품을 회.
속마음을 말함.

術 策 제주 술. 꾀 책.
일을 꾸미는 꾀나 방법.

菘 蘆 배추 송. 무 로
배추와 무.

崇 拜 높을 숭. 절 배.
우러러 공경함.

膝 下 무릎 슬. 아래 하.
직계 자식.

瑟 音 비파 슬. 소리 음.
비파 소리.

拾 得 주을 습. 얻을 득.
물건을 얻음.

習 作 익힐 습. 지을 작.
연습한 작품.

濕 疹 젖을 습. 홍역 진.
물집이 생기며 가려운 병.

襲 擊 엄습할 습. 칠 격.
몰래 쳐들어감.

升 華 오를 승. 영화 화.
임금이 돌아가심.

丞 相 정승 승. 정승 상.
정승.

昇 格 오를 승. 이를 격.
직급이 오름.

承 運 탈 승. 운명 운.
운이 상승함.

勝 戰 이길 승. 싸울 전.
싸움에서 이김.

僧 侶 중 승. 짝 려.
스님.

勝 油 참깨 승. 기름 유.
참기름.

乘 船 오를 승. 배 선.
배에 오름.

陞 降 올라갈 승. 내릴 강.
오르고 내림.

弒 殺 죽일 시. 죽일 살.
임금을 살해함.

柿 葉 감 시. 잎사귀 엽.
감나무 잎.

諡 號 　시호 시. 부를 호.
사후에 임금이 주는 칭호.

尸 位 　주검 시. 벼슬 위.
능력없는 벼슬아치.

豕 心 　돼지 시. 마음 심.
욕심이 많은 마음.

試 飮 　시험 시. 마실 음.
음식 맛을 봄.

兕 甲 　들소 시. 갑옷 갑.
짐승 가죽으로 만든 옷.

詩 調 　글귀 시. 조율할 조.
글을 읊음.

豺 狼 　늑대 시. 이리 랑.
늑대와 이리.

屎 尿 　똥 시. 오줌 뇨.
똥과 오줌.

市 場 　저자 시. 마당 장.
물건을 파는 장소.

屍 體 　주검 시. 몸 체.
죽은 사체.

示 範 　보일 시. 본뜰 범.
요령을 미리 보여줌.

媤 叔 　시집 시. 아재비 숙.
남편의 형님.

矢 心 　맹세 시. 마음 심.
마음속으로 맹세함.

猜 忌 　시기할 시. 꺼릴 기.
싫어하고 시기함.

侍 女 　모실 시. 계집 녀.
시중드는 여자.

柴 扉 　섶나무 시. 사립 문 비.
사립문.

始 動 　비로소 시. 움직일 동.
움직이기 시작함.

匙 箸 　숟가락 시. 젓가락 저.
숟가락과 젓가락.

是 認 　바를 시. 인정할 인.
인정함.

恃 賴 　믿을 시. 의지할 뢰.
믿고 의지 함.

施 療 　베풀 시. 치료할 료.
치료를 배품.

蒔 植 　모종낼 시. 심을 식.
모종을 심음.

時 局 　때 시. 판 국.
당면한 정세.

氏 族 　각시 씨. 겨레 족.
같은 성을 가진 집단.

視 察 　볼 시. 살필 찰.
현지의 사정을 살펴봄.

式 場 　격식 식. 마당 장.
의식을 치르는 장소.

媳 婦 　　　며느리 식. 며느리 부.
며느리.

植 物 　　　심을 식. 물질 물.
초목.

食 糧 　　　밥 식. 식량 량.
양식.

蝕 旣 　　　해 가릴 식. 이미 기.
해나 달이 가린 현상.

息 災 　　　숨쉴 식. 재앙 재.
부처님의 힘을 빌어 재앙을 피함.

飾 言 　　　꾸밀 식. 말씀 언.
거짓말.

識 見 　　　알 식. 볼 견.
학식과 견문.

殖 利 　　　자랄 식. 이자 리.
이자를 불림.

植 民 　　　심을 식. 백성 민.
이민 보낸 국민.

拭 目 　　　씻을 식. 눈 목.
자세히 봄.

熄 滅 　　　불 꺼질 식. 멸할 멸.
흔적이 사라짐.

申 請 　　　납 신. 청할 청.
청구함을 알림.

辛 鹽 　　　매울 신. 짤 염.
맵고 짬.

臣 下 　　　신하 신. 아래 하.
임금을 모시는 관리.

伸 張 　　　펼 신. 베풀 장.
널리 퍼지거나 뻗음.

身 元 　　　몸 신. 근원 원.
개인과 관계되는 자료.

信 賴 　　　믿을 신. 힘입을 뢰.
굳게 믿고 의지함.

神 奇 　　　귀신 신. 기이할 기.
신통함.

新 郞 　　　새 신. 사랑 랑.
남편.

晨 光 　　　새벽 신. 빛 광.
아침 햇빛.

愼 重 　　　삼갈 신. 무거울 중.
깊이 생각함.

呻 吟 　　　신음할 신. 울 음.
괴로워하는 소리.

紳 士 　　　신사 신. 선비 사.
교양이 있는 남자.

訊 問 　　　물을 신. 물을 문.
자세히 묻는 것.

迅 速 　　　빠를 신. 빠를 속.
빠른 속도.

腎 怯 　　　콩팥 신. 겁낼 겁.
깜작 놀람.

蜃 蛤 　　　큰 조개 신. 조개 합.
큰 조개와 작은 조개.

悉 知 　　　다 실. 알 지.
다 아는 사실.

室 內 　　　집 실. 안 내.
집 안.

實 薦 　　　실상 실. 행할 천.
실제로 행동함.

失 脚 　　　잃을 실. 다리 각.
중심을 잃음.

心 琴 　　　마음 심. 비파 금.
속마음.

甚 亂 　　　심할 심. 어지러울 란.
매우 혼란함

深 淵 　　　깊을 심. 연못 연.
깊은 연못. 깊은 뜻.

尋 問 　　　찾을 심. 물을 문.
사실을 자세히 물음.

審 判 　　　살필 심. 판단할 판.
선악을 분별함.

十 干 　　　열 십. 천간 간.
갑을병정무기경신임계.

什 長 　　　열사람 십. 클 장.
인부를 관리하는 사람.

▌다음 한자의 훈과 음을 차례로 적으시오.

01 史劇 (　　　　). (　　　　)

02 事理 (　　　　). (　　　　)

03 森林 (　　　　). (　　　　)

04 想像 (　　　　). (　　　　)

05 夕陽 (　　　　). (　　　　)

06 舌戰 (　　　　). (　　　　)

07 召集 (　　　　). (　　　　)

08 孫女 (　　　　). (　　　　)

09 修道 (　　　　). (　　　　)

10 習作 (　　　　). (　　　　)

11 市場 (　　　　). (　　　　)

12 室內 (　　　　). (　　　　)

ㅇ

아(牙)~잉(仍)

牙 齒 　어금니 아. 이 치.
어금니.

我 執 　나 아. 잡을 집.
고집.

兒 童 　아이 아. 아이 동.
아이.

阿 膠 　아첨할 아. 아교 교.
접착제.

芽 椄 　싹 아. 붙일 접.
식물을 접붙임.

亞 獻 　버금 아. 드릴 헌.
제사 때 두 번째 잔.

雅 量 　맑을 아. 헤아릴 량.
넓은 마음.

餓 鬼 　주릴 아. 귀신 귀.
배고픈 귀신.

啞 鈴 　벙어리 아. 쇠구슬 령.
양 끝이 공 같은 쇠.

鵝 鳥 　거위 아. 새 조.
거위.

娥 映 　예쁠 아. 빛날 영.
매우 예쁨.

俄 然 　잠깐 아. 그럴 연.
갑작스러운 모양.

蛾 眉 　누에 아. 눈썹 미.
예쁜 눈썹.

衙 閣 　아전 아. 집 각.
관사.

鴉 陣 　까마귀 아. 무리 진.
까마귀 무리.

顎 骨 　턱뼈 악. 뼈 골.
위 아래 턱뼈.

鰐 魚 　악어 악. 고기 어.
악어.

惡 夢 　악할 악. 꿈 몽.
무서운 꿈.

岳 山 　큰 산 악. 뫼 산.
큰 산.

握 手 　잡을 악. 손 수.
손을 맞잡음.

齷 齪 　악착할 악. 악착할 착.
작은 일에도 끈기 있음.

樂 團 　즐거울 악. 단체 단.
음악을 하는 단체.

安 樂 　편할 안. 즐거울 락.
편안하고 즐거움.

案 內 　지경 안. 안 내.
인솔 함. 내용을 소개함.

眼 目 　눈 안. 눈 목.
분별하는 식견.

雁 群 　기러기 안. 무리 군.
기러기 떼.

顔 面   얼굴 안. 낯 면.
얼굴이나 아는 친분.

按 摩   살필 안. 만질 마.
안마. 마사지.

鞍 裝   안전 안. 장식할 장.
말 등에 올리는 방석.

晏 起   늦을 안. 일어날 기.
늦게 일어남.

岸 畔   언덕 안. 밭두렁 반.
밭 가 언덕.

謁 見   뵐 알. 볼 현.
높은 분을 뵘.

軋 轢   앗을 알. 부딪칠 력.
힘겨룸.

斡 旋   돌 알. 주선할 선.
소개해줌.

癌 腫   암 암. 종기 종.
암의 종기.

暗 算   어둘 암. 셈할 산.
속으로만 계산함.

巖 窟   바위 암. 굴 굴.
바위 굴.

庵 子   초막 암. 아이 자.
큰 절에 딸린 작은 절.

押 送   찍을 압. 가질 송.
범인을 다른 곳으로 호송함.

壓 倒   누를 압. 넘어질 도.
능력이나 힘으로 누름.

狎 留   저당 잡을 압. 머무를 류.
재물을 묶어둠.

鴨 鳩   오리 압. 비둘기 구.
오리와 비둘기. 압구정.

卬 天   바랄 왕. 하늘 천.
하늘을 쳐다봄.

仰 望   우러러볼 앙. 바랄 망.
간절히 바람.

怏 宿   원망할 앙. 잘 숙.
뜻이 안 맞는 사이.

昂 騰   높을 앙. 오를 등.
많이 오름.

殃 禍   재안 앙. 재앙 화.
어떤 일로 해를 입음.

秧 板   모 앙. 널 판.
못 자리.

艾 菊   쑥 애. 국화 국.
쑥갓.

哀 惜   슬플 애. 슬플 석.
슬퍼함.

愛 撫   사랑 애. 만질 무.
사랑스럽게 어루만짐.

曖 昧   흐릴 애. 어둘 매.
뚜렷하지 않음.

隘 路　　　좁을 애. 길 로.
험나한 길.

厓 壁　　　언덕 애. 벽 벽.
낭떠러지.

厄 運　　　재앙 액. 운전 운.
나쁜 운세.

液 狀　　　진액 액. 형상 상.
물 같은 상태.

額 面　　　이마 액. 낯 면.
보이는 그대로의 모습

掖 晶　　　끼일 액. 수정 정.
카메라 눈.

腋 毛　　　겨드랑이 액. 터럭 모.
겨드랑이 털.

櫻 桃　　　앵두 앵. 복숭아 도.
앵두.

鶯 啼　　　꾀꼬리 앵. 울 제.
꾀꼬리 울음.

夜 話　　　밤 야. 말씀 화.
전해오는 이야기.

野 性　　　들 야. 성품 성.
자유롭게 사는 성품.

耶 蘇　　　어조사 야. 희생할 소.
예수. 그리스도.

惹 起　　　이끌 야. 일어날 기.
일으킴.

冶 爐　　　쇠 불릴 야. 화로 로.
대장간 풀무.

椰 子　　　야자나무 야. 열매 자.
야자나무의 열매.

約 條　　　맺을 약. 조건 조.
조건을 붙여 약속함.

若 干　　　같을 약. 얼마 간.
얼마 안 됨.

弱 冠　　　약할 약. 갓 관.
젊은 나이.

藥 酒　　　양 약. 술 주.
약이 되는 술.

躍 動　　　뛸 약. 움직일 동.
힘차게 움직임.

羊 乳　　　염소 양. 젖 유.
염소나 양의 젓.

洋 襪　　　서양 양. 버선 말.
양발. 서양 버선.

佯 醉　　　거짓 양. 취할 취.
거짓 취함.

陽 曆　　　빛 양. 이력 력.
태양력의 준말.

楊 柳　　　버들 양. 버들 류.
버드나무.

揚 力　　　날릴 양. 힘 력.
뜨는 힘.

養 成　　기를 양. 이룰 성.
길러 냄.

讓 渡　　사양할 양. 건널 도.
권리를 넘겨줌.

樣 式　　모양 양. 꾸밀 식.
일정한 모양이나 형식.

釀 造　　술빚을 양. 제조할 조.
술을 제조함.

壤 地　　흙 양. 땅 지.
토지. 국토.

攘 伐　　물리칠 양. 칠 벌.
쳐서 물리침.

痒 疹　　가려울 양. 옴 진.
가려운 증세의 만성병.

魚 雷　　고기 어. 어뢰 뢰.
물속으로 쏘는 포탄.

於 音　　어조사 어. 편지 음.
지불을 약속함.

御 使　　모실 어. 일할 사.
임금의 특명을 받은 관리.

語 調　　말씀 어. 고를 조.
말하는 억양.

漁 磯　　고기 잡을 어. 낚시터 기.
낚시터.

禦 寒　　막을 어. 찰 한.
추위를 막음.

瘀 血　　어혈질 어. 피 혈.
피가 맺힘.

億 兆　　억 억. 많을 조.
헤아릴 수없이 많은 수.

抑 壓　　누를 억. 누를 압.
힘으로 제압함.

憶 念　　기억할 억. 생각 념.
깊이 기억하여 간직함.

臆 測　　생각할 억. 기우를 측.
멋대로 추측함.

言 聲　　말씀 언. 소리 성.
말소리.

焉 敢　　잇기 언. 구태여 감.
어찌 감히. 언감생심.

彦 士　　선비 언. 선비 사.
훌륭한 선비.

偃 臥　　누울 언. 누울 와.
드러누움.

諺 文　　속담 언. 글월 문.
한글의 속칭.

儼 存　　가릴 엄. 있을 존.
가려있는 존재.

嚴 罰　　엄할 엄. 벌할 벌.
엄중이 처벌함.

掩 襲　　덮을 엄. 습격할 습.
숨어 들어옴.

業 績 　 일 업. 쌓을 적.
쌓은 공적.

餘 暇 　 남을 여. 한가할 가.
한가한 시간.

閭 閻 　 집 여. 이문 염.
일반 가정.

汝 等 　 너 여. 무리 등.
너희들.

厲 聲 　 화낼 여. 소리 성.
성난 목소리.

予 等 　 나 여. 무리 등.
우리들.

如 意 　 같을 여. 뜻 의.
뜻과 같이.

與 件 　 줄 여. 여건 건.
주어진 현실.

輿 駕 　 수레 여. 수레 가.
임금이 타는 가마.

餘 生 　 남을 여. 날 생.
남은 생애.

域 內 　 지역 역. 안 내.
지역 내.

疫 疾 　 염병 역. 병질 질.
천연두. 염병.

亦 是 　 또 역. 이 시.
또 다시.

役 割 　 부릴 역. 가를 할.
맡은 임무.

易 書 　 주역 역. 글 서.
운세를 보는 글.

逆 境 　 거슬릴 역. 지경 경.
어려운 처지.

譯 註 　 통역할 역. 기록할 주.
번역자 참고사항.

驛 舍 　 역말 역. 집 사.
역을 관리하는 집.

延 命 　 도울 연. 목숨 명.
목숨을 이어 감.

沿 道 　 길가 연. 길 도.
도로 변.

硏 磨 　 갈 연. 갈 마.
갈고 닦음.

攣 子 　 쌍둥이 연. 아이 자.
쌍둥이.

宴 席 　 잔치 연. 자리 석.
잔치하는 자리.

軟 骨 　 연할 연. 뼈 골.
뼈 사이의 물렁뼈.

緣 故 　 인연 연. 연고 고.
연결된 인연.

硯 滴 　 벼루 연. 적실 적.
먹물 그릇.

然 後 　　그래 연. 뒤 후.
그런 뒤에.

演 技 　　펼 연. 기예 기.
배역을 표현하는 것.

煙 幕 　　연기 연. 장막 막.
남들을 모르게 함.

讌 會 　　잔치 연. 모을 회.
잔치 모임.

鉛 筆 　　납 연. 붓 필.
연필.

鳶 尾 　　연 연. 꼬리 미.
연 꼬리.

演 奏 　　행할 연. 아뢸 주.
악기를 다룸.

悁 急 　　분할 연. 급할 급.
성을 잘 내고 조급함.

燕 雀 　　제비 연. 참새 작.
제비와 참새.

淵 源 　　깊을 연. 근원 원.
사물의 근원.

燃 燒 　　불탈 연. 불사를 소.
불사름.

煉 炭 　　반죽할 연. 숯 탄.
가루석탄을 반죽하여 만든 연료.

捐 金 　　덜어낼 연. 쇠 금.
의연금.

悅 愛 　　기쁠 열. 사랑 애.
깊은 사랑.

衍 字 　　퍼질 연. 글자 자.
필요 없는 글자.

熱 氣 　　뜨거울 열. 기운 기.
뜨거운 기운.

蓮 根 　　연꽃 연. 뿌리 근.
연 뿌리.

閱 覽 　　볼 열. 볼 람.
찾아 봄.

筵 席 　　대자리 연. 자리 석.
대로 만든 자리.

涅 槃 　　죽을 열. 즐거울 반.
세상을 떠남.

涓 吉 　　가릴 연. 길할 길.
좋은 날을 택함.

炎 蒸 　　불꽃 염. 찔 증.
뜨거운 기운.

臙 脂 　　연지 연. 기름 지.
뺨에 바르는 연지.

染 料 　　물들일 염. 재질 료.
염색 재료.

姸 粧 　　예쁠 연. 꾸밀 장.
예쁘게 단장함.

鹽 度 　　소금 염. 정도 도.
짠맛의 정도.

艷 聞 　　고을 염. 들을 문.
남녀의 여애에 관한 소문.

捻 出 　　집어낼 염. 날 출.
이렇게 저렇게 맞춤.

殮 襲 　　빈소할 염. 엄습할 습.
죽은 이를 씻기고 옷을 입힘.

葉 書 　　잎사귀 엽. 글 서.
간단한 편지.

厭 症 　　싫을 염. 증세 증.
싫어하는 감정.

爗 火 　　이글거릴 엽. 불 화.
쎈 불길.

永 續 　　길 영. 묶일 속.
오래 지속됨.

英 敏 　　영리할 영. 민첩할 민.
영리함.

迎 接 　　맞을 영. 대접할 접.
기쁘게 맞이함.

映 像 　　비칠 영. 형상 상.
물체를 보임.

詠 歌 　　읊을 영. 노래 가.
노래 부름.

榮 譽 　　영화 영. 명예 예.
빛나는 명예.

營 農 　　경영할 영. 농사 농.
농사짓는 일.

盈 月 　　찰 영. 달 월.
보름날.

塋 墓 　　산소 영. 무덤 묘.
조상 무덤.

影 幀 　　형상 영. 그림 족자 정.
사람의 모습을 그린 족자.

泳 法 　　수영할 영. 본받을 법.
수영하는 방법.

瑩 鏡 　　맑을 영. 거울 경.
깨끗한 거울.

嬰 兒 　　어릴 영. 아이 아.
어린 아이.

纓 紳 　　갓끈 영. 띠 신.
갓 끈.

穎 敏 　　빼어날 영. 영리할 민.
행동 등이 날카롭고 예민함.

銳 利 　　칼날 예. 이로울 리.
날카로움.

豫 斷 　　미리 예. 끊을 단.
미리 판단함.

刈 草 　　풀 벨 예. 풀 초.
풀을 베는 것.

藝 能 　　재주 예. 능할 능.
예술의 능력.

曳 引 　　이끌 예. 이끌 인.
끌어옴. 끌어감.

譽 讚	칭찬할 예. 칭찬할 찬.
칭찬함.	
預 置	미리 예. 둘 치.
미리 맡겨둠.	
叡 智	밝을 예. 지혜 지.
밝은 지혜.	
豫 備	미리 예. 갖출 비.
미리 준비함.	
穢 慾	더러울 예. 옥심 욕.
나쁜 욕심.	
隷 書	글자 예. 글 서.
서체의 일종.	
裔 孫	후손 예. 자손 손.
후손.	
午 餐	낮 오. 밥 찬.
점심 식사.	
五 輪	다섯 오. 우렁찰 륜.
올림픽.	
吾 等	나 오. 무리 등.
우리들.	
梧 桐	오동나무 오. 오동나무 동.
오동나무.	
汚 點	더러울 오. 점 점.
잘못된 점.	
烏 鷄	가마기 오. 닭 계.
오골계.	

娛 樂	즐거울 오. 즐거울 락.
즐거운 놀이.	
嗚 咽	탄식할 오. 목멜 열.
목메어 욺.	
杇 揷	흙손 오. 가래 삽.
흙손처럼 작은 삽.	
晤 面	만날 오. 낯 면.
서로 만남. 면회.	
忤 耳	거슬릴 오. 귀 이.
충고하는 말이 거슬림.	
吳 越	오나라 오. 월나라 월.
같은 처지를 일컬음.	
蜈 蚣	지네 오. 지내 공.
지네.	
傲 慢	거만할 오. 거만할 만.
잘난 척함.	
誤 譯	그르칠 오. 번역할 역.
잘못된 번역.	
伍 列	대열 오. 벌릴 열.
줄지어 서있음.	
奧 妙	속 오. 기묘할 묘.
기묘함.	
悟 道	깨달을 오. 길 도.
도를 깨달음.	
吳 越	오나라 오. 월나라 월.
같은 처지를 말함.	

寤 寐　　깰 오. 잠잘 매.
자나 깨나 항상.

熬 煎　　달일 전. 오릴 오.
볶고 지짐.

玉 篇　　구슬 옥. 책 편.
한자 사전.

屋 上　　집 옥. 위 상.
지붕 위.

沃 畓　　기름질 옥. 논 답.
토질 좋은 전답.

獄 舍　　감옥 옥. 집 사.
감옥.

溫 泉　　따뜻할 온. 샘 천.
따뜻한 물이 나오는 샘.

穩 健　　편안할 온. 건강할 건.
편안하고 건강함.

蘊 藏　　쌓을 온. 감출 장.
마음속 깊이 간직해 둠.

兀 山　　우뚝할 올. 뫼 산.
우뚝 솟은 산.

翁 主　　늙은이 옹. 주인 주.
후궁에서 낳은 딸.

擁 護　　안을 옹. 보호할 호.
감싸 보호함.

甕 器　　옹기 옹. 그릇 기.
구어 만든 그릇. 옹기.

壅 拙　　막힐 옹. 졸렬할 졸.
마음이 좁음.

臥 喘　　누울 와. 숨찰 천.
코골음.

瓦 解　　기와 와. 풀어질 해.
무너져 내림.

訛 傳　　거짓 와. 전할 전.
잘못 전달함.

蛙 鳴　　개구리 와. 울 명.
개구리 울음.

萵 苣　　상추 와. 상추 거.
상추.

渦 中　　소용돌이 와. 가운데 중.
시끄럽게 떠드는 가운데.

緩 衝　　느릴 완. 부딪힐 충.
충격을 완화함.

完 璧　　완전 완. 벽 벽.
부족하거나 잘못이 없음.

腕 力　　팔뚝 완. 힘 력.
무력으로 누르는 힘.

莞 草　　왕골 완. 풀 초.
왕골.

刓 琢　　깎을 완. 쪼을 탁.
다듬어 만듦.

阮 堂　　나라 완. 집 당.
추사 김정희의 다른 호.

玩 具 　　　놀 완. 갖출 구.
어린이 놀이 기구.

頑 强 　　　완강할 완. 강할 강.
굽히지 않는 것.

婉 娩 　　　예쁠 완. 유순할 만.
부드러운 인품.

宛 然 　　　흐릴 완. 그럴 연.
흡사. 비슷함.

浣 腸 　　　씻을 완. 창자 장.
뱃속을 깨끗이 씻는 일.

曰 牌 　　암전치 못할 왈. 붙일 패.
여자 건달.

王 道 　　　임금 왕. 길 도.
최선의 방책.

汪 浪 　　　넓을 왕. 넘칠 랑.
눈물이 한없이 흐름.

往 診 　　　갈 왕. 진찰할 진.
찾아가서 진찰함.

枉 臨 　　　굽힐 왕. 다다를 림.
찾아 옴.

旺 盛 　　　왕성할 왕. 성할 성.
힘이 넘침.

倭 風 　　　왜나라 왜. 바람 풍.
일본 풍습.

矮 小 　　　난쟁이 왜. 작을 소.
작은 것.

歪 曲 　　　비뚤어질 왜. 굽을 곡.
잘못됨.

外 廓 　　　바깥 외. 성 곽.
성곽 밖.

畏 懼 　　　두려울 외. 두려울 구.
무서워하고 두려워함.

猥 濫 　　　외람될 외. 넘칠 람.
분수에 넘침.

嵬 說 　　　우뚝할 외. 말씀 설.
허망한 이야기.

要 職 　　　중요할 요. 직업 직.
중요한 직책.

腰 折 　　　허리 요. 꺾을 절.
허리를 구부림.

搖 鈴 　　　흔들 요. 방울 령.
흔들면 소리 나는 방울.

遙 遠 　　　멀 요. 멀 원.
아득히 멂.

僥 倖 　　　요행 요. 요행 행.
뜻밖에 얻은 행복.

妖 術 　　　요망할 요. 기술 술.
기묘한 기술.

曜 日 　　　요일 요. 날 일.
주간 요일.

窯 業 　　　가마 요. 직업 업.
질그릇 만드는 직업.

擾 亂　　요란할 요. 어지러울 란.
몹시 시끄러움.

夭 折　　요절할 요. 꺾을 절.
젊어서 죽음.

謠 歌　　노래 요. 노래 가.
유행가.

凹 凸　　만족할 요. 뽀족할 철.
나오고 들어감.

堯 舜　　요나라 요. 순나라 순.
정치를 잘한 어진 임금.

窈 窕　　그윽할 요. 고상할 조.
품위가 고상함. 요조숙녀.

邀 擊　　맞을 요. 칠 격.
기다리고 있다가 적을 공격함.

蟯 虫　　요충 요. 벌레 충.
뱃속에 생기는 작은 해충.

謠 言　　소문 요. 말씀 언.
뜬 소문. 유언비어.

辱 說　　욕될 욕. 말씀 설.
욕되게 하는 말.

欲 求　　욕심 욕. 구할 구.
갖고 싶은 마음.

浴 槽　　씻을 욕. 통 조.
목욕하는 통. 욕창

慾 心　　욕심 욕. 마음 심.
무엇을 하고 싶은 마음.

蓐 瘡　　자리 욕. 상처 창.
오래 누워있을 때 생긴 상처.

用 達　　쓸 용. 보낼 달.
물건을 실어 나름.

容 積　　쌀 용. 쌓을 적.
쌓을 수 있는 수량.

勇 退　　날낼 용. 물러갈 퇴.
과감하게 물러남.

龍 鳳　　용 용. 봉황새 봉.
용과 봉황.

踊 躍　　뛸 용. 뛸 약.
뛰어 오름.

溶 解　　녹을 용. 풀 해.
녹여서 액체가 됨.

庸 劣　　화할 용. 못할 렬
보통보다 부족함.

鎔 接　　녹일 용. 접할 접.
쇠를 녹여 서로 붙임.

傭 兵　　품 팔 용. 병사 병.
군인을 외국에 보냄.

聳 出　　솟을 용. 날 출.
우뚝 솟아오름.

冗 員　　필요 없을 용. 인원 원.
필요 없는 인원.

涌 泉　　물 솟을 용. 샘 천.
물이 솟아 나오는 샘.

春 杵	방아 찧을 용. 절구 공 저.	遇 待	만날 우. 대접할 대.
절굿공이.		극진히 대우함.	

隅 角	모퉁이 우. 모 각.	愚 弄	어리석을 우. 희롱 롱.
길모퉁이.		남을 바보로 여김.	

寓 話	빙자할 우. 말씀 화.	憂 慮	근심 우. 근심할 려.
교훈 되는 이야기.		걱정스러움.	

雨 傘	비 우. 우산 산.	優 劣	넉넉할 우. 열악할 열.
비를 가리는 우비.		잘하고 못 함	

于 山	어조사 우. 뫼 산.	禹 步	느릴 우. 걸음 보.
울릉도.		느린 걸음.	

牛 痘	소 우. 마마 두.	佑 助	도울 우. 도울 조.
천연두 예방주사.		도와줌. 천우신조.	

友 情	벗 우. 뜻 정.	迂 廻	멀 우. 돌아갈 회.
친구 간의 우정.		멀리 돌아서 감.	

又 來	또 우. 올 래.	虞 犯	염려할 우. 범죄 범.
또 찾아옴.		죄 짓기 쉬운 조건.	

右 翼	오른쪽 우. 날개 익.	尤 甚	더욱 우. 심할 심.
보수주의 집단.		더욱 심함.	

羽 扇	깃 우. 부채 선.	芋 栗	토란 우. 밤 율.
깃으로 만든 부채.		토란과 밤.	

宇 宙	집 우. 집 주.	旭 日	빛날 욱. 날 일.
우주 공간.		밝아 오는 아침 해.	

偶 發	우연 우. 찾아낼 발.	雲 海	구름 운. 바다 해.
우연히 일어남.		구름 덮인 바다.	

郵 便	우편 우. 편할 편.	韻 致	운치 운. 다스릴 치.
우편 물.		풍치가 고상 함.	

運 數 　　　　운명 운. 운수 수.
정해진 하늘의 뜻.

殞 命 　　　　죽을 운. 목숨 명.
목숨이 다함.

隕 石 　　　　떨어질 운. 돌 석.
하늘에서 떨어지는 돌.

暈 色 　　　　무리 운. 빛 색.
무지개 주위의 흐릿한 빛.

云 云 　　　　이를 운. 이.
이런말 저런 말.

鬱 火 　　　　막힐 울. 불 화.
속이 답답하여 화가 나는 것.

雄 辯 　　　　잘할 웅. 말 잘할 변.
조리가 있고 명백한 말.

熊 膽 　　　　곰 웅. 쓸개 담.
곰쓸개.

元 兇 　　　　으뜸 원. 흉할 흉.
나쁜 무리의 두목.

院 內 　　　　집 원. 안 내.
기관의 내부.

垣 墻 　　　　낮은담 원. 담 장.
낮은 담장.

苑 花 　　　　동산 원. 꽃 화.
동산에 피는 꽃.

原 籍 　　　　근원 원. 호적 적.
태어난 곳의 호적.

願 書 　　　　원할 원. 문서 서.
지원하는 서류.

源 泉 　　　　근원 원. 샘 천.
샘물의 근원.

遠 近 　　　　멀 원. 가까울 근.
멀고 가까움.

員 外 　　　　인원 원. 밖 외.
정해진 인원 외.

圓 熟 　　　　온전할 원. 익을 숙.
무르익음.

園 藝 　　　　동산 원. 기예 예.
화초가 자라는 곳.

怨 聲 　　　　원망할 원. 소리 성.
원망하는 소리.

援 助 　　　　도울 원. 도울 조.
도와 줌.

鴛 鴦 　　　　원앙새 원. 원앙새 앙.
원앙새.

冤 痛 　　　　원통할 원. 아플 통.
매우 억울함.

猿 狖 　　　　원숭이 원. 원숭이 유.
원숭이.

瑗 玉 　　　　목걸이 원. 구슬 옥.
옥구슬 목걸이.

媛 妃 　　　　예쁠 원. 왕비 비.
총애하는 후궁.

月 蝕　　　　달 월. 벌레 먹을 식.
달이 지구에 가림.

越 墻　　　　넘을 월. 담 장.
담을 넘음.

危 險　　　　위험 위. 험할 험.
위태로움.

位 階　　　　벼슬 위. 계단 계.
계급의 차이.

尉 官　　　　벼슬이름 위. 벼슬 관.
군인의 계급.

委 託　　　　맡길 위. 부탁할 탁.
남에게 사물을 맡김.

威 壓　　　　위엄 위. 누를 압.
정신적으로 억누름.

胃 酸　　　　밥통 위. 실 산.
위에서 분비하는 소화액.

圍 徑　　　　둘레 위. 지날 경.
둘레와 지름.

爲 國　　　　위할 위. 나라 국.
나라를 위함.

僞 作　　　　거짓 위. 지을 작.
가짜 작품.

偉 人　　　　위대할 위. 사람 인.
위대한 사람.

違 法　　　　어길 위. 법 법.
법을 어김.

衛 兵　　　　호위할 위. 병사 병.
호위하는 병사.

緯 經　　　　세로 위. 가로 경.
지구의 세로와 가로.

瑋 術　　　　노리게 위. 기술 술.
손으로 하는 요술.

慰 問　　　　위로할 위. 물을 문.
찾아가 위로함.

萎 縮　　　　시들 위. 줄일 축.
줄어듦.

韋 編　　　　가죽 위. 책 편.
책 가죽.

喟 然　　　　한숨쉴 위. 그래 연.
한숨을 쉼.

蝟 毛　　　　고슴도치 위. 터럭 모.
고슴도치 털. 수가 많은 모양.

類 似　　　　종류 유. 같을 사.
비슷함.

惟 一　　　　오직 유. 하나 일.
오직 하나.

幼 兒　　　　어리 유. 아이 아.
어린 아이.

有 望　　　　있을 유. 바랄 망.
전망이 있음.

帷 幕　　　　장막 유. 장막 막.
가려진 장소.

油 田　　　　　기름 유. 밭 전.
원유가 나오는 곳.

遺 産　　　　　끼칠 유. 생산 산.
사후에 남은 재산.

柔 道　　　　　부드러울 유. 길 도.
유도. 운동경기 종목.

乳 酪　　　　　젖 유. 타락 락.
버터. 식용크림 따위.

猶 豫　　　　　오히려 유. 미리 예.
미루어 놓음.

孺 人　　　　　젖먹이 유. 사람 인.
돌아가신 어머니의 신주.

幽 靈　　　　　그윽할 유. 신령 령.
실체가 없는 혼령.

諭 旨　　　　　깨우칠 유. 뜻 지.
신하에게 내리는 교지.

唯 心　　　　　오직 유. 마음 심.
오직 마음이 중요함.

宥 和　　　　　용서할 유. 화할 화.
서로 화합함.

裕 福　　　　　넉넉할 유. 복 복.
복이 많음.

蹂 躪　　　　　밟을 유. 밟을 린.
심신을 짓밟음.

愉 快　　　　　나을 유. 쾌할할 쾌.
기쁨이 많음.

柚 子　　　　　유자 유. 열매 자.
유자나무의 열매.

遊 覽　　　　　놀 유. 볼 람.
놀며 구경함.

侑 宴　　　　　권할 유. 잔치 연.
놀이를 위한 잔치.

維 新　　　　　오직 유. 새로울 신.
새롭게 고침.

悠 遠　　　　　아득할 유. 멀 원.
아득히 멂.

儒 林　　　　　선비 유. 수풀 림.
유학을 공부하는 사람들.

楡 柳　　　　　느릅나무 유. 버들 류.
느릅나무와 버들.

由 來　　　　　말미암을 유. 올 래.
예전부터 전해옴.

俞 允　　　　　그럴 유. 진실 윤.
허락함.

鍮 器　　　　　놋쇠 유. 그릇 기.
놋쇠그릇.

庾 積　　　　　노적 유. 쌓을 적.
창고에 쌓아둔 곡식.

誘 引　　　　　꾀일 유. 이끌 인.
이끌어냄.

硫 黃　　　　　유황 유. 누를 황.
화약 의약 등의 원료.

紐 帶　　　맺을 유. 띠 대.
상호간의 관계.

絨 緞　　　가는베 융. 비단 단.
바닥에 까는 양탄자.

琉 璃　　　유리 유. 유리 리.
유리.

銀 行　　　돈 은. 행할 행.
돈을 관리하는 곳.

肉 脯　　　고기 육. 말릴 포.
말린 고기.

恩 惠　　　은혜 은. 은혜 혜.
베풀어주는 사랑.

育 英　　　기를 육. 영웅 영.
어린이를 가르침.

隱 身　　　숨을 은. 몸 신.
몸을 숨김.

尹 官　　　벼슬 윤. 벼슬 관.
벼슬아치.

殷 盛　　　융성할 은. 성할 성.
번화하고 풍성함.

輪 番　　　돌 윤. 차례 번.
순서를 따라 일을 함.

慇 懃　　　은근할 은. 은근할 근.
끈질기게 원함.

閏 年　　　윤달 윤. 해 년.
2월이 29일인 년도.

音 響　　　소리 음. 울릴 향.
울리는 소리.

潤 澤　　　윤택할 윤. 윤택할 택.
반짝반짝 빛이 남.

吟 遊　　　읊을 음. 놀 유.
시를 읊으며 즐김.

胤 裔　　　맏아들 윤. 후손 예.
후손.

飮 食　　　마실 음. 먹을 식.
사람이 먹을 수 있는 재료.

允 許　　　허락 윤. 허락 허.
임금이 허락함.

淫 亂　　　음탕할 음. 어지러울 란.
풍기가 문란함.

隆 盛　　　성할 융. 성할 성.
대단히 번성함.

陰 地　　　그늘 음. 땅 지.
그늘진 곳.

融 資　　　융통할 융. 재물 자.
담보를 잡히고 돈을 빌림.

蔭 德　　　덮을 음. 큰 덕.
조상의 덕.

戎 族　　　오랑캐 융. 겨레 족.
오랑캐의 무리.

邑 內　　　고을 읍. 안 내.
군 소재지.

泣 訴 　울 읍. 호소할 소.
뉴물로 호수함.

揖 禮 　공손할 읍. 예절 례.
읍하여 예의를 표함.

應 諾 　응할 응. 허락 락.
듣고 허락함.

凝 血 　엉길 응. 피 혈.
피가 엉김.

膺 懲 　가슴 응. 응징할 징.
대가를 치르게 함.

衣 裳 　옷 의. 치마 상.
옷차림.

依 存 　의존할 의. 있을 존.
의지하여 존재함.

宜 當 　마땅 의. 마땅 당.
마땅한 일.

意 慾 　뜻 의. 욕심 욕.
하고 싶은 욕심.

義 理 　의리 의. 이치 리.
의로운 도리.

儀 禮 　법도 의. 예절 례.
형식을 갖춘 예의.

議 題 　의논할 의. 제목 제.
토의할 제목.

醫 療 　의원 의. 치료할 료.
질병을 치료함.

疑 心 　의심 의. 마음 심.
믿지 못하는 마음.

擬 聲 　비길 의. 소리 성.
소리를 흉내 냄.

椅 子 　의자 의. 지지 자.
등받이가 있는 의자.

毅 勇 　굳셀 의. 용감할 용.
굳센 용기.

蟻 孔 　개미 의. 구멍 공.
개미집.

倚 託 　의지할 의. 부탁할 탁.
몸을 의지함.

貳 村 　두 이. 마디 촌.
형제간의 촌수.

以 後 　써 이. 뒤 후.
이번 다음에.

二 重 　두 이. 무거울 중.
두 겹.

耳 鳴 　귀 이. 울 명.
귀 울림.

夷 狄 　오랑캐 이. 오랑캐 적.
오랑캐.

移 徙 　옮길 이. 옮길 사.
주거지를 옮김.

異 端 　기이할 이. 끝 단.
교리가 잘못된 종교.

已 往　　　　　이미 이. 갈 왕.
이미 결정됨.

貽 弊　　　　　끼칠 이. 폐단 폐.
남에게 피해를 줌. 민폐.

弛 緩　　　　　늦출 이. 이글어질 완.
느슨해짐.

姨 母　　　　　이모 이. 어미 모.
엄마의 여동생.

台 德　　　　　나 이. 큰 덕.
내 덕택. 하느님 덕분.

怡 悅　　　　　즐거울 이. 기쁠 열.
기뻐서 좋아함.

餌 食　　　　　먹이 이. 먹을 식.
짐승에게 먹이를 줌.

離 乳　　　　　떠날 이. 젖 유.
젖먹이는 것을 끊음.

爾 來　　　　　가까울 이. 올 래.
그 후부터.

而 立　　　　　말 이을 이. 세울 입.
서른 살을 일컬음.

益 蟲　　　　　유익할 익. 벌레 충.
이로운 곤충.

翼 善　　　　　날개 익. 착할 선.
더욱 잘 하도록 도와줌.

匿 名　　　　　숨길 익. 이름 명.
이름을 숨김.

翌 日　　　　　다음날 익. 날 일.
다음 날.

弋 羅　　　　　주살 익. 그물 라.
주살과 그물.

靷 性　　　　　잡아당길 인. 성품 성.
분리할 때 반항하는 힘.

寅 方　　　　　호랑이 인. 방향 방.
동북 방향.

刃 創　　　　　칼날 인. 아플 창.
칼에 베인 상처.

人 格　　　　　사람 인. 이룰 격.
사람의 품위.

仁 術　　　　　어질 인. 기술 술.
사랑으로 치료하는 의술.

引 繼　　　　　이끌 인. 이을 계.
넘겨줌.

印 章　　　　　도장 인. 글자 장.
도장.

因 果　　　　　인할 인. 열매 과.
원인과 결과.

吝 嗇　　　　　인색할 인. 인색할 색.
마음이 박정함.

忍 耐　　　　　참을 인. 견딜 내.
참는 것.

茵 蔯　　　　　철쑥 인. 사철쑥 진.
약제로 쓰는 쑥종류.

認 定　　　인정할 인. 정할 정.
옳거나 확실하다고 믿음.

咽 喉　　　목구멍 인. 목구멍 후.
목구멍.

湮 滅　　　막힐 인. 멸할 멸.
흔적이 사라짐.

隣 近　　　이웃 인. 가까울 근.
가까운 곳.

燐 火　　　불붙을 인. 불 화.
불이 붙는 것.

姻 戚　　　혼인할 인. 친척 척.
처가의 집안.

靭 皮　　　질길 인. 거죽 피.
식물의 거죽. 모시 삼 등.

一 切　　　모두 일. 일체 체.
모든 것.

日 月　　　날 일. 달 월.
날과 달.

逸 脫　　　편안 일. 벗을 탈.
현실에서 벗어남.

溢 喜　　　넘칠 일. 기쁠 희.
기쁨이 넘침.

姙 娠　　　아이 밸 임. 아이 밸 신.
아이를 잉태함.

臨 陣　　　다다를 임. 진칠 진.
싸움터에 나감.

壬 辰　　　맡을 임. 별 진.
임진년. 임진왜란.

任 期　　　맡을 임. 기약 기.
계약 기간.

賃 金　　　품팔이 임. 쇠 금.
수고한 인건비.

荏 子　　　들깨 임. 씨 자.
들깨.

入 籍　　　들 입. 호적 적.
호적에 실음.

孕 胎　　　아이 밸 잉. 잉태할 태.
아기를 가짐.

剩 餘　　　남을 잉. 남을 여.
남아 돎.

仍 存　　　그대로 잉. 있을 존.
이전 물건을 그대로 둠.

▌다음 한자의 훈과 음을 차례로 적으시오.

01   眼目 (   ). (   )

02   夜話 (   ). (   )

03   揚力 (   ). (   )

04   言聲 (   ). (   )

05   永續 (   ). (   )

06   五輪 (   ). (   )

07   玉篇 (   ). (   )

08   屋上 (   ). (   )

09   往診 (   ). (   )

10   欲求 (   ). (   )

11   宇宙 (   ). (   )

12   意慾 (   ). (   )

ㅈ

자(紫)~징(懲)

紫色　붉을 자. 빛 색.
자주색.

子正　아이 자. 바를 정.
밤12시.

自强　스스로 자. 강할 강.
자신을 강하게 함.

字幕　글자 자. 장막 막.
화면의 글자.

姉妹　맏누이 자. 누이 매.
여자 형제.

仔細　자세할 자. 가늘 세.
세밀함.

刺傷　찌를 자. 상처 상.
찔린 상처.

姿態　맵시 자. 태도 태.
꾸민 모습.

仔蟲　세밀할 자. 벌레 충.
새끼벌레. 유충

雌雄　암컷 자. 수컷 웅.
암컷과 수컷.

資本　재물 자. 근본 본.
밑천이 되는 재물.

慈愛　사랑 자. 사랑 애.
사랑하는 마음.

咨問　물을 자. 물을 문.
전문가에게 물음.

滋養　더할 자. 이를 양.
영양가를 보충해줌.

磁石　자석 자. 돌 석.
철을 끌어당기는 물체.

炙鐵　구을 자. 쇠 철.
고기 굽는 석쇠.

煮醬　삶을 자. 간장 장.
자장면.

藉勢　의지할 자. 세력 세.
다른 세력에 의지함.

瓷器　도자기그릇 자. 그릇 기.
도자기 그릇.

恣樂　방자할 자. 즐길 락.
제 멋대로 즐김.

蔗糖　사탕나무 자. 사탕 당.
설탕.

作沆　지을 작. 하물며 항.
만들어진 상태.

昨夜　어제 작. 밤 야.
어제 밤.

斫刀　찍을 작. 칼 도.
작두의 본말.

勺水　잔 작. 물 수.
한 잔의 물. 작수불음.

酌定　잔질할 작. 정할 정.
계획을 세움.

爵 位　　　벼슬 작. 벼슬 위.
벼슬과 지위.

炸 裂　　　터질 작. 찢어질 렬.
실력이 폭발함.

雀 舌　　　참새 작. 혀 설.
작설 차. 작렬

芍 藥　　　작약 작. 약 약.
여러해살이 작약 꽃.

柞 木　　　갈참나무 작. 나무 목.
떡갈나무.

鵲 語　　　까치 작. 말할 어.
까치 지저귀는 소리. 길조.

殘 像　　　남을 잔. 형상 상.
남아있는 형상.

盞 臺　　　술잔 잔. 집 대.
술잔 받침대.

棧 橋　　　사다리 잔. 다리 교.
계곡을 가로지른 다리.

暫 時　　　잠깐 잠. 때 시.
잠깐.

潛 伏　　　잠길 잠. 엎드릴 복.
몰래 숨음.

蠶 室　　　누에 잠. 집 실.
누에를 기르는 집.

箴 言　　　경계할 잠. 말씀 언.
경계가 되는 말.

涔 雲　　　적실 잠. 구름 운.
비를 머금은 구름.

卡 片　　　지킬 잡. 조각 편.
명함 카드 따위.

雜 談　　　섞일 잡. 말씀 담.
실속 없는 말.

丈 夫　　　어른 장. 지아비 부.
사나이.

壯 丁　　　장할 장. 고무래 정.
젊은 남자.

莊 嚴　　　씩씩할 장. 엄할 엄.
위엄 있고 엄숙함.

長 點　　　좋을 장. 점 점.
잘하는 점. 좋은 점.

帳 幕　　　휘장 장. 장막 막.
가려진 장소.

場 所　　　마당 장. 곳 소.
어떤 일을 하는 곳.

將 星　　　장수 장. 별 성.
별을 단 군인.

掌 匣　　　손바닥 장. 상자 갑.
손에 끼는 장갑.

葬 禮　　　장례할 장. 예절 례.
장례식.

臟 物　　　장물 장. 물건 물.
훔친 물건.

障 碍　　막을 장. 막힐 애.
정상적이지 못함.

墙 壁　　담장 장. 벽 벽.
담 벽. 장애물.

欌 籠　　장롱 장. 대그릇 롱.
옷을 넣는 옷장.

章 句　　글 장. 구절 구.
문장과 구절.

粧 飾　　단장할 장. 꾸밀 식.
겉모습을 꾸밈.

獐 獵　　노루 장. 사냥 렵.
노루 사냥.

張 大　　벌릴 장. 큰 대.
규모가 큼.

裝 飾　　꾸밀 장. 꾸밀 식.
외관을 아름답게 장식함.

奬 勵　　권장할 장. 권할 려.
권장함.

藏 書　　곳집 장. 글 서.
책을 모음.

臟 器　　오장 장. 그릇 기.
뱃속 장기.

狀 元　　문서 장. 으뜸 원.
우승함.

薔 薇　　장미 장. 장미 미.
장미꽃.

匠 人　　장인 장. 사람 인.
기술이 좋은 사람.

杖 鼓　　막대 장. 북 고.
장구의 옛말.

醬 類　　간장 장. 종류 류.
된장, 간장 류.

腸 管　　창자 장. 대롱 관.
음식물이 통과하는 내장.

才 能　　재주 재. 능할 능.
재주와 능력

再 建　　두 재. 세울 건.
새로이 세움.

在 籍　　있을 재. 호적 적.
호적에 실음.

材 料　　재목 재. 재료 료.
원자재.

哉 明　　비로소 재. 밝을 명.
새벽 빛.

財 物　　재물 재. 물질 물.
재산이 되는 물품.

齊 唱　　가지런할 제. 부를 창.
여럿이 함께 노래함.

栽 培　　재배할 재. 북돋을 배.
심어 길러냄.

裁 判　　헤아릴 재. 가를 판.
죄를 심판함.

載 積 　　실을 재. 쌓을 적.
물건을 실어서 쌓음.

宰 相 　　재상 재. 서로 상.
정승.

災 殃 　　재앙 재. 재앙 앙.
불행한 변고.

爭 奪 　　다툴 쟁. 빼앗을 탈.
서로 가지려고 다툼.

錚 盤 　　쇠 소리 쟁. 선반 반.
음식 그릇을 담는 소반.

諍 友 　　간할 쟁. 벗 우.
충고해주는 친구.

貯 蓄 　　쌓을 저. 쌓을 축.
재물을 모아둠.

著 書 　　나타날 저. 글 서.
책을 지음.

低 溫 　　낮을 저. 따뜻할 온.
낮은 온도.

詛 呪 　　저주할 저. 주문할 주.
못되기를 빎.

抵 抗 　　막을 저. 반항할 항.
버팀함.

底 意 　　밑 저. 뜻 의.
속마음.

苧 衣 　　모시 저. 옷 의.
모시옷.

沮 止 　　막을 저. 막을 지.
가로막음.

豬 肉 　　돼지 저. 고기 육.
돼지고기.

蛆 蟲 　　지네 저. 벌레 충.
지네.

咀 嚼 　　씹을 저. 씹을 작.
꼭꼭 씹음.

邸 宅 　　큰집 저. 집 택.
규모가 큰 집.

箸 匙 　　젓가락 저. 숟가락 시.
젓가락과 숟가락.

狙 擊 　　사필 저. 칠 격.
숨어서 공격함.

佇 見 　　우두커니 저. 볼 견.
우두커니 바라봄.

杵 臼 　　방망이 저. 확 구.
절구 공이와 절구 통.

楮 紙 　　닥나무 저. 종이 지.
화선지.

疽 瘡 　　등창 저. 종기 창.
등에 나는 종기.

詆 辱 　　꾸짖을 저. 욕할 욕.
꾸짖고 욕함.

儲 下 　　세자 저. 아래 하.
태자나 세자의 칭호.

赤 化	붉을 적. 화할 화.
공산주의에 물듦.	

謫 中	귀향 살이 적. 가운데 중.
귀향 살이 하는 동안.	

的 中	과녁 적. 가운데 중.
목표에 들어맞음.	

苗 草	소리쟁이 적. 풀 초.
저지대에 많은 식약 풀.	

寂 寞	고요할 적. 고요할 막.
고요함.	

篆 刻	전자 전. 새길 각.
전자로 글자를 새김.	

籍 田	호적 적. 밭 전.
임금이 몸소 갈던 밭.	

全 景	오로지 전. 경치 경.
전체 배경.	

賊 窟	도적 적. 굴 굴.
도적의 소굴.	

田 畓	밭 전. 논 답.
밭과 논.	

笛 聲	피리 적. 소리 성.
피리 소리.	

剪 枝	밸 전. 가지 지.
나무 가지를 자름.	

跡 捕	자취 적. 잡을 포.
추적하여 붙잡음.	

典 型	법 전. 모형 형.
모범이 될 만한 본보기.	

積 善	쌓을 적. 착할 선.
선행을 쌓음.	

前 方	앞 전. 모 방.
앞 방향.	

摘 發	딸 적. 필 발.
들추어 냄.	

顚 落	구를 전. 떨어질 락.
굴러 떨어짐.	

敵 軍	원수 적. 군인 군.
싸움을 하는 상대편.	

殿 閣	대궐 전. 집 각.
궁전.	

適 當	맞을 적. 마땅 당.
알맞음.	

展 示	펼 전. 볼 시.
펼쳐 보여 줌.	

滴 水	적실 적. 물 수.
물에 젖음.	

專 門	오로지 전. 길 문.
잘하는 분야.	

嫡 室	정실 적. 집 실.
본처.	

傳 說	전할 전. 말씀 설.
전해오는 이야기.	

轉 出　　　구를 전. 날 출.
다른 곳으로 보냄.

電 擊　　　번개 전. 칠 격.
번개처럼 빠르게 행함.

戰 利　　　싸울 전. 이익 리.
전쟁에서 얻은 이익.

錢 主　　　돈 전. 주인 주.
돈의 임자.

銓 衡　　　저울질 전. 저울 형.
시험 치러서 뽑음.

塡 字　　　매울 전. 글자 자.
빠진 글자를 넣음.

澱 粉　　　찌꺼기 전. 가루 분.
녹말가루.

餞 別　　　잔치 전. 나눌 별.
떠나보냄. 송별회.

箭 筒　　　화살 전. 통 통.
화살 통.

佃 戶　　　빌릴 전. 집 호.
셋집.

奠 居　　　정할 전. 거할 거.
살 곳을 정함.

煎 餅　　　달일 전. 떡 병.
유과. 부꾸미.

悛 改　　　고칠 전. 고칠 개.
잘못을 고쳐 바로잡음.

廛 房　　　가게 전. 방 방.
가게. 상점.

腆 贈　　　두터울 전. 드릴 증.
두터운 선물.

切 感　　　간절할 절. 느낄 감.
절실하게 느낌.

折 伴　　　끊을 절. 절반 반.
반쪽.

絶 食　　　줄일 절. 먹을 식.
식사량을 줄임.

節 約　　　절제할 절. 검소할 약.
물품을 아낌.

窃 盜　　　훔칠 절. 훔칠 도.
남의 물건을 훔침.

截 取　　　끊을 절. 취할 취.
도려내거나 잘라냄.

占 卦　　　점칠 점. 점괘 괘.
점을 쳐서 나오는 괘.

漸 次　　　차차 점. 이를 차.
조금씩 나아감.

點 字　　　점 점. 글자 자.
맹인의 글자.

粘 液　　　끈끈할 점. 액체 액.
끈끈한 액체.

店 鋪　　　가게 점. 펼 포.
물건을 파는 가게.

鮎 鯷　　　메기 점. 큰메기 제.
메기 류.

接 見　　　붙일 접. 볼 견.
만나 봄.

摺 扇　　　접을 접. 부채 선.
접는 부채.

蝶 泳　　　나비 접. 수영 영.
양쪽을 함께 움직이는 수영.

椄 木　　　접붙일 접. 나무 접목.
나무를 다른 나무에 접붙임.

丁 男　　　사나이 정. 사내 남.
젊은 청년.

呈 納　　　드릴 정. 드릴 납.
보내 드림.

晶 眼　　　맑을 정. 눈 안.
수정같이 맑은 눈.

井 間　　　우물 정. 사이 간.
가로 세로 칸을 침.

正 義　　　바를 정. 의로울 의.
옳은 뜻.

町 步　　　지적 정. 걸음 보.
열 마지기. 2000평

挺 身　　　빼어날 정. 몸 신.
앞장서서 나아감.

鄭 重　　　나라이름 정. 무거울 중.
점잖고 무게가 있음.

定 價　　　정할 정. 값 가.
책정한 가격.

征 服　　　칠 정. 입을 복.
침략하여 빼앗음.

政 權　　　정치 정. 권세 권.
정치권력.

亭 子　　　정자 정. 임자 자.
쉬어가는 간이 집.

貞 淑　　　곧을 정. 맑을 숙.
여심이 곧고 맑음.

睛 目　　　눈동자 정. 눈 목.
검은 눈동자.

訂 正　　　바로잡을 정. 바를 정.
바로잡음.

頂 上　　　정수리 정. 웃 상.
꼭대기.

停 年　　　머무를 정. 해 년.
퇴임하는 나이.

庭 園　　　뜰 정. 동산 원.
집안의 뜰.

情 報　　　뜻 정. 도울 보.
내막을 알아냄.

淨 化　　　깨끗할 정. 화할 화.
깨끗이 함.

程 度　　　과정 정. 정도 도.
현재의 과정.

鉦 鼓　　　　징 정.북 고.
징과 북.

鼎 味　　　　솥 정.맛 미.
솥에 따라 맛이 다름.

叮 寧　　　　정성스러울 정.편할 녕.
틀림없이.

旌 門　　　　표식할 정.문 문.
효자나 열녀를 표시한 붉은 대문.

穽 井　　　　함정 정.우물 정.
함정.

渟 水　　　　물고일 정.물 수.
고여 있는 물.

偵 察　　　　정탐할 정.살필 찰.
적의 형편을 몰래 살핌.

第 一　　　　차례 제.첫째 일.
첫째로.

精 米　　　　정할 정.쌀 미.
곡식을 정제함.

際 會　　　　어울릴 제.모을 회.
어울려 만남.

整 理　　　　정돈할 정.다스릴 리.
정돈 함.

娣 夫　　　　여동생 제.지아비 부.
여동생 남편

靜 脈　　　　고요할 정.줄기 맥.
심장으로 가는 혈류.

制 度　　　　지을 제.법 도.
정한 법칙.

廷 內　　　　조정 정.안 내.
법정 안.

帝 王　　　　임금 제.임금 왕.
임금.

汀 洲　　　　물가 정.섬 주.
물가에 모래가 쌓여 생긴 땅.

除 石　　　　제할 제.돌 석.
돌을 제거함.

艇 舟　　　　배 정.배 주.
작은 보트.

祭 祀　　　　제사 제.제사 사.
돌아가신 분의 기제.

靖 國　　　　다스릴 정.나라 국.
나라를 편안하게 다스림.

提 供　　　　들 제.바칠 공.
나누어 줌.

錠 劑　　　　덩어리 정.제조할 제.
알 약.

堤 防　　　　제방 제.막을 방.
둑을 막음.

釘 頭　　　　못 정.머리 두.
못 머리.

製 藥　　　　지을 제.약 약.
약을 제조함.

諸 君 　　　　모두 제. 임금 군.
여러분.

齊 家 　　　　가지런할 제. 집 가.
집안을 잘 다스림.

劑 價 　　　　약제조할 제. 값 가.
약값.

濟 民 　　　　구제할 제. 백성 민.
백성을 구제함.

題 目 　　　　제목 제. 눈 목.
대표 명칭.

弟 妹 　　　　아우 제. 누이 매.
남동생과 여동생.

悌 友 　　　　공경할 제. 우애할 우.
우애가 돈독한 친구사이.

梯 階 　　　　사다리 제. 계단 계.
층층계단.

制 服 　　　　법도 제. 입을 복.
일정하게 지정한 복장.

阻 隔 　　　　막힐 조. 막힐 격.
사이를 떨어지게 함.

棗 栗 　　　　대추 조. 밤 율.
대추와 밤.

弔 問 　　　　조문 조. 물을 문.
상주를 찾아뵘.

兆 朕 　　　　빌미 조. 조짐 짐.
일이 생길 느낌.

租 稅 　　　　세금 조. 세금 세.
세금.

鳥 翼 　　　　새 조. 날개 익.
새의 날개.

條 件 　　　　가지 조. 사건 건.
요구나 견해.

造 幣 　　　　지을 조. 화폐 폐.
돈을 만듦.

組 織 　　　　짤 조. 짤 직.
집합 체.

漕 船 　　　　실을 조. 배 선.
화물선.

朝 夕 　　　　아침 조. 저녁 석.
아침저녁.

臊 臭 　　　　누린내 조. 냄새 취.
누린 기름 냄새.

照 明 　　　　비칠 조. 밝을 명.
빛을 비춤.

調 劑 　　　　고를 조. 약 재료 제.
약을 제조함

潮 流 　　　　조수 조. 흐를 류.
물의 흐름.

操 心 　　　　잡을 조. 마음 심.
마음을 새롭게 다짐함.

粗 雜 　　　　거칠 조. 섞일 잡.
품격이 모자람.

彫 刻 　　새길 조. 새길 각.
다듬어 만듦.

眺 望 　　바라볼 조. 바랄 망.
바라 봄.

遭 難 　　만날 조. 어려울 난.
어려움을 만남.

曹 操 　　나라 조. 잡을 조.
권모술수에 능한 위나라 왕.

刁 姦 　　까닥거릴 조. 간사할 간.
유혹해서 부녀자를 범함.

徂 暑 　　갈 조. 더위 서.
더위가 사라져 감.

措 置 　　돌 조. 둘 치.
대책을 세움.

俎 刀 　　도마 조. 칼 도.
도마와 칼.

凋 殘 　　시들 조. 남을 잔.
볼품이 없어짐.

詔 書 　　고할 조. 글 서.
백성에게 알리는 글.

助 敎 　　도울 조. 가르칠 교.
지도하는 사람.

燥 渴 　　마를 조. 목마를 갈.
목이 타는 듯이 마름.

早 急 　　일직 조. 급할 급.
매우 급함.

糟 糠 　　지게미 조. 겨 강.
지게미와 쌀겨. 조강지처.

祖 國 　　조상 조. 나라 국.
태어난 나라.

稠 密 　　많을 조. 조밀할 밀.
오밀조밀함.

肇 春 　　일직 조. 봄 춘.
이른 봄.

蚤 蝨 　　벼룩 조. 이 슬.
벼룩과 이.

嘲 弄 　　조롱할 조. 희롱 롱.
놀림.

足 跡 　　발 족. 자취 적.
발자취.

爪 痕 　　손톱 조. 흔적 흔.
손톱자국.

族 譜 　　일가 족. 문서 보.
가문의 족보.

釣 竿 　　낚시 조. 막대 간.
낚시 대.

存 在 　　있을 존. 있을 재.
현실에 실제 있는 것.

躁 急 　　조급할 조. 급할 급.
몹시 급함.

尊 敬 　　높을 존. 존경할 경.
우러러 봄.

猝 富　　갑자기 졸. 부자 부.
벼락부자.

卒 兵　　군사 졸. 병사 병.
계급이 낮은 군인.

拙 筆　　졸렬할 졸. 붓 필.
볼품없는 글씨.

宗 中　　일가 종. 가운데 중.
문중.

從 來　　따를 종. 올 래.
예전대로.

終 了　　마칠 종. 마칠 료.
끝 마침.

種 苗　　씨 종. 싹 묘.
묘목과 씨앗.

踵 至　　발꿈치 종. 이를 지.
곧 뒤따라 옴.

踪 迹　　발자취 종. 자취 적.
발자취.

鍾 鉢　　술병 종. 그릇 발.
작은 그릇.

鐘 閣　　쇠북 종. 지 각.
종을 달아놓은 집.

綜 合　　모을 종. 합할 합.
여러 가지를 모음.

縱 斷　　세로 종. 끊을 단.
남북 종단. 세로로 끊음.

腫 氣　　종기 종. 기운 기.
부스럼.

慫 慂　　권할 종. 권할 용.
설명하고 달래어 하게함.

左 旋　　왼쪽 좌. 돌 선.
좌회전.

佐 郎　　도울 좌. 사내 랑.
정육품 벼슬.

坐 藥　　앉을 좌. 양 약.
항문에 넣는 약.

座 席　　자리 좌. 자리 석.
앉을 자리.

挫 折　　꺾을 좌. 꺾을 절.
꿈이 깨짐.

罪 悚　　허물 죄. 송구할 송.
미안함.

主 客　　주인 주. 손님 객.
주인과 손님.

住 宅　　머무를 주. 집 택.
집.

注 射　　물 흐를 주. 쏠 사.
물약을 피하에 넣어줌.

柱 礎　　기둥 주. 주춧돌 초.
기둥과 주춧돌.

註 譯　　기록할 주. 번역할 역.
번역함.

舟 橋　　배 주. 다리 교.
배로 연결한 다리.

鑄 物　　쇠 녹일 주. 물건 물.
쇠를 녹여 만든 그릇.

朱 紅　　붉을 주. 붉을 홍.
붉은 색.

廚 房　　부엌 주. 방 방.
부엌.

侏 儒　　난장이 주. 선비 유.
배우. 난장이.

奏 效　　천거할 주. 효과 효.
좋은 효과.

株 式　　그루 주. 법 식.
회사 자본.

紬 緞　　비단 주. 비단 단.
비단.

珠 玉　　구슬 주. 구슬 옥.
옥구슬.

誅 責　　벌줄 주. 꾸짖을 책.
꾸짖고 벌을 줌.

州 牧　　고을 주. 칠 목.
주지사.

蛛 網　　거미 주. 그물 망.
거미줄.

綢 密　　치밀할 주. 빽빽할 밀.
즐비하게 들어 섬.

冑 孫　　맏 주. 손자 손.
맏손자.

姝 姬　　예쁠 주. 아가 씨 희.
예쁜 아가씨.

走 破　　달릴 주. 부술 파.
달려감.

酒 量　　술 주. 수량 량.
음주량.

洲 島　　마을 주. 섬 도.
섬 마을.

晝 夜　　낮 주. 밤 야.
낮과 밤.

湊 合　　모을 주. 합할 합.
하나로 끌어 모음.

周 易　　두루 주. 역서 역.
유교의 경전.

做 作　　지을 주. 지을 작.
없는 것을 사실처럼 꾸밈.

週 日　　주일 주. 날 일.
일요일.

呪 文　　저주할 주. 글 문.
신에게 바라는 글.

駐 車　　머무를 주. 수레 차.
차를 세워둠.

肘 腋　　팔뚝 주. 겨드랑이 액.
가까운 사이를 일컬음.

拄 杖 　　　버틸 주. 지팡이 장.
지팡이에 의지함.

澍 雨 　　　단비 주. 비 우.
때맞추어 내리는 단비.

酎 度 　　　소주 주. 도수 도.
소주의 도수.

躊 躇 　　　머뭇거릴 주. 주저할 저.
망설임.

竹 筍 　　　대 죽. 죽순 순.
대나무 순.

粥 飯 　　　죽 죽. 밥 반.
죽과 밥.

准 將 　　　승인할 준. 장수 장.
별 하나의 계급.

準 則 　　　법도 준. 법 칙.
지켜야 할 규칙.

遵 守 　　　따를 준. 따를 수.
지시 사항을 지킴.

俊 秀 　　　준걸 준. 빼어날 수.
출중함.

峻 嶺 　　　높을 준. 고개 령.
높은 고개.

駿 馬 　　　빠를 준. 말 마.
빠르게 달리는 말.

樽 酌 　　　술단지 준. 술잔 작.
술병과 술잔.

浚 渫 　　　칠 준. 쓸 설.
모래와 티끌을 퍼 올림.

竣 工 　　　일 마칠 준. 장인 공.
공사를 끝마침.

中 脘 　　　가운데 중. 중완 완.
명치 아래 위가 있는 부위.

仲 介 　　　중개 중. 소개할 개.
중간에서 소개하는 역할.

重 量 　　　무거울 중. 수량 량.
무게.

衆 論 　　　여러 중. 말씀 론.
여러 사람의 의견.

則 時 　　　곧 즉. 때 시.
바로 지금.

櫛 比 　　　즐비할 즐. 견줄 비.
줄줄이 늘어섬.

症 勢 　　　병세 증. 세력 세.
병의 형세.

增 減 　　　더할 증. 덜 감.
더하고 덜함.

憎 惡 　　　미워할 증. 미워할 오.
매우 미움.

贈 呈 　　　줄 증. 드릴 정.
드림.

甑 餠 　　　시루 증. 떡 병.
시루떡.

蒸 氣	증기 증. 기운 기.	
액체가 증발할 때의 김.		
證 明	증거 증. 밝을 명.	
사실을 밝힘.		
曾 祖	일찍 증. 할아버지 조.	
증조부.		
拯 濟	건질 증. 구제할 제.	
어려움을 구제함.		
汁 液	진액 즙. 액체 액.	
액즙.		
之 節	갈 지. 절계 절.	
계절.		
只 今	못 지. 이제 금.	
바로 금방.		
至 尊	이를 지. 높을 존.	
하느님.		
支 撑	지탱할 지. 버틸 탱.	
오래 버티어냄.		
枝 葉	가지 지. 잎사귀 엽.	
가지와 잎.		
持 續	가질 지. 이을 속.	
계속 이어감		
志 願	뜻 지. 원할 원.	
바라고 원 함.		
知 識	알 지. 지식 식.	
배워서 얻은 상식.		

枳 實	탱자 지. 열매 실.	
탱자. 기침에 좋음.		
地 熱	땅 지. 열기 열.	
땅의 열기.		
池 塘	못 지. 연못 당.	
연못.		
趾 骨	발가락 지. 뼈 골.	
발가락 뼈.		
遲 刻	더딜 지. 시각 각.	
늦게 도착함.		
祗 敬	공경 지. 공경 경.	
매우 공경함.		
指 定	손가락 지. 정할 정.	
가리켜 정함.		
紙 質	종이 지. 물질 질.	
종이 품질.		
智 慧	지혜 지. 지혜 혜.	
사리를 분별하는 능력.		
誌 面	기록할 지. 지면 면.	
글을 쓰는 종이의 면.		
止 血	근칠 지. 피 혈.	
피를 멈추게 함.		
脂 肪	기름 지. 기름 방.	
기름기.		
咫 尺	짧을 지. 자 척.	
짧은 거리.		

芝 草　　버섯 지. 풀 초.
향기 좋은 난초. 사군자의 하나.

肢 體　　사지 지. 몸 체.
온 몸.

址 堂　　마당 지. 집 당.
집 마당.

旨 趣　　뜻 지. 다다를 취.
어떤 일에 마음먹고 있는 것.

底 石　　숫돌 지. 돌 석.
칼을 가는 숫돌.

直 說　　곧을 직. 말씀 설.
바로 말함.

職 場　　직업 직. 마당 장.
일하는 곳.

織 造　　짤 직. 지을 조.
천을 짜는 일.

稷 神　　기장 직. 귀신 신.
곡식을 관장하는 신. 사직.

辰 韓　　별 진. 나라 한.
마한. 변한과 더불어 삼한의 하나.

秦 皇　　진나라 진. 임금 황.
아방궁을 만든 진시황.

振 動　　떨칠 진. 움직일 동.
울림. 떨림.

陣 營　　벌릴 진. 경영할 영.
군인이 머무는 장소.

陳 述　　베풀 진. 지을 술.
사실을 말함.

進 展　　나아갈 진. 펼칠 전.
일이 발전하여 좋아짐.

眞 實　　참 진. 열매 실.
거짓이 없음.

鎭 壓　　진압할 진. 누를 압.
힘으로 안정시킴.

盡 力　　다할 진. 힘 력.
힘을 다함.

珍 珠　　보배 진. 구슬 주.
진주 보석.

塵 土　　티끌 진. 흙 토.
티끌과 흙.

診 療　　진찰할 진. 치료할 료.
치료 함.

震 動　　진동할 진. 움직일 동.
소리가 커서 울림.

津 口　　나루 진. 입구.
나루터 입구.

瞋 怒　　성낼 진. 성낼 노.
몹시 성냄.

趁 卽　　쫓을 진. 곧 즉.
좀더 일찍이.

殄 滅　　멸할 진. 멸할 멸.
전멸시킴.

質 問　　증험할 질. 물을 문.
의문을 물음.

桎 梏　　수갑 질. 쇠고랑 질.
자유를 몹시 속박함.

姪 婦　　조카 질. 부인 부.
조카며느리.

斟 酌　　짐작할 짐. 대중할 작.
미루어 헤아림.

疾 病　　병 질. 질병 병.
여러 가지 병.

執 行　　잡을 집. 다닐 행.
법대로 시행함.

秩 序　　차례 질. 차례 서.
규칙을 지킴.

集 荷　　모을 집. 짐 하.
물건을 모음.

佚 蕩　　넘어질 질. 빠질 탕.
지나치게 빠짐.

緝 合　　이을 집. 합할 합.
한데 모이게 함.

跌 倒　　넘어질 질. 넘어질 도.
미끄러워 넘어짐.

什 器　　세간 집. 그릇 기.
집안에서 쓰는 물건.

窒 息　　막을 질. 숨 쉴 식.
숨이 막힘.

輯 要　　모을 집. 필요할 요.
요점만을 모음.

嫉 視　　투기할 질. 볼 시.
미워함.

徵 兵　　부를 징. 병사 병.
군대에 감.

叱 責　　꾸짖을 질. 꾸짖을 책.
꾸짖음.

懲 戒　　징계할 징. 경계할 계.
처벌함.

▌다음 한자의 훈과 음을 차례로 적으시오.

01 自強 (   ). (   )

02 張大 (   ). (   )

03 才能 (   ). (   )

04 的中 (   ). (   )

05 定價 (   ). (   )

06 朝夕 (   ). (   )

07 早急 (   ). (   )

08 足跡 (   ). (   )

09 住宅 (   ). (   )

10 駐車 (   ). (   )

11 重量 (   ). (   )

12 質問 (   ). (   )

ㅊ

차(且)~칭(秤)

且 置 또 차. 둘 치.
뒤로 미룸.

茶 禮 차 차. 예절 례.
명절에 조상에게 음식을 올리는 예.

次 席 버금 차. 자리 석.
다음 자리.

嗟 惜 탄식할 차. 애석할 석.
애달프고 아까움.

此 後 이 차. 뒤 후.
다음 기회에.

借 用 빌릴 차. 쓸 용.
빌려 씀.

差 異 어긋날 차. 다를 이.
서로 다름.

蹉 跌 어긋날 차. 넘어질 질.
일이 어긋남.

遮 光 가릴 차. 빛 광.
빛을 차단함.

車 庫 수레 차. 창고 고.
차를 넣어 두는 곳.

捉 去 잡을 착. 갈 거.
붙들어 감.

錯 誤 그를 착. 그르칠 오.
잘못 앎.

着 手 부딪칠 착. 손 수.
일을 시작함.

搾 取 압박할 착. 취할 취.
빼앗음.

贊 助 찬성할 찬. 도울 조.
협찬함.

讚 辭 칭찬할 찬. 말씀 사.
칭찬하는 말.

燦 爛 밝을 찬. 빛날 란.
밝게 빛남.

餐 食 중간 찬. 먹을 식.
중간에 먹는 것.

鑽 硏 뚫을 찬. 연구할 연.
깊이 연구함.

撰 文 글 지을 찬. 글월 문.
글을 지음.

饌 房 밥 찬. 방 방.
주방. 부엌.

察 色 살필 찰. 빛 색.
얼굴색을 살핌.

擦 傷 문지를 찰. 상처 상.
찰과상.

刹 那 절 찰. 어찌 나.
지극히 짧은 시간.

參 席 참여할 참. 자리 석.
모임에 출석 함.

慘 變 슬플 참. 변할 변.
참혹한 재앙.

塹 壕　　　구덩이 참. 참호 호.
땅굴.

懺 悔　　　뉘우칠 참. 품을 회.
뉘우 침. 반성 함.

斬 首　　　목 벨 참. 머리 수.
머리를 베어 처형함.

慙 悔　　　부끄러울 참. 뉘우칠 회.
뉘우침.

昌 盛　　　창성할 창. 성할 성.
번창해 감.

唱 歌　　　부를 창. 노래 가.
노래 부름.

窓 門　　　창문 창. 문 문.
환기나 빛의 통과를 위한 창.

彰 善　　　들어낼 창. 착할 선.
남의 선행을 들추어 빛내 줌.

蒼 空　　　푸를 창. 하늘 공.
푸른 하늘.

倉 庫　　　창고 창. 곳집 고.
물품을 저장하는 장소.

創 作　　　비로소 창. 지을 작.
독창적 작품.

滄 浪　　　푸를 창. 물결 랑.
파도.

槍 劍　　　창 창. 칼 검.
창과 칼.

倡 歌　　　가무 창. 노래 가.
춤추며 노래함. 가무.

娼 妓　　　창기 창. 기녀 기.
기생.

猖 獗　　　퍼질 창. 성할 궐.
가득 퍼짐.

昶 日　　　빛날 창. 해 일.
햇빛처럼 빛남.

愴 望　　　슬플 창. 바랄 망.
슬프게 바라봄.

瘡 疾　　　부스럼 창. 질병 질.
부스럼이 생기는 질병.

暢 達　　　통할 창. 통할 달.
구김 없이 발달함.

敞 野　　　넓을 창. 들 야.
넓은 들.

滄 海　　　푸를 창. 바다 해.
넓고 큰 바다.

菖 蒲　　　창포 창. 부들 포.
향기 있는 다년생 풀.

菜 蔬　　　나물 채. 채소 소.
나물과 채소.

採 用　　　가릴 채. 쓸 용.
가려 뽑음.

彩 色　　　무늬 채. 빛 색.
무늬 색.

債 務	빚질 채. 힘쓸 무.	陟 降	오를 척. 내릴 강.
빚.		오르내림.	
采 緞	아름다울 채. 비단 단.	剔 抉	뼈 바를 척. 물리칠 결.
예물.		물리침.	
策 謀	꾀 책. 꾀 모.	瘠 薄	파리할 척. 얇을 박.
비상한 대책.		메마름.	
責 望	꾸짖을 책. 바랄 망.	拓 地	개척할 척. 땅 지.
원망 함.		개척한 땅.	
册 床	책 책. 평상 상.	隻 愛	한쪽 척. 사랑 애.
공부하는 탁자.		짝사랑.	
妻 弟	아내 처. 동생 제.	脊 椎	등마루 척. 등뼈 추.
아내의 여동생.		등마루 뼈.	
處 身	곳 처. 몸 신.	倜 儻	고상할 척. 고상할 당.
행동.		남에게 구속 되지 않은 모습.	
凄 涼	쓸쓸할 처. 슬플 량.	千 古	일천 천. 옛 고.
불쌍해 보임.		옛날.	
悽 絶	슬퍼할 처. 아득할 절.	天 倫	하늘 천. 인륜 륜.
몹시 비참함.		가족 간 인연.	
斥 黜	내칠 척. 내칠 출.	川 獵	내 천. 사냥 렵.
뽑아냄. 쫓아냄.		낚시질.	
尺 度	자 척. 정도 도.	泉 源	샘 천. 근원 원.
계산한 정도.		샘물의 근원.	
擲 柶	던질 척. 윷 사.	穿 孔	통할 천. 구멍 공.
윷놀이.		구멍이 생김.	
戚 分	친척 척. 나눌 분.	遷 都	옮길 천. 도읍 도.
일가친척.		도읍지를 옮김.	

薦 舉　　　　드릴 천. 들 거.
추천함.

淺 薄　　　　옅을 천. 엷을 박.
가벼워 보임.

踐 行　　　　밟을 천. 행할 행.
몸소 실행함.

賤 待　　　　천할 천. 대할 대.
업신여겨 푸대접함.

舛 駁　　　어수선할 천. 어긋날 박.
순수하지 못함.

喘 息　　　　숨찰 천. 숨 쉴 식.
기침을 하는 질병.

哲 學　　　　밝을 철. 배울 학.
윤리와 천리.

鐵 鋼　　　　쇠 철. 강철 강.
쇠와 강철.

徹 底　　　　관찰할 철. 이룰 저.
꼼꼼하게 살핌.

撤 收　　　　거둘 철. 거둘 수.
거두어들임.

綴 字　　　　잇댈 철. 글자 자.
모음과 자음을 합침.

凸 字　　　불룩 나올 철. 글자 자.
맹인이 쓰는 점자.

尖 端　　　　뾰족할 첨. 끝 단.
최상의 경지.

添 加　　　　더할 첨. 더할 가.
추가로 넣음.

忝 顔　　　　욕될 첨. 얼굴 안.
체면을 구김.

僉 議　　　　여럿 첨. 옳을 의.
여럿의 의견.

諂 笑　　　　아첨할 첨. 웃음 소.
아양 떠는 웃음.

瞻 星　　　　바라볼 첨. 별 성.
별을 바라봄.

諜 報　　　　염탐할 첩. 고할 보.
정보를 알아냄.

妾 室　　　　첩 첩. 집 실.
작은 마누라.

貼 藥　　　　붙일 첩. 양약 약.
한약 단위.

牒 紙　　　　편지 첩. 종이 지.
임명서.

帖 子　　　　문서 첩. 아이 자.
수첩.

捷 徑　　　　이길 첩. 길 경.
지름길. 빠른 길.

青 春　　　　푸를 청. 봄 춘.
젊은 나이.

清 明　　　　맑을 청. 밝을 명.
한식 때쯤 오는 절기.

晴 天 　　맑을 청. 하늘 천.
맑은 하늘.

請 託 　　청할 청. 부탁할 탁.
만나서 부탁함.

聽 聞 　　들을 청. 들을 문.
답변을 들음.

廳 舍 　　관청 청. 집 사.
공무를 보는 곳.

體 質 　　몸 체. 바탕 질.
몸의 근본 바탕.

替 換 　　바꿀 체. 바꿀 환.
바꾸어 줌. 교환.

遞 信 　　우편 체. 믿을 신.
우체국.

滯 納 　　막힐 체. 드릴 납.
세금이 밀림.

涕 淚 　　눈물 체. 눈물 루.
눈물을 흘림.

逮 捕 　　잡을 체. 잡을 포.
붙잡음.

締 結 　　맺을 체. 맺을 결.
계약을 맺음.

諦 念 　　살필 체. 생각 념.
생각을 끊음.

剃 刀 　　털 깎을 체. 칼 도.
면도 칼.

憔 脆 　　수척할 초. 약할 취.
말라 쇠약해짐.

超 越 　　넘을 초. 넘을 월.
뛰어 넘음.

秒 針 　　초침 초. 바늘 침.
시계의 초침 바늘.

初 志 　　처음 초. 뜻 지.
시작할 때의 마음. 초심.

招 請 　　부를 초. 청할 청.
오시기를 부탁함.

草 書 　　풀 초. 글 서.
흘려 쓰는 글씨.

礎 石 　　주춧돌 초. 돌 석.
기초 틀.

肖 像 　　같을 초. 형상 상.
인물 그림.

醋 醬 　　식초 초. 된장 장.
식초를 가미한 고추장.

勦 討 　　끊을 초. 벌할 토.
쳐서 무찌름.

醮 禮 　　초례할 초. 예절 례.
초례식. 결혼 식.

哨 所 　　보초 설 초. 곳 소.
보초 서는 곳.

焦 點 　　그을 초. 점 점.
사물의 중심.

楚 撻　회초리 초. 매질할 달.
회초리로 때림.

樵 童　나무할 초. 아이 동.
나무하는 아이.

杪 冬　끝 초. 겨울 동.
겨울의 끝 무렵.

炒 麵　볶을 초. 국수 면.
국수를 볶은 것.

抄 寫　베낄 초. 베낄 사.
책을 그대로 베낌.

觸 感　느낄 촉. 느낄 감.
감각으로 느낌.

促 求　재촉할 촉. 구할 구.
재촉함.

燭 光　촛불 촉. 빛 광.
빛의 밝기 정도.

蜀 鳥　촉나라 촉. 새 조.
두견새.

屬 望　붙일 촉. 바랄 망.
잘됨을 기대함.

囑 託　부탁할 촉. 부탁할 탁.
부탁함.

寸 劇　마디 촌. 연극 극.
짧은 연극.

村 落　마을 촌. 떨어질 락.
시골 마을.

吋 尺　인치 촌. 자 척.
25.4와 30.4미리

銃 擊　총 총. 칠 격.
총을 쏨.

聰 明　밝을 총. 밝을 명.
영리함.

總 帥　거느릴 총. 장수 수.
무리의 대장.

塚 墓　무덤 총. 무덤 묘.
무덤.

叢 論　모을 총. 말씀 론.
의견을 모음.

寵 愛　사랑할 총. 사랑 애.
매우 사랑함.

悤 忙　바쁠 총. 바쁠 망.
매우 바쁨.

摠 持　모두 총. 가질 지.
모든 능력을 가짐.

蔥 根　파 총. 뿌리 근.
파의 흰 뿌리.

撮 影　비칠 촬. 비칠 영.
형상을 녹화함.

崔 魏　높을 최. 높을 위.
산이 높고 험함.

最 善　가장 최. 좋아할 선.
제일 잘함. 또는 제일 좋음.

催 淚 　재촉할 최. 눈물 루.
눈물을 나게 함.

錘 鐘 　저울 추. 쇠북 종.
추가 달린 종.

摧 謝 　꺾을 최. 사례 사.
굴복하여 사죄함.

芻 食 　여물 추. 먹일 식.
동물에게 먹이를 먹임.

錐 囊 　송곳 추. 주머니 낭.
인재를 일컬음.

墜 落 　떨어질 추. 떨어질 락.
높은 곳에서 떨어짐.

追 跡 　쫓을 추. 자취 적.
뒤를 쫓아감.

樞 軸 　밑둥 추. 굴대 축.
사물의 가장 중요한 부분.

秋 霜 　가을 추. 서리 상.
가을의 찬 서리.

祝 賀 　빌 축. 축하할 하.
경사를 기쁘게 빌어줌.

隹 翼 　새 추. 날개 익.
새의 날개

縮 小 　줄 축. 작을 소.
작게 줄임.

酋 長 　두목 추. 어른 장.
무리의 두목.

畜 産 　가축 축. 생산할 산.
가축을 기름.

鰍 湯 　미꾸라지 추. 끓을 탕.
추어탕.

蓄 積 　저축할 축. 쌓을 적.
모와 둠.

抽 出 　뽑을 추. 낼 출.
뽑아냄.

築 城 　쌓을 축. 재 성.
성을 쌓음.

推 進 　밀 추. 나아갈 진.
밀고 나아감.

逐 出 　쫓을 축. 날 출.
내 쫓음.

醜 態 　추할 추. 태도 태.
매우 미운 행동.

竺 經 　나라 축. 경서 경.
불경.

椎 骨 　뭉치 추. 뼈 골.
척추 뼈. 추골

蹴 球 　찰 축. 공 구.
공을 차서 승부를 가르는 경기.

趨 勢 　달릴 추. 형세 세.
전망.

春 夢 　봄 춘. 꿈 몽.
부질없는 꿈.

椿 堂　　어르신 춘. 집 당.
친구 부모.

出 征　　날 출. 칠 정.
싸움터에 나아 감.

黜 黨　　내출 출. 무리 당.
당원 명부에서 제명함.

朮 酒　　차조 출. 술 주.
차조로 담근 술.

充 實　　채울 충. 열매 실.
내용이 알참.

忠 情　　충성 충. 뜻 정.
충성스러운 마음.

衝 突　　찌를 충. 부딪칠 돌.
서로 부딪침.

沖 積　　드리울 충. 쌓일 적.
지속적으로 쌓임.

衷 心.　　정성 충. 마음 심.
진정한 마음.

虫 齒　　벌레 충. 이 치.
벌레 먹은 이.

膵 癌　　췌장 췌. 괴병 암.
췌장암.

取 捨　　취할 취. 버릴 사.
얻고 버림.

吹 入　　불 취. 들 입.
녹음 함.

臭 氣　　냄새 취. 기운 기.
좋지 못한 냄새.

就 職　　나아갈 취. 직업 직.
일자리를 얻음.

醉 態　　취할 취. 태도 태.
술 취한 행동.

趣 味　　취미 취. 맛 미.
좋아하는 것.

炊 事　　불 땔 취. 일 사.
주방 일.

脆 弱　　약할 취. 약할 약.
연약함.

娶 嫁　　장가갈 취. 시집갈 가.
결혼.

聚 斂　　모을 취. 거둘 렴.
거두어 모음.

翠 色　　푸를 취. 빛 색.
푸른 색.

毳 毛　　솜털 취. 털 모.
부드러운 짐승의 털.

惻 隱　　슬퍼할 측. 측은할 은.
불쌍해 보임.

測 量　　측량할 측. 수량 량.
수치를 계산함.

側 近　　가까울 측. 가까울 근.
가까이 있는 것.

仄 行 　　기울 측. 다닐 행.
갈지 자 걸음. 만취 걸음,

昃 日 　　해기울 측. 해 일.
기우는 해.

厠 間 　　측간 측. 사이 간.
변소.

層 階 　　층 층. 계단 계.
계단.

治 療 　　다스릴 치. 치료할 료.
진단하여 치료함.

致 賀 　　극진할 치. 하례 하.
칭찬함.

恥 辱 　　부끄러울 치. 욕되 욕.
부끄럽고 욕됨.

置 中 　　베풀 치. 가운데 중.
집중함.

稚 拙 　　어릴 치. 치졸할 졸.
졸렬함.

齒 列 　　이 치. 가지런할 열.
가지런함.

緻 密 　　빽빽할 치. 치밀할 밀.
까다로움.

峙 立 　　우뚝 설 치. 설 립.
높이 솟아 우뚝 섬.

熾 熱 　　타오를 치. 뜨거울 열.
경쟁이 심함.

馳 馬 　　달릴 치. 말 마.
말을 타고 달려감.

雉 尾 　　꿩 치. 꼬리 미.
꿩 꼬리.

痴 情 　　어리석을 치. 뜻 정.
옳지 못한 정분.

痔 疾 　　치질 치. 질병 질.
항문에 생기는 질환.

侈 心 　　사치할 치. 마음 심.
사치를 좋아하는 마음.

梔 子 　　치자나무 치. 씨 자.
노란색을 가진 치자열매.

癡 呆 　　어리석을 치. 어리석을 매.
정신이 흐리고 기억이 상실됨.

勅 書 　　칙서 칙. 글 서.
임금의 글.

親 舊 　　친할 친. 오랠 구.
가깝게 오래사귄 벗.

七 寶 　　일곱 칠. 보물 보.
여러 가지 보석.

漆 器 　　칠할 칠. 그릇 기.
옻칠한 제기.

沈 沒 　　잠길 침. 빠질 몰.
깊게 빠짐.

寢 所 　　잠잘 침. 장소 소.
잠자는 곳.

枕 具 　　　베게 침. 갖출 구.
베게와 이불.

侵 略 　　　범할 침. 침략할 략.
쳐들어감.

鍼 灸 　　　침 침. 구을 구.
침과 뜸.

針 術 　　　바늘 침. 기술 술.
침놓는 기술.

浸 透 　　　적실 침. 통할 투.
숨어 들어감.

砧 聲 　　　다듬이 침. 소리 성.
다듬이 소리.

忱 辭 　　　정성 침. 말씀 사.
정성스러운 말.

蟄 居 　　　숨을 칩. 살 거.
집안에서만 죽치고 지냄.

稱 頌 　　　일컬을 칭. 기릴 송.
칭찬함.

秤 量 　　　저울 칭. 헤아릴 량.
저울에 달아봄.

▌다음 한자의 훈과 음을 차례로 적으시오.

01 借用 (   ). (   )

02 參席 (   ). (   )

03 唱歌 (   ). (   )

04 冊床 (   ). (   )

05 天倫 (   ). (   )

06 靑春 (   ). (   )

07 寸劇 (   ). (   )

08 最善 (   ). (   )

09 春夢 (   ). (   )

10 齒列 (   ). (   )

11 親舊 (   ). (   )

12 枕具 (   ). (   )

ㅋ, ㅌ

쾌(快)~특(特)

快 樂	상쾌할 쾌. 즐길 락.	拓 本	밀칠 탁. 근본 본.
몹시 즐김.		원형을 본뜸.	
他 國	다를 타. 나라 국.	啄 木	쪼을 탁. 나무 목.
다른 나라.		딱따구리.	
惰 性	게으를 타. 성품 성.	琢 磨	다듬을 탁. 갈 마.
굳어진 버릇.		가다듬음.	
打 者	칠 타. 사람 자.	坼 封	찢을 탁. 봉할 봉.
때리는 사람.		봉투를 뜯음.	
妥 協	타협할 타. 도울 협.	濁 流	흐릴 탁. 흐를 류.
의견을 조정함.		흐르는 물이 흐림.	
駝 鳥	낙타 타. 새 조.	擢 賞	뽑을 탁. 줄 상.
날지 못하는 큰 새.		뽑아내어 상을 줌.	
咤 食	씹을 소리 타. 먹을 식.	濯 足	씻을 탁. 발 족.
먹을 때 소리가 남.		발을 씻음.	
墮 落	떨어질 타. 떨어질 락.	卓 球	뛰어날 탁. 공 구.
나쁜 곳에 떨어짐.		핑퐁.	
唾 具	침 타. 그릇 구.	托 鉢	두드릴 탁. 그릇 발.
침 뱉는 그릇.		스님이 시주를 받음.	
楕 圓	타원 타. 둥글 원.	鐸 聲	방울 탁. 소리 성.
알 모양의 둥근 모양.		방울소리.	
舵 手	키 타. 손 수.	炭 火	숯 탄. 불 화.
배를 운전하는 사람.		숯불.	
馱 價	짐 실을 타. 값 가.	彈 劾	탄환 탄. 물리칠 핵.
짐을 실어 나른 삯. 택배비.		몰아냄.	
託 送	맡길 탁. 보낼 송.	嘆 息	탄식할 탄. 숨 쉴 식.
물건을 보냄.		한숨을 쉼.	

呑 食　　삼킬 탄. 먹을 식.
음식을 삼킴.

灘 川　　여울 탄. 내 천.
시냇물.

殫 誠　　다할 탄. 정성 탄성.
정성을 다함.

誕 日　　태어날 탄. 날 일.
태어난 날.

歎 服　　탄복할 탄. 입을 복.
깊이 감탄함.

坦 路　　평탄할 탄. 길 로.
평탄할 길.

綻 露　　터질 탄. 드러날 로.
비밀이 폭로됨.

脫 衣　　벗을 탈. 옷 의.
옷을 벗음.

奪 取　　빼앗을 탈. 취할 취.
빼앗음.

探 索　　찾을 탐. 거둘 색.
찾아봄.

貪 慾　　탐할 탐. 욕심 욕.
갖고 싶은 욕심

耽 溺　　즐길 탐. 빠질 익.
즐거움에 깊이 빠짐.

眈 見　　노려볼 탐. 볼 견.
호시탐탐 노려봄.

塔 影　　탑 탑. 그림자 영.
탑 그림자.

榻 本　　자리 탑. 근본 본.
그림과 글을 본뜸.

搭 乘　　탈 탑. 오를 승.
올라탐.

湯 藥　　끓을 탕. 약 약.
끓여 먹는 약.

蕩 盡　　방탕할 탕. 다할 진.
다 없앰.

太 極　　클 태. 다할 극.
우주의 근원.

殆 半　　위태할 태. 반 반.
거의 절반.

怠 慢　　게으를 태. 게으를 만.
게으름.

泰 山　　클 태. 뫼 산.
큰 산.

態 度　　태도 태. 정도 도.
행동하는 모양새.

胎 夢　　아기 밸 태. 꿈 몽.
아이를 밸 징조.

跆 拳　　태권도 태. 주먹 권.
몸을 보호하는 운동.

颱 風　　센바람 태. 바람 풍.
매우 강하고 큰 바람.

苔 石 　　이끼 태. 돌 석.
이끼 낀 돌.

兌 換 　　통할 태. 바꿀 환.
은행권을 지폐로 바꿈.

笞 刑 　　볼기칠 태. 형벌 형.
때리는 벌칙.

汰 沙 　　씻길 태. 모래 사.
모래에서 광물을 가려냄. 汰시를 汰沙로바꿈.

宅 地 　　집 택. 땅 지.
집지을 땅.

澤 畔 　　못 택. 언덕 반.
연못가 언덕.

擇 日 　　가릴 택. 날 일.
좋은 날을 택함.

撑 柱 　　버틸 탱. 기둥 주.
버티는 기둥.

幀 畵 　　그림족자 탱. 그림 화.
불상 그림. 정화.

攄 得 　　펄 터. 얻을 득.
깨달음.

土 質 　　흙 토. 바탕 질.
흙의 성질.

吐 乳 　　토할 토. 젖 유.
젖을 토함.

兎 皮 　　토끼 토. 가죽 피.
토끼 가죽.

討 論 　　토론할 토. 의론할 론.
의견을 나눔.

套 袖 　　씌울 토. 소매 수.
손목에 끼는 토시.

慟 哭 　　서러울 통. 울 곡.
서러워서 소리 내어 움.

通 俗 　　통할 통. 풍속 속.
일반 풍습.

統 計 　　거느릴 통. 셈할 계.
모두 합해서 계산함.

痛 風 　　아플 통. 바람 풍.
관절이 아픈 질환.

桶 酒 　　통 통. 술 주.
통에 담긴 술.

退 勤 　　물러갈 퇴. 부지런할 근.
근무시간을 마치고 나옴.

堆 積 　　쌓을 퇴. 쌓일 적.
물질이 쌓임.

頹 廢 　　무너질 퇴. 폐할 폐.
풍기가 문란함.

投 球 　　던질 투. 공 구.
공을 던짐.

透 過 　　통할 투. 지날 과.
빛이 통과 함.

鬪 志 　　싸울 투. 뜻 지.
싸울 의욕.

偸 賣 　　　　　훔칠 투. 팔 매.

손해를 무릅쓰고 판매함 .

妬 忌 　　　　투기할 투. 꺼릴 기.

질투심.

特 權 　　　　특별할 특. 권세 권.

특별한 권리.

▌다음 한자의 훈과 음을 차례로 적으시오.

01 他國 (   ). (   )

02 脫衣 (   ). (   )

03 宅地 (   ). (   )

04 土質 (   ). (   )

05 通俗 (   ). (   )

06 統計 (   ). (   )

07 快樂 (   ). (   )

08 託送 (   ). (   )

09 卓球 (   ). (   )

10 脫衣 (   ). (   )

11 搭乘 (   ). (   )

12 特權 (   ). (   )

ㅍ

파(巴)~핍(逼)

巴 利 　　땅이름 파. 이로울 리.
프랑스 수도 파리.

波 濤 　　물결 파. 파도 도.
출렁이는 큰 물결.

派 遣 　　보낼 파. 보낼 견.
타지에 출장을 보냄.

破 鏡 　　깨뜨릴 파. 거울 경.
약속이 깨어짐.

坡 岸 　　제방 파. 언덕 안.
강 언덕.

把 握 　　잡을 파. 잡을 악.
바로 알아냄.

頗 多 　　자못 파. 많을 다.
매우 많음.

播 種 　　뿌릴 파. 종자 종.
씨를 뿌림.

婆 心 　　할미 파. 마음 심.
할머니의 자애로운 마음.

罷 場 　　파할 파. 마당 장.
장사가 끝남.

杷 車 　　써레 파. 수레 거.
돌을 쏘는 장치를 한 수레.

芭 蕉 　　파초 파. 파초 초.
파초 과의 다년생 화초.

跛 行 　　절뚝거릴 파. 다닐 행.
절뚝거리는 걸음.

判 斷 　　판단할 판. 끊을 단.
판정을 내림.

板 紙 　　널 판지 판. 종이 지.
두꺼운 종이.

版 權 　　인쇄할 판. 권리 권.
판매할 권리.

販 賣 　　팔 판. 팔 매.
물건을 팖.

辦 公 　　힘들일 판. 공인 공.
공무를 행함. 판공비.

八 方 　　여덟 팔. 방향 방.
모든 곳.

唄 讚 　　부를 패. 칭송할 찬.
불교 찬가.

貝 類 　　조개 패. 종류 류.
조개류.

敗 戰 　　패할 패. 싸울 전.
싸움에서 패함.

牌 札 　　호패 패. 편지 찰.
신분을 알리는 명찰.

沛 然 　　비 쏟아질 패. 그래 연.
비가 몹시 내리는 모습.

佩 物 　　찰 패. 물건 물.
반지. 팔찌. 목걸이 등.

悖 倫 　　거스를 패. 윤리 륜.
매우 잘못된 행위.

覇 權 　으뜸 패. 권세 권.
우승함.

編 輯 　책 편. 모을 집.
추려서 엮음.

陛 下 　섬돌 폐. 아래 하.
임금의 존칭.

貶 下 　덜 폄. 아래 하.
낮게 평가함.

膨 脹 　팽창할 팽. 불러올 창.
부풀어 오름.

平 定 　평할 평. 정할 정.
정상으로 되돌림.

彭 湃 　성 팽. 물결일 배.
파도가 일어나는 모양.

坪 數 　평수 평. 수량 수.
바닥의 넓이.

烹 卵 　삶을 팽. 알 란.
삶은 계란.

評 論 　평론할 평. 말씀 론.
이론을 평가함.

便 紙 　편할 편. 종이 지.
소식을 전하는 글.

苹 果 　사과 평. 과실 과.
사과. 능금.

片 雲 　조각 편. 구름 운.
조각구름.

閉 場 　닫을 폐. 마당 장.
매장을 닫음.

篇 次 　책 편. 차례 차.
목차 순서.

肺 腑 　허파 폐. 장부 부.
깊은 곳에 있는 장기.

遍 在 　두루 편. 있을 재.
여러 곳에 실려 있음.

幣 帛 　화폐 폐. 비단 백.
예식 예물.

扁 桃 　작을 편. 복숭아 도.
목구멍 옆. 편도선.

弊 端 　폐단 폐. 끝을 단.
잘못된 일.

偏 向 　치우칠 편. 향할 향.
한편으로 치우침.

蔽 塞 　가릴 폐. 막힐 쇄.
가려 막음.

騙 取 　속일 편. 취할 취.
빼앗음.

廢 家 　폐할 폐. 집 가.
버려진 집.

鞭 撻 　채찍 편. 매 맞을 달.
채찍 질.

吠 犬 　짖을 폐. 개 견.
개 짖는 소리.

| 敝 社 | 낮출 폐. 모일 사. |
| 자기 회사를 낮춘 겸칭. |

| 斃 死 | 죽을 폐. 죽을 사. |
| 쓰러져 죽음. |

| 布 教 | 펼 포. 가르칠 교. |
| 종교를 알림. |

| 哺 乳 | 먹일 포. 젖 유. |
| 젖을 먹임. |

| 包 裝 | 쌀 포. 꾸밀 장. |
| 물건을 싸거나 꾸밈. |

| 抱 擁 | 안을 포. 안을 옹. |
| 껴안음. |

| 胞 子 | 태포 포. 씨 자. |
| 홀 씨. |

| 飽 滿 | 배부를 포. 가득할 만. |
| 배부름. |

| 泡 沫 | 거품 포. 거품 말. |
| 물거품. |

| 砲 聲 | 대포 포. 소리 성. |
| 대포 소리. |

| 袍 帶 | 두루마기 포. 띠 대. |
| 도포와 띠. |

| 咆 哮 | 고함지를 포. 성낼 효. |
| 크게 울부짖음. |

| 浦 口 | 물가 포. 입 구. |
| 작은 항구. |

| 捕 鯨 | 잡을 포. 고래 경. |
| 고래잡이. |

| 逋 脫 | 도망갈 포. 벗을 탈. |
| 세금을 피함. |

| 鋪 裝 | 펼 포. 장식할 장. |
| 도로나 길을 포장함. |

| 抛 棄 | 던질 포. 버릴 기. |
| 의욕이 좌절됨. |

| 褒 賞 | 기릴 포. 상줄 상. |
| 상을 줌. |

| 匍 匐 | 엉금엉금 길 포. 길 복. |
| 엉금엉금 기어가는 것. |

| 葡 萄 | 포도 포. 포도 도. |
| 새콤달콤한 줄기열매. |

| 脯 肉 | 구을 포. 고기 육. |
| 구운 고기. |

| 庖 廚 | 부엌 포. 부엌 주. |
| 주방. 부엌. |

| 圃 田 | 남새밭 포. 밭 전. |
| 집 옆에 있는 텃밭 |

| 怖 伏 | 두려울 포. 엎드릴 복. |
| 두려워 엎드림. |

| 暴 惡 | 사나울 포. 악할 악. |
| 사납고 악함. |

| 鮑 魚 | 절인생선 포. 고기 어. |
| 절인 생선. |

晡 時　　　　　　　　해질 포. 때 시.
해질 무렵.

瓢 勺　　　　　　　　표주박 표. 잔 작.
표주박을 반으로 가른 것.

苞 桑　　　　　　　　밑둥 포. 뽕나무 상.
뽕나무 뿌리. 근본이 확고함.

漂 流　　　　　　　　뜰 표. 흐를 류.
물 위에 떠다님.

爆 擊　　　　　　　　폭발할 폭. 칠 격.
폭탄을 쏘아 공격함.

慓 毒　　　　　　　　급할 표. 독할 독.
사납고 독살스러움.

暴 騰　　　　　　　　급할 폭. 오를 등.
대폭으로 오름.

豹 紋　　　　　　　　표범 표. 무늬 문.
표범 무늬.

曝 陽　　　　　　　　햇볕쪼일 폭. 빛 양.
뜨거운 햇볕.

飄 風　　　　　　　　나부낄 표. 바람 풍.
회오리바람.

瀑 布　　　　　　　　폭포 폭. 벌릴 포.
낭떠러지에서 떨어지는 물.

品 質　　　　　　　　풍성 품. 바탕 질.
물품의 성질.

輻 輳　　　　　　　　바퀴살 폭. 바퀴살 주.
한곳으로 모여듦.

稟 性　　　　　　　　품을 품. 성품 성.
선천적으로 타고난 성품.

表 面　　　　　　　　겉 표. 낮 면.
겉으로 드러난 곳.

豊 富　　　　　　　　풍성할 풍. 넉넉할 부.
충분함. 넉넉함.

俵 分　　　　　　　　나누어줄 표. 나눌 분.
골고루 분배함.

風 俗　　　　　　　　풍속 풍. 풍속 속.
전례적인 풍습.

剽 竊　　　　　　　　빠를 표. 훔칠 절.
남의 글을 훔침.

楓 葉　　　　　　　　단풍 풍. 잎사귀 엽.
단풍잎.

鏢 槍　　　　　　　　칼날 표. 막대 창.
날카로운 창.

諷 刺　　　　　　　　외울 풍. 찌를 자.
비유함.

標 準　　　　　　　　표할 표. 기준 준.
기본 틀.

皮 膚　　　　　　　　껍질 피. 피부 부.
살결.

票 決　　　　　　　　표 표. 결정할 결.
투표로 결정함.

披 瀝　　　　　　　　헤칠 피. 샐 력.
마음을 털어놓음.

彼 岸　　저 피. 언덕 안.

죽은 후의 세상.

被 服　　입을 피. 입을 복.

의복.

疲 勞　　고달플 피. 수고할 로.

몸이 피곤함.

避 難　　피할 피. 어려울 란.

어려움을 피함.

匹 敵　　짝 필. 적군 적.

실력이 비슷한 적수.

必 須　　반드시 필. 반드시 수.

꼭해야 할 과정.

畢 竟　　마칠 필. 지경 경.

최종적인 결과.

筆 力　　붓 필. 힘 력.

붓글씨를 쓰는 능력.

疋 木　　필 필. 무명 목.

무명 광목 따위의 총칭.

弼 成　　도울 필. 이룰 성.

성공을 도움.

乏 錢　　다할 핍. 돈 전.

돈이 떨어짐.

逼 迫　　핍박할 핍. 곤란할 박.

심히 억압하며 괴롭게 함.

▌다음 한자의 훈과 음을 차례로 적으시오.

01 八方 (   ). (   )

02 片雲 (   ). (   )

03 平定 (   ). (   )

04 閉場 (   ). (   )

05 布教 (   ). (   )

06 包裝 (   ). (   )

07 浦口 (   ). (   )

08 表面 (   ). (   )

09 豊富 (   ). (   )

10 彼岸 (   ). (   )

11 疲勞 (   ). (   )

12 筆力 (   ). (   )

ㅎ

하(下) ~ 힐(詰)

| 下 賜 | 아래 하. 줄 사. |
| 아래 사람에게 선물을 줌. | |

| 遐 域 | 멀 하. 지역 역. |
| 아주 먼 나라. 먼 곳. | |

| 霞 光 | 노을 하. 빛 광. |
| 노을 빛. | |

| 蝦 卵 | 새우 하. 알 란. |
| 새우 알. | |

| 瑕 疵 | 티 하. 흠집 자. |
| 잘못된 점. | |

| 何 處 | 어찌 하. 곳 처. |
| 어느 곳. | |

| 河 口 | 물 하. 입구. |
| 강과 바다가 만나는 곳. | |

| 荷 物 | 멜 하. 물건 물. |
| 운반할 물건. | |

| 夏 節 | 여름 하. 절기 절. |
| 여름 철. | |

| 賀 客 | 하례 하. 손 객. |
| 축하해주는 손님. | |

| 厦 屋 | 큰집 하. 집 옥. |
| 대단히 큰집. | |

| 學 究 | 배울 학. 연구할 구. |
| 공부하며 연구함. | |

| 鶴 髮 | 학 학. 머리 발. |
| 흰 머리. | |

| 虐 待 | 사나울 학. 대할 대. |
| 사납게 대힘. | |

| 瘧 疾 | 학질 학. 질병 질. |
| 체온이 오르내리는 말라리아. | |

| 汗 蒸 | 땀 한. 증기 증. |
| 한증막. | |

| 旱 害 | 가물 한. 해로울 해. |
| 가뭄 피해. | |

| 恨 歎 | 원한 한. 탄식할 탄. |
| 신세를 탄식함. | |

| 限 界 | 한정 한. 경계 계. |
| 정한 법위. | |

| 寒 氣 | 찰 한. 기운 기. |
| 추운 기온. | |

| 閑 寂 | 한가 한. 고요할 적. |
| 외롭고 고요함. | |

| 漢 文 | 하나라 한. 글월 문. |
| 한자로 쓴 글. | |

| 韓 國 | 나라 한. 나라 국. |
| 대한민국의 준말. | |

| 翰 林 | 붓 한. 수풀 림. |
| 학자들의 무리. | |

| 悍 馬 | 사나울 한. 말 마. |
| 사나운 말. | |

| 罕 見 | 드물 한. 볼 견. |
| 가끔 봄. | |

扞 護　막을 한. 보호할 호.
적을 막고 아군을 지킴.

割 引　나눌 할. 이끌 인.
가격을 낮춤.

鹹 水　짤 함. 물 수.
짠 물.

咸 告　다 함. 고할 고.
모두 일러바침.

含 量　머금을 함. 수량 량.
머금은 수량.

函 封　상자 함. 봉할 봉.
상자를 밀봉함.

陷 穽　빠질 함. 구덩이 정.
깊은 구덩이.

喊 聲　고함지를 함. 소리 성.
큰 소리.

緘 口　봉할 함. 입 구.
입을 다묾.

涵 養　젖을 함. 기를 양.
능력을 길러냄.

銜 字　직함 함. 글자 자.
어른의 성함을 물음.

艦 艇　싸움배 함. 포 정.
군함.

頷 首　턱 함. 머리 수.
고개를 끄덕임.

合 倂　합할 합. 아우를 병.
하나로 합침.

蛤 粥　조개 합. 죽 죽.
조개 죽.

盒 器　뚜껑 합. 그릇 기.
뚜껑이 있는 그릇.

抗 拒　항거할 항. 들 거.
대항함.

恒 常　항상 항. 항상 상.
어느 때나.

亢 進　믿을 항. 나아갈 진.
위세 좋게 나아감.

姮 娥　미인 항. 예쁠 아.
달에 사는 선녀.

肛 門　항문 항. 문 문.
똥구멍.

伉 配　짝 항. 짝 배.
부부. 배필.

降 伏　항복할 항. 엎드릴 복.
굴복함.

巷 間　거리 항. 사이 간.
일반 사람들의 사이.

港 灣　항구 항. 항구 만.
큰 배를 대는 항구.

航 路　배 항. 길 로.
뱃길. 비행기 길.

項 目 　항목 항. 제목 목.
내역 순서.

害 蟲 　해칠 해. 벌레 충.
해로운 벌레.

海 軍 　바다 해. 군인 군.
바다를 지키는 군인.

奚 琴 　종 해. 비파 금.
악기의 이름.

亥 時 　돼지 해. 때 시.
밤 9시에서 11시 사이.

解 說 　풀 해. 말씀 설.
알기 쉽게 설명함.

楷 書 　화할 해. 글 서.
정자로 쓰는 글씨체.

偕 老 　함께 해. 늙을 로.
함께 늙어감.

該 博 　해당할 해. 풍부할 박.
지식이 많음.

懈 怠 　게으를 해. 게으를 태.
게으름.

邂 逅 　만날 해. 만날 후.
다시 만남.

咳 嗽 　기침 해. 기침할 수.
기침이 심한 질환.

駭 怪 　놀랄 해. 괴이할 괴.
망측스러움.

孩 笑 　아이 해. 웃음 소.
해맑은 웃음.

骸 骨 　뼈 해. 뼈 골.
살이 썩은 후 남은 뼈.

諧 謔 　농지거리 해. 지껄일 학.
풍자적인 말이나 행동.

核 心 　씨 핵. 마음 심.
가장 중요한 중심.

劾 論 　캐물을 핵. 말씀 론.
허물을 들어 논박함.

行 裝 　다닐 행. 장식할 장.
여행에 필요한 물건.

幸 運 　다행 행. 운수 운.
운수가 좋음.

杏 因 　은행 행. 열매 인.
은행 열매.

倖 利 　요행 행. 이익 리.
뜻밖의 이익. 요행.

向 學 　향할 향. 배울 학.
배우고 싶은 마음.

饗 宴 　잔치할 향. 잔치 연.
잔치를 배품.

享 年 　누릴 향. 향 년.
살아온 나이.

嚮 導 　권할 향. 인도할 도.
앞에서 길을 인도하는 사람.

香 爐　　　향기 향. 화로 로.
향 피우는 화로.

鄕 校　　　고을 향. 학교 교.
유학을 공부하는 학당.

響 音　　　울릴 향. 소리 음.
울리는 소리.

許 容　　　허락 허. 용서할 용.
허락하고 용납함.

虛 構　　　빌 허. 지을 구.
없는 것을 꾸며냄.

噓 吸　　　불 허. 마실 흡.
숨을 쉼. 호흡

墟 墓　　　터 허. 무덤 묘.
주인 없는 묘.

憲 章　　　법 헌. 할 장.
헌법의 규정.

獻 酌　　　드릴 헌. 잔 작.
잔을 올림.

歇 價　　　쌀 헐. 가격 가.
싼 가격.

驗 算　　　증명할 험. 계산 산.
계산을 맞춰봄.

險 談　　　험할 험. 말씀 담.
남의 허물을 흉봄.

革 罷　　　고칠 혁. 부술 파.
고치도록 함.

奕 棋　　　바둑 혁. 바둑돌 기.
바둑을 둠.

赫 怒　　　성할 혁. 성낼 노.
버럭 성을 냄.

現 況　　　나타날 현. 모양 황.
현재 상황.

玄 孫　　　현손 현. 손자 손.
손자의 손자. 고손자.

眩 氣　　　어지러울 현. 기운 기.
정신이 어지러움. 현기증.

泫 泣　　　눈물흘릴 현. 울 읍.
눈물을 흘리며 울음.

絃 樂　　　줄 현. 즐거울 악.
줄이 있는 악기.

賢 明　　　어질 현. 밝을 명.
영리하고 명석함.

縣 監　　　고을 현. 살필 감.
한 고을을 관장하는 수장.

懸 隔　　　멀 현. 막힐 격.
차이가 많이 남.

顯 著　　　나타날 현. 나타날 저.
뚜렷이 나타남.

鉉 席　　　밝을 현. 자리 석.
정승 자리.

衒 學　　　뽐낼 현. 학식 학.
자기 학식을 자랑함.

絢 爛　　　채색무늬 현. 밝을 란.
눈부시게 빛남.

舷 燈　　　뱃머리 현. 등잔 등.
배에 다는 등.

血 淚　　　피 혈. 눈물 루.
피눈물.

孑 遺　　　외로울 혈. 남을 류.
홀로 남음.

穴 居　　　구멍 혈. 살 거.
구멍 속에서 삶.

嫌 惡　　　의심할 혐. 미워할 오.
미워하고 싫어함.

鋏 刀　　　가위 협. 칼 도.
한약제를 자를때 쓰는 가위.

協 助　　　도울 협. 도울 조.
서로 도움.

脅 迫　　　위협할 협. 핍박할 박.
위협적으로 억누름.

夾 侍　　　곁 협. 모실 시.
가까이 모심.

峽 谷　　　골짜기 협. 골 곡.
좁은 계곡.

挾 攻　　　낄 협. 칠 공.
양쪽에서 공격함.

陜 小　　　좁을 협. 작을 소.
사물이 비좁음.

俠 客　　　호협할 협. 손 객.
약자를 돕는 의직.

頰 骨　　　뺨 협. 뼈 골.
얼굴 뼈.

兄 弟　　　맏 형. 아우 제.
형과 아우.

亨 通　　　형통할 형. 통할 통.
뜻대로 됨.

螢 光　　　반딧불 형. 빛 광.
밝은 빛.

刑 期　　　형벌 형. 기약 기.
벌을 받는 기간.

形 勢　　　형상 형. 형세 세.
현재의 상황.

炯 眼　　　빛날 형. 눈 안.
명석한 안목.

型 像　　　틀 형. 형상 상.
생긴 모습.

荊 棘　　　가시 형. 가시 극.
몹시 어려운 상황.

惠 澤　　　은혜 혜. 입을 택.
은혜를 입음.

慧 眼　　　지혜 혜. 눈 안.
사리에 밝은 판단력.

彗 星　　　꼬리별 혜. 별 성.
혜성. 꼬리 달린 별.

戶 主 　　　집 호. 주인 주.
한집의 가장.

互 先 　　　서로 호. 먼저 선.
맞바둑.

好 感 　　　좋을 호. 느낄 감.
좋아하는 감정.

壺 狀 　　　병 호. 상태 상.
배가 불룩 나온 모양.

昊 天 　　　하늘 호. 하늘 천.
하늘.

豪 傑 　　　호걸 호. 호걸 걸.
영웅호걸.

濠 洲 　　　고을이름 호. 마을 주.
호주(오스트레일리아)

呼 名 　　　부를 호. 이름 명.
이름을 부름.

胡 亂 　　　오랑캐 호. 어지러울 란.
오랑캐의 침략.

湖 畔 　　　호수 호. 언덕 반.
호숫가 언덕.

虎 皮 　　　범 호. 가죽 피.
호랑이 가죽.

毫 筆 　　　터럭 호. 붓 필.
붓.

浩 蕩 　　　넓을 호. 넓고 클 탕.
마음이 너그러움.

護 喪 　　　보호할 호. 초상 상.
장례식의 책임자.

號 令 　　　부를 호. 부를 령.
큰소리로 명령함.

皓 齒 　　　힐 호. 이 치.
하얀 이.

縞 衣 　　　흰 비단 호. 옷 의.
흰 비단 옷

糊 口 　　　풀칠할 호. 입 구.
입에 풀칠함.

狐 尾 　　　여우 호. 꼬리 미.
여우 꼬리.

弧 形 　　　나무 활 호. 형태 형.
활처럼 굽은 모양.

或 間 　　　혹 혹. 사이 간.
혹시.

惑 星 　　　미혹할 혹. 별 성.
숨은 실력자.

酷 毒 　　　혹독할 혹. 독할 독.
심하게 대함.

混 絶 　　　어둘 혼. 끊을 절.
정신을 잃음.

婚 濁 　　　흐릴 혼. 흐릴 탁.
맑지 않고 흐림.

昏 姻 　　　혼인할 혼. 혼인할 인.
결혼.

惛 亂 　　　섞을 혼. 어지러울 란.
어지럽고 질서가 없음.

魂 魄 　　　넋 혼. 넋 백.
죽은 영혼.

渾 沌 　　　흐릴 혼. 막힐 돈.
결정되지 않은 상태.

忽 待 　　　홀릴 홀. 기다릴 대.
가볍게 대우함.

弘 益 　　　크게 할 홍. 더할 익.
크게 이롭게 함.

洪 水 　　　클 홍. 물 수.
비가 많이 옴. 물난리.

哄 動 　　　지껄릴 홍. 움직일 동.
여러 사람이 떠들어 댐.

鴻 雁 　　　기러기 홍. 기러기 안.
기러기.

紅 蔘 　　　붉을 홍. 인삼 삼.
인삼을 여러 번 찐 삼.

虹 橋 　　　무지개 홍. 다리 고.
무지개 모양의 다리.

火 急 　　　불 화. 급할 급.
매우 급함.

化 粧 　　　변화할 화. 화장 장.
얼굴을 단장함.

花 園 　　　꽃 화. 동산 원.
꽃동산.

禾 粟 　　　벼 화. 조 속.
벼와 조. 곡식.

華 燭 　　　빛날 화. 빛날 촉.
결혼식.

話 題 　　　말씀 화. 문제 제.
이야기 소재.

貨 幣 　　　재물 화. 재물 폐.
돈. 수표등 유가 증권.

禍 福 　　　재앙 화. 복 복.
재앙과 복.

畵 板 　　　그림 화. 널 판.
그림 그리는 판지.

譁 笑 　　　지껄일 화. 웃음 소.
시끄럽게 웃음.

靴 工 　　　구두 화. 장인 공.
구두 만드는 사람.

樺 木 　　　벚나무 화. 마무 목.
벚나무.

確 信 　　　확실할 확. 믿을 신.
굳게 믿음.

擴 充 　　　늘릴 확. 채울 충.
크게 넓힘.

丸 藥 　　　둥글 환. 양 약.
알 약.

患 憂 　　　근심 환. 근심 우.
걱정하고 우려함.

環 境　　　둘레 환. 지경 경.
주변 배경.

還 送　　　돌아올 환. 보낼 송.
기뻐하며 보냄.

歡 迎　　　기쁠 환. 맞을 영.
기쁘게 맞이함.

換 錢　　　바꿀 환. 돈 전.
돈을 바꿈.

喚 呼　　　부를 환. 부를 호.
큰소리로 외침.

宦 官　　　벼슬 환. 벼슬 관.
궁중 시봉의 벼슬. 내시.

幻 想　　　변화할 환. 생각 상.
현실에 없는 사물을 봄.

滑 降　　　미끄러울 활. 내릴 강.
비탈진 곳을 미끄러져 내림.

闊 步　　　트일 활. 걸음 보.
큰 걸음으로 나아감.

豁 然　　　통할 활. 그럴 연.
시원하게 깨닫는 모양.

恍 惚　　　황홀할 황. 황홀할 홀.
찬란하고 화려함.

皇 室　　　임금 황. 집 실.
임금님이 사는 집.

晃 然　　　밝을 황. 그래 연.
환하게 깨달음.

惶 恐　　　두려울 황. 두려울 공.
고맙고 송구함.

荒 弊　　　거칠 황. 패할 패.
거칠어서 못쓰게 됨.

黃 泉　　　누를 황. 샘 천.
죽은 이의 영혼이 사는 곳.

遑 急　　　급할 황. 급할 급.
몹시 급함.

況 且　　　하물며 황. 또 차.
행위를 비유하는 말. 하물며.

回 春　　　돌아올 회. 봄 춘.
젊어짐.

廻 禮　　　돌 회. 예절 례.
돌아다니며 인사를 드림.

灰 色　　　재 회. 빛 색.
잿빛.

悔 心　　　뉘우칠 회. 마음 심.
후회하는 마음.

會 員　　　모일 회. 인원 원.
모임의 인원.

徊 翔　　　노닐 회. 날 상.
날아다님.

誨 諭　　　가르칠 회. 고할 유.
가르쳐서 깨우침.

膾 炙　　　회칠 회. 구울 자.
회치거나 구운 고기.

懷柔　　　품을 회. 부드러울 유.
마음을 어루만짐.

繪畵　　　그림 회. 그림 화.
형상을 그림.

蛔蟲　　　회충 회. 벌레 충.
몸속의 해충.

晦日　　　그믐 회. 날 일.
그믐 날.

檜木　　　전나무 회. 나무 목.
전나무.

劃一　　　그을 획. 한 일.
똑같음.

獲得　　　얻을 획. 얻을 득.
거두어들임.

橫領　　　거슬릴 횡. 차지할 령.
훔쳐 가져감.

孝道　　　효도 효. 도리 도.
효도하는 도리.

效驗　　　본받을 효. 증험할 험.
효과.

哮鬫　　　울부짖을 효. 울 함.
짐승의 성난 울부짖음.

曉星　　　새벽 효. 별 성.
새벽별.

酵素　　　술괼 효. 힐 소.
발효액.

肴味　　　안주 효. 맛 미.
안주 맛.

驍勇　　　날낼 효. 날샐 용.
건장하고 굳셈.

侯爵　　　제후 후. 벼슬 작.
벼슬 이름.

喉頭　　　목구멍 후. 머리 두.
목덜미.

候補　　　살필 후. 도울 보.
지위에 나갈 자격.

厚待　　　두터울 후. 대접할 대.
잘 대접함.

後裔　　　뒤 후. 자손 예.
후손.

朽落　　　썩을 후. 떨어질 락.
낡고 썩어서 못쓰게 됨.

嗅覺　　　냄새 맡을 후. 깨달을 각.
냄새 맡는 감각.

后妃　　　뒤 후. 왕비 비.
후궁.

酗酒　　　술주정 후. 술 주.
술주정.

焄製　　　불기운 훈. 지을 제.
훈제 고기.

熏煮　　　지질 훈. 삶을 자.
지지고 삶음.

訓 練	가르칠 훈. 단련할 련.	
가르쳐서 익히게 함.		
葷 菜	향 채소 훈. 나물 채.	
마늘. 파. 부추 등의 향초.		
暈 彩	무리 훈. 채색 채.	
해와 달의 무리.		
勳 章	공 훈. 할 장.	
공로자에게 주는 상.		
薰 風	더울 훈. 바람 풍.	
훈훈한 바람.		
卉 服	풀 훼. 옷 복.	
풀로 만든 옷.		
毁 損	헐 훼. 덜 손.	
망가짐.		
揮 發	휘두를 휘. 필 발.	
액체가 기체로 변함.		
輝 煌	빛날 휘. 빛날 황.	
밝게 빛남.		
徽 章	빛날 휘. 글 장.	
신분을 표시한 띠.		
麾 下	지휘할 휘. 아래 하.	
통솔 아래 있는 사람.		
暉 映	햇빛 휘. 비칠 영.	
반짝이며 빛남.		
休 息	쉴 휴. 실 식.	
잠깐 쉬는 것.		

携 帶	이끌 휴. 띠 대.	
몸에 지닌 것.		
虧 月	이지러질 휴. 달 월.	
이지러진 달.		
恤 民	근심할 휼. 백성 민.	
이재민을 구제함.		
凶 計	흉할 흉. 계획 계.	
나쁜 계획.		
兇 賊	흉악할 흉. 도적 적.	
험악한 도적.		
胸 痛	가슴 흉. 아플 통.	
가슴이 아픈 증세.		
黑 心	검을 흑. 마음 심.	
엉큼한 마음.		
痕 迹	흔적 흔. 자취 적.	
뒤에 남은 자취나 자국.		
欣 快	기쁠 흔. 상쾌할 쾌.	
기쁘고 상쾌함.		
欠 缺	흠결 흠. 부족할 결.	
사물의 부족한 점.		
欽 慕	공경할 흠. 사모할 모.	
그리워함.		
吸 煙	마실 흡. 연기 연.	
담배를 피움.		
恰 似	흡사할 흡. 같을 사.	
비슷함.		

洽 足　　　합할 흡. 만족할 족.
만족함.

興 奮　　　일어날 흥. 드날릴 분.
감정이 복받쳐 일어남.

禧 年　　　복 희. 해 년.
50년 마다 오는 복스러운 해.

希 望　　　빛날 희. 바랄 망.
꿈을 가짐.

稀 微　　　드물 희. 가늘 미.
흐릿해서 잘 보이지 않음.

喜 悅　　　기쁠 희. 기쁠 열.
기뻐함.

戱 弄　　　희롱 희. 희롱할 롱.
비웃고 놀림.

犧 牲　　　희생할 희. 희생할 생.
목적을 위해 자신을 버림.

嬉 笑　　　억지 희. 웃음 소.
실없이 웃음.

熙 皞　　　빛날 희. 밝을 호.
백성의 생활이 즐겁고 화평함.

詰 責　　　꾸짖을 힐. 꾸짖을 책.
꾸짖음.

▌다음 한자의 훈과 음을 차례로 적으시오.

01 學究 (   ). (   )

02 漢文 (   ). (   )

03 海軍 (   ). (   )

04 核心 (   ). (   )

05 向學 (   ). (   )

06 賢明 (   ). (   )

07 兄弟 (   ). (   )

08 好感 (   ). (   )

09 呼名 (   ). (   )

10 昏姻 (   ). (   )

11 花園 (   ). (   )

12 皇室 (   ). (   )

제2부 다음자(多音字), 약자(略字), 속자(俗字)

漢子는 글자 하나에 읽는 소리가 두 개 이상인 것이 있는데, 이를 다음자多音字라고 한다. 여기에서는 매우 자주 쓰이는 한자들만 모아 두었다. 즉 여기 소개된 것 외에는 많은 한자들이 있으므로 참고하시기 바란다.

한편, 漢子는 글자가 워낙 많고 획수가 복잡하여 중국이나 일본에서는 정자를 쓰지 않고 획수를 줄이거나 변형하여 만든(再製字) 약자(略字, 俗字, 半字, 간편자)를 쓰고 있다. 관청(官廳, 官廳)과 언론(言論)은 물론 도로표지, 안내판 등도 전부 약자를 사용한다. 대한민국에서는 정자(正字)와 약자를 혼용하는 경우가 많아, 양쪽 모두 알아야 한다.

뜻을 전달하기 위해 만들어진 글자인 한자(表意文字)가 우리말과 글에서 70%를 차지하고 있으니 최근 여러 기관에서 실시하고 있는 한자능력검정시험(漢字能力檢定試驗) 등에서 정자와 약자 모두를 요구하고 있는 것이다.

약자, 속자를 숙지하면 복잡하여 쓰기 어려운 글자를 한결 쉽게 활용할 수 있을 것이다. 중복된 傍은 피하였으니 참작하시기 바란다.

다음자(多音字)

降 내릴 강. 降等. 降婚. 降誕.
　　 항복할 항. 降服. 降將

更 고칠 경. 更新. 更迭. 更衣.
　　 다시 갱. 更生. 更新. 更嫁.

車 수레 거. 車馬費. 車駕.
　　 자동차 차. 車兩. 汽車.

茶 차 차. 茶禮. 茶祀.
　　 차 다. 茶菓. 茶毘.

度 법도 도. 法度. 溫度.
　　 헤아릴 탁. 度支. 度地.

洞 고을 동. 洞口. 洞房. 洞窟.
　　 살필 통. 洞察. 洞燭.

率 비율 률. 比率. 利率.
　　 거느릴 솔. 統率. 家率.

復 회복할 복. 光復. 回復.
　　 다시 부. 復興. 復活.

否 아닐 부. 否決. 否認. 否定.
　　 막힐 비. 否色. 否剝.

北 북녘 북. 北斗. 北岳. 北向.
　　 달아날 배. 敗北.

殺 죽일 살. 殺身. 他殺. 殺害.
　　 덜 쇄. 相殺. 殺到.

狀 형상 상. 狀態. 狀況. 形狀.
　　 문서 장. 狀啓. 賞狀.

塞 막을 색. 塞源. 閉塞.
　　 변방 새. 塞外. 塞翁之馬.

索 찾을 색. 搜索. 索引. 索出.
　　 놓아줄 삭. 索道. 索寞(쓸쓸할삭)

省 살필 성. 覺省. 省墓. 省察.
　　 덜 생. 省略. 省減.

屬 우리 속. 附屬. 屬國. 屬性.
　　 붙일 촉. 屬託. 屬望.

食 밥 식. 食思. 食性. 食飮.
　　 밥 사. 疏食. 蔬食.

識 알 식. 識別. 識見. 學識.
　　 적을 지. 標識. 款識.

惡 모질 악. 惡辣. 惡質. 惡魔.
　　 미워할 오. 憎惡. 惡寒.

葉 잎 엽. 葉茶. 葉書. 葉錢.
　　 성씨 섭. 葉氏. 伽葉.(석가제자)

參 참여할 참. 參與. 參加. 參席.
　　 갖은 삼. 參拾.

拓 넓힐 척. 干拓. 開拓.
　　 박을 탁. 拓本.

則 법칙 칙. 法則. 規則. 原則.
　　 곧 즉. 則時. 則刻.(卽과同)

沈 성씨 심. 沈氏.
　　 가라앉을 침. 沈沒. 沈澱.

宅 집 택. 自宅. 邸宅. 宅地.
　　 댁 댁. 宅內. 媤宅.

便 편할 편. 便利. 便紙. 便宜.
　　 오줌똥 변. 大便. 小便. 便秘.

佚　편안할 일. 安佚. 佚民. 佚脫.
　　방탕할 질. 佚蕩.

切　끊을 절. 切斷. 切開.
　　모두 체. 一切.

不　아닐 불. 不可. 不便. 不利.
　　아닌가 부. 不正. 不合. 不實.

暴　사나울 폭. 暴徒. 暴利. 暴力.
　　사나울 포. 暴惡. 暴虐.

약자(略字), 속자(俗字)

假	仮	거짓 가.	
價	価	값 가.	
覺	覚	깨달을 각.	
監	監	볼 감.	
蓋	盖	덮을 개.	
箇	个	낱 개	
擧	挙	거들 거.	
據	拠	의거할 거.	
儉	倹	검소할 검.	
擊	撃	칠 격.	
經	経	날 경.	
輕	軽	가벼울 경.	
繼	継	이을 계.	
鷄	雞	닭 계.	
皐	皋	언덕 고.	
穀	穀	곡식 곡.	
館	舘	볼 관.	
關	関	빗장 관.	
廣	広	넓을 광.	

壞	壊	무너질 괴.	
驅	駆	말달릴 구.	
區	区	지경 구.	
舊	旧	옛 구 駆	
國	国	나라 국.	
歸	帰	돌아갈 귀.	
氣	気	기운 기.	
惱	悩	뇌 뇌.	
斷	断	끊을 단.	
團	団	둥글 단.	
單	単	홑 단.	
擔	担	멜 담.	
當	当	마땅 당.	
黨	党	무리 당.	
臺	台	대 대.	
對	対	대할 대.	
圖	図	그림 도.	
讀	読	읽을 독.	
獨	独	홀로 독.	

燈	灯	등불 등.	
樂	楽	즐거울 락.	
亂	乱	어려울 란.	
覽	覧	볼 람.	
兩	両	둘 량.	
來	来	올 래.	
勵	励	힘쓸 려.	
廬	庐	오두막 려.	
戀	恋	그리울 련.	
聯	联	잇달 련.	
獵	猎	사냥할 렵.	
靈	灵	신령 령.	
齡	龄	나이 령.	
禮	礼	예절 례.	
勞	労	일할 로.	
爐	炉	화로 로.	
龍	竜	용 룡.	
壘	塁	진 루.	
樓	楼	다락 루.	

灣	湾	물굽이 만.	
萬	万	일만 만.	
賣	売	팔 매.	
麥	麦	보리 맥.	
夢	梦	꿈 몽.	
廟	庿	사당 묘.	
無	无	없을 묘.	
彌	弥	두루 미.	
發	発	필 발.	
變	変	변할 변.	
邊	辺	가 변.	
竝	並	아우를 병.	
寶	宝	보배 보.	
佛	仏	부처 불.	
拂	払	떨어질 불.	
佛	仏	부처 불.	
濱	浜	물가 빈.	
師	师	스승 사.	
絲	糸	실 사.	

辭	辞	말씀 사.
寫	写	베낄 사.
狀	状	모양 상.
嘗	嘗	맛볼 상.
桑	桒	뽕나무 상.
敍	叙	베풀 서.
釋	釈	풀 석.
禪	禅	선위할 선.
纖	繊	가늘 섬.
攝	摂	다스릴 섭.
變	変	익힐 섭.
聲	声	소리 성.
燒	焼	불사를 소.
屬	属	붙을 속.
續	続	묶을 속.
隨	随	따를 수.
壽	寿	목숨 수.
數	数	셈 수.
繡	繍	수놓을 수.

獸	獣	짐승 수.
濕	湿	젖을 습.
實	実	열매 실.
雙	双	쌍 쌍.
兒	児	아이 아.
嶽	岳	큰산 악.
巖	岩	바위 암.
壓	圧	누를 압.
礙	碍	꺼리낄 애.
藥	薬	양 약.
壤	壌	흙 양.
嚴	厳	엄할 엄.
餘	余	남을 여.
與	与	줄 여.
驛	駅	역말 역.
鹽	塩	소금 염.
營	営	경영할 영.
榮	栄	영화 영.
譽	誉	기릴 예.

豫	予	미리 예.	將	将	장수 장.
藝	芸	재주 예.	裝	装	꾸밀 장.
穩	穩	평온할 온.	莊	荘	씩씩할 장.
謠	訳	노래할 요.	傳	伝	전할 전.
鎔	誉	쇠녹일 용.	轉	転	전할 전
鬱	欝	답답할 울.	錢	銭	돈 전.
圍	囲	둘레 위.	竊	窃	훔칠 절.
爲	為	할 위.	點	点	점 점.
隱	隠	숨을 은.	齊	斉	재계할 제.
蔭	陰	그늘 음.	劑	剤	약지을 제.
應	応	응할 응.	條	条	가지 조.
醫	医	의원 의.	從	従	따를 종.
貳	弍	두 이.	證	証	증거 증.
壹	壱	한 일.	遲	遅	더딜 지.
殘	残	남을 잔.	盡	尽	다할 진.
蠶	蚕	누애 잠.	珍	珎	보배 진.
雜	雑	섞일 잡.	參	参	참여할 참.
奬	奨	장려할 장.	僭	僣	참람할 참.
藏	蔵	감출 장.	處	処	곳 처.

賤	賎		천할 천.	澤	沢	못 택.
遷	迁		옮길 천.	霸	覇	으뜸 패.
鐵	鉄		쇠 철.	廢	廃	폐할 폐.
廳	厅		관청 청.	學	学	배울 학.
聽	聴		들을 청.	鹹	醎	짤 함.
遞	逓		바꿀 체.	獻	献	드릴 헌.
體	体		몸 체.	縣	県	고을 현.
觸	触		닿을 촉.	顯	顕	드러날 현.
總	総		거느릴 총.	峽	峡	골짜기 협.
蟲	虫		벌레 충.	螢	蛍	반딧불 형.
醉	酔		취할 취.	惠	恵	은혜 혜.
齒	歯		이 치.	號	号	부를 호.
癡	痴		어리석을 치.	畵	画	그림 화.
恥	耻		부끄러울 치.	擴	拡	넓힐 확.
稱	称		일컬을 칭.	歡	欢	기쁠 환.
墮	堕		떨어질 타.	會	会	모을 회.
彈	弾		탄알 탄.	興	兴	흥할 흥.

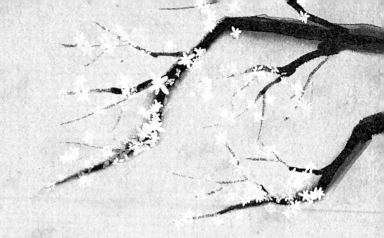

제3부 3자성어로 복습하기

가가례(家家禮)~긴박감(緊迫感)

家家禮 가가례
집집마다 풍습과 예절이 다를 수 있음.

假建物 가긴물
임시로 지은 건물.

架空線 가공선
케이블 선.

加工費 가공비
물품을 가공하는 데 드는 비용.

可動橋 가동교
부산 영도다리 같은 움직이는 다리.

稼動率 가동률
생산 설비가 가동할 수 있는 최대 시간과 실제로
가동된 시간의 비율.

加盟店 가맹점
조직에 가입한 연쇄점.

可變性 가변성
일정한 조건에서 변할 수 있는 성질.

假釋放 가석방
형기가 다하기 전에 석방하는 것.

假需要 가수요
필요 이상으로 구매하는 현상.

可視圈 가시권
볼 수 있는 범위. 능력이 미치는 범위.

家釀酒 가양주
집에서 만든 술.

伽倻琴 가야금
12줄로 된 우리나라 악기.

可溶性 가용성
물에 잘 녹는 성질의 물체. 소금 설탕 등.

加重値 가중치
평균치 이상의 증가되는 가치.

歌唱力 가창력
노래를 잘 할 수 있는 능력.

假處分 가처분
재산을 처분하지 못하도록 압수하는 조치.

價値觀 가치관
삶에 필요한 사리의 가치를 정하는 안목.

加害者 가해자
남에게 피해를 입힌 사람.

角膜炎 각막염
각막에 염증이 생겨 흐려 보이는 병.

脚線美 각선미
다리의 아름다운 모습.

覺醒劑 각성제
중추신경을 흥분시키는 약.

簡潔體 간결체
내용을 간결하고 명쾌하게 만든 문체.

懇談會 간담회
마음을 터놓고 정답게 이야기하는 모임.

干拓地 간척지
새로 개간한 땅.

簡易驛 간이역
시설이 없는 작은 역.

間接稅 간접세
제품 가격에 세금을 추가시켜 받는 세금.

簡體字 간자체
글자 획을 간추려 만든 중국 글자.

刊行物 간행물
종이에 인쇄되어 출판된 서적, 신문, 잡지 등을
통틀어 이르는 말.

看護師 간호사
의사를 돕고 환자를 돌보는 사람.

感激的	감격적	强心臟	강심장
감격할 만한 일.		웬만한 일에는 놀라지 않는 성격.	
甘露酒	감로주	强壓的	강압적
소주에 한약제 등을 첨가해 달게 만든 술.		강한 힘으로 억지로 시킴.	
甘味料	감미료	强靭性	강인성
단맛을 내기 위해 추가하는 조미료.		끈기 있고 강한 이미지를 지닌 성품.	
鑑別師	감별사	强壯劑	강장제
병아리의 암수를 구별하는 사람.		몸의 신진대사를 도와 체력을 좋게 하는 약.	
感謝牌	감사패	强制性	강제성
감사의 글을 새긴 패.		원하지 않는 일을 억지로 시키는 성질.	
感想文	감상문	槪念圖	개념도
감상한 느낌을 쓴 글.		사물의 이해를 돕는 그림.	
感性的	감성적	開途國	개도국
감성이 예민함.		개발과 계몽을 필요로 하는 나라.	
感受性	감수성	改良服	개량복
받아들이는 감성이 풍부함.		재래식의 모양을 개량하여 새롭게 만든 옷.	
鑑定價	감정가	改善策	개선책
감정해서 정한 가격.		더 좋은 방향으로 고치는 방법.	
敢鬪償	감투상	疥癬蟲	개선충
승리하는 데 큰 공을 세운 선수에게 주는 상.		가려운 질병을 일으키는 해충.	
甲狀腺	갑상선	開拓者	개척자
내분비 샘의 하나. 목밑샘.		미개지를 개척한 사람.	
剛斷性	강단성	開化期	개화기
맺고 끊는 결단성이 뚜렷한 성질.		봉건 사회를 타파하고 개혁정세로 변하는 시기.	
强迫感	강박감	客觀性	객관성
마음을 짓누르거나 쫓기는 느낌.		보편적인 타당성.	
江邊路	강변로	客食口	객식구
강변을 따라 난 길.		함께 지내는 가족이 아닌 사람.	
降水量	강수량	更年期	갱년기
비가 내린 물의 수치.		몸의 장애가 나타나는 시기.	
講習會	강습회	擧國的	거국적
강습을 하기 위한 단기간의 모임.		온 국민이 함께 참여하는 것.	

祛痰劑　거담제
가래를 제거하는 약제.

居留民　거류민
그 나라에 허락을 받아 거주하는 사람.

擧手機　거수기
자기주관 없이 손을 들어 의제를 찬성하는 사람.

健康美　건강미
건강한 모습을 느끼게 하는 모습.

乾達牌　건달패
불량배들의 패거리.

健啖家　건담가
어떤 음식이나 잘 먹고 많이 먹는 사람.

健忘症　건망증
금방 들은 말이나 일을 기억하지 못하는 증상.

建資材　건자재
건축 재료와 자재.

乾電池　건전지
전류를 저장하는 물체.

乾魚物　건어물
생선을 말린 것.

檢案書　검안서
의사가 사망을 확인해 주는 서류.

格納庫　격납고
비행기 등을 수리하거나 보관하는 장소.

隔日制　격일제
하루씩 건너 띄어 일을 하는 제도.

激情的　격정적
흥에 겨워 열정적으로 즐김.

見聞錄　견문록
보고 들은 것을 적은 글.

堅實性　견실성
믿음직스럽고 착실한 성품.

決斷性　결단성
맺고 끊음이 확실한 성품.

潔癖症　결벽증
병적으로 깨끗한 것에 집착하는 증상.

結氷期　결빙기
어름이 어는 시기.

缺席屆　결석계
결석의 사유를 적어 제출하는 증서.

缺損額　결손액
금전상으로 손해를 본 금액.

決定權　결정권
결정하는 권리.

結合體　결합체
둘 이상의 다른 개체가 결합됨.

結婚觀　결혼관
결혼에 관한 견해나 주장.

警覺心　경각심
정신을 차리고 조심하는 마음.

警戒心　경계심
경계하여 조심하는 마음

輕金石　경금속
가벼운 금속. 알루미늄 등.

競落物　경락물
경매로 취득한 물건.

警報器　경보기
사고나 위험을 알리는 음향이나 불빛

輕洋食　경양식
간단한 서양식 요리.

敬畏心　경외심
공경하면서 두려워하는 마음.

敬遠視　경원시
친한 척하면서 속으로는 멀리 하려는 마음.

驚異的	경이적	姑息的	고식적
놀랍고 신기하게 여길 만한 것.		근본적인 대책 없이 임시변통으로 하는 것.	

競爭心	경쟁심	固有種	고유종
남에게 이기거나 앞서려는 마음.		지역의 토질과 특성에 따라 자라는 토착종.	

經電鐵	경전철	苦肉策	고육책
지하철보다 거리가 짧은 경량 전철.		모든 괴로움을 감수하고 하려는 방책.	

經濟權	경제권	故意的	고의적
경제의 결정권을 가짐.		의도적인 행위.	

慶弔費	경조비	高姿勢	고자세
경조사에 들어가는 비용.		거만한 태도.	

硬直性	경직성	固定的	고정적
굳어지는 성질 또는 변통성이 없는 성질.		한번 정한 대로 변경하지 않는 것.	

莖菜類	경채류	痼疾的	고질적
줄기를 주로 먹는 소채류. 고사리. 우엉 등.		오래되어 고치기 힘든 것.	

慶祝辭	경축사	高次元	고차원
경사스러운 날에 축하하는 인사말.		차원이 높음.	

系列化	계열화	固着化	고착화
기업 사이에 계열을 이루거나 이루게 함.		어떤 여건이 굳어져서 변하지 않은 상태.	

計劃性	계획성	高下間	고하간
모든 일을 계획하여 처리하는 성질.		좋고 나쁨, 많고 적음을 따지지 않음.	

股關節	고관절	曲馬團	곡마단
대퇴부 쪽 다리관절.		여러 가지 재주 등을 부리는 흥행 단체.	

考課表	고과표	曲線美	곡선미
근무성적 학업성적 따위를 기록한 표.		조각이나 건축물에 곡선을 넣어 아름답게 함.	

鼓舞的	고무적	骨董品	골동품
힘내도록 격려하여 기세를 북돋아 주는 것.		오래되고 희귀한 생활용품. 미술품 등.	

顧問官	고문관	恐喝罪	공갈죄
의견을 듣고 판단해 주는 사람.		남을 협박하고 공갈하여 금품을 뜯어내는 행위.	

高射砲	고사포	攻擊性	공격성
항공기를 쏠 수 있는 대포.		공격하여 파괴하는 행동을 하는 성격.	

高性能	고성능	公課金	공과금
뛰어난 기능이나 성능.		국가나 공공 단체가 국민에게 부과하는 돈.	

公敎育   공교육
국가 기관이나 공공단체가 베푸는 교육.

公權力   공권력
국가나 공공 단체가 명령하고 강제하는 권력.

供給源   공급원
공급이 이루어지는 근원지.

功德心   공덕심
남을 위해 좋은 일을 하려는 마음.

空洞化   공동화
있어야 할 것이 비어 있는 현상.

共鳴管   공명관
공기를 진동 시켜 소리를 크게 하는 장치.

公明心   공명심
공을 세워 이름을 널리 드러내려는 마음.

工母船   공모선
배안에 가공 시설을 갖춘 어선. 통조림 등

攻防戰   공방전
서로 공격하고 방어하는 싸움.

公報館   공보관
국가기관에서 국민에게 알릴자료를 전시하는 곳.

公使館   공사관
공사가 주재지에서 사무를 보는 공관.

共産圈   공산권
소련의 영향 밑에서 공산주의 나라를 세운 나라.

公訴權   공소권
법원에 공소를 할 수 있는 검사의 권리.

空手票   공수표
효력이 없는 수표. 부질없는 약속.

公示價   공시가
정부나 공공 기관에서 공시한 값.

公式的   공식적
틀에 박힌 형식을 취하는 것.

公信力   공신력
실제로 있는 것과 같은 법률상 효력을 가짐.

空念佛   공염불
실천이 따르지 않는 주장이나 말.

公用語   공용어
국제회의 때 공식적으로 쓰는 언어.

工作金   공작금
어떤 일을 이루는 데 쓰는 비용.

工程表   공정도
일의 진도를 표시하는 표식.

供託金   공탁금
소송에서 이긴 사람이 가져가는 돈. 법의 규정에
따라 지정된 은행이나 공탁소에 맡기는 돈.

共通點   공통점
여러 사람의 뜻이 통하는 점.

公平性   공평성
어느 쪽으로도 치우치지 않은 고른 특성.

恐怖感   공포감
두렵고 무서운 느낌.

公害病   공해병
수질오염. 대기오염 따위로 생긴 병.

共和國   공화국
주권이 국민에게 있는 나라.

過渡期   과도기
사상과 제도가 바뀌는 혼란스러운 시기.

過負荷   과부하
적정량을 초과하는 량.

過怠料   과태료
의무 이행 위반에 따라 부과하는 벌금.

官能美   관능미
관능적인 아름다움.

觀燈節 관등절
부처님의 탄신일. 사월 초파일.

關聯性 관련성
서로 관계되는 사항.

管理職 관리직
직원의 감독과 관리를 하는 직책.

觀賞用 관상용
보면서 즐기기 위한 물건.

關心度 관심도
마음이 끌려 주위를 기울이는 정도.

關節炎 관절염
관절에 염증이 생겨 아픈 병.

管制塔 관제탑
항공기의 이착륙을 지시하는 탑.

觀測所 관측소
적의 동정을 살피고 사격을 유도하는 곳.

管轄權 관할권
특정 사건에 대하여 지배할 수 있는 권리.

慣行的 관행적
오래 전부터 전해오던 방법.

光復節 광복절
일본에 빼앗겼던 주권을 회복한 날.

狂信者 광신자
이성을 잃고 종교나 사상을 따르는 사람.

光合成 광합성
빛에너지와 수분을 합성하여 탄수화물을 만듦.

交配種 교배종
교배를 시켜 만든 새로운 품종.

交付金 교부금
국가나 공공단체가 개인과 단체에 주는 보조금.

敎唆犯 교사범
다른 사람에게 나쁜 일을 하도록 꾀거나 부추긴 사람.

敎養物 교양물
교양을 위한 읽을거리나 볼거리.

校正料 교정료
원고를 교정해주고 받는 돈.

交響曲 교향곡
관현악을 위하여 만든 곡. 심포니.

敎訓的 교훈적
교훈이 되거나 교훈으로 삼을 만한 것.

口頭禪 구두선
실천은 없고 말만 잘하는 사람.

拘留場 구류장
범죄 혐의가 있는 사람에게 보내는 영장.

購買力 구매력
물품을 구매할 수 있는 능력.

救命帶 구명대
물에 뜰 수 있도록 공기를 넣어 만든 조끼.

救命艇 구명선
조난 시에 탈출을 돕는 조그만 보트.

九尾狐 구미호
간사하게 아첨을 잘하는 사람을 일컬음.

構想力 구상력
작품을 구상하는 능력.

構成員 구성원
어떤 단체나 조직을 이루는 인원.

救世主 구세주
어려움이나 고통에서 구제해주는 사람.

求心力 구심력
원운동을 할 때 가운데로 쏠리는 힘.

九折坂 구절판
가운데 원형이 있고 팔각으로 나누어진 쟁반.

口蹄疫 구제역
소나 돼지에게 잘 걸리는 바이러스 질병.

救濟品　　　　구제품
어려운 처지에 있는 사람에게 보내는 물품.

構造的　　　　구조적
구조에 관계되는 것.

具體化　　　　구체화
구체적으로 이루어짐.

驅逐艦　　　　구축함
어뢰를 주 무기로 하여 잠수함을 공격하는 군함.

驅蟲濟　　　　구충제
몸속의 기생충을 없애는 약.

購販場　　　　구판장
협동조합에서 생활용품 등을 판매하는 장소.

救護品　　　　구호품
재해나 재난을 입은 사람에게 보내는 물품.

國家觀　　　　국가관
국가에 대한 견해와 체계.

國慶日　　　　국경일
나라의 경사스러운 날을 기념하는 날.

國庫債　　　　국고채
나라에서 보증하는 채권.

國文學　　　　국문학
자기나라의 고유 문학.

國寶的　　　　국보적
나라를 대표할 만한 가치를 지닌 사물.

國語學　　　　국어학
국어를 과학적으로 연구하는 학문.

國譯本　　　　국역본
다른 나라 말로 된 글을 우리말로 번역한 것.

國際法　　　　국제법
국가 간의 합의에 따라 규정하는 법.

國際化　　　　국제화
국제적인 규모로 되거나 되게 함.

局地戰　　　　국지전
일정한 지역에 한정한 전투.

國恥日　　　　국치일
일본에 국권을 강탈당한 날. 1910년 8월 29일.

軍納品　　　　군납품
군부대에 납품하는 물품.

軍糧米　　　　군량미
군인의 식량.

軍事力　　　　군사력
병력, 무기, 경제력 등을 종합한 무력.

軍樂隊　　　　군악대
군악을 연주하기 위하여 조직된 부대.

軍用品　　　　군용품
군대에서 쓰는 물품.

軍醫官　　　　군의관
군대에서 근무하는 의사.

軍資金　　　　군자금
군대를 관리하는 필요한 자금.

君主國　　　　군주국
군주가 세습적으로 국가원수가 되는 나라.

掘削機　　　　굴삭기
땅 파는 기계.

屈辱感　　　　굴욕감
굴욕을 당하여 창피한 느낌.

窮極的　　　　궁극적
최종적인 목표.

窮生員　　　　궁생원
궁색한 선비.

卷頭言　　　　권두언
책머리에 쓰는 글.

權利證　　　　권리증
등기필증.

權威者   권위자
어떤 분야에서 뛰어나다고 인정을 받고 영향을
끼칠 수 있는 능력을 가진 사람.

倦怠期   권태기
흔히 부부관계에서 권태를 느끼는 시기.

詭辯家   궤변가
이해하기 힘든 말을 잘하는 사람.

貴金屬   귀금속
변하지 않고 항상 아름다운 금속.

歸原性   귀원성
물고기가 자신이 태어난 곳으로 돌아가서 알을
낳는 습성.

貴重本   귀중본
귀중하게 다뤄야 할 책.

奎章閣   규장각
임금의 글, 글씨, 어전 등을 보관하는 집.

均等割   균등세
주민세를 균등하게 부과하듯 하는 제도.

均衡美   균형미
균형이 잘 잡힌 데서 오는 아름다움.

克己心   극기심
자신의 감정을 다스리는 심지.

極端的   극단적
한편으로 지극히 치우친 것.

極樂殿   극락전
아미타불 부처님을 모셔놓은 집.

極烈化   극렬화
지나칠 정도로 극렬하게 됨

劇作家   극작가
연극의 각본을 전문적으로 쓰는 사람.

極限的   극한적
어떤 여건이나 행동이 한계에 이른 것.

近代化   근대화
근대적인 상태가 됨.

勤勞者   근로자
근로의 대가로 생활하는 사람.

勤勉性   근면성
부지런한 성품.

近視眼   근시안
가까운 거리만 보이는 시력. 눈앞의 일에만 구애
되어 먼 앞날의 일을 짐작하는 지혜가 없거나 소
견이 좁음을 비유적으로 이르는 말.

筋肉質   근육질
근육의 발달된 몸매.

根絶策   근절책
뿌리째 없애는 방책.

根菜類   근채류
뿌리를 먹는 채소류. 당근, 마늘, 무 등.

金剛經   금강경
금강 반야바라밀다 경의 준말.

金剛石   금강석
탄소로 이루어진 보석. 다이아몬드.

今明間   금명간
오늘 내일 사이.

金半指   금반지
금으로 만든 반지.

金一封   금일봉
금액을 적지 않고 봉투에 넣어서 주는 상금.

禁足令   금족령
외출을 통제하는 조치.

金婚式   금혼식
결혼한 지 50년이 되는 해를 기념하는 예식.

急浮上   급부상
갑자기 떠오름.

技能匠 　　　기능장
각 분야의 기능이 최고인 사람.

記憶力 　　　기억력
지난 것을 기억하는 능력.

期待感 　　　기대감
어떤 일이 이루어지기를 바라는 마음.

奇蹟的 　　　기적적
상상을 초월한 기이한 상황.

機動力 　　　기동력
상황에 따라 빠르게 대처하는 능력.

起重機 　　　기중기
무거운 물건을 들어 올리는 기계.

旣得權 　　　기득권
정당한 법규에 따라 이미 획득한 권리.

基地局 　　　기지국
휴대 전화의 송수신 전파를 중계하는 곳.

麒麟兒 　　　기린아
장래가 촉망되는 젊은이.

寄着地 　　　기착지
목적지에 가기 전 잠시 들르는 곳.

氣分派 　　　기분파
순간적인 기분에 따라 움직이는 사람.

基礎的 　　　기초적
사물의 밑바탕이 되는 것.

騎士道 　　　기사도
도덕, 윤리, 명예, 도리 등을 잘 지키는 정신.

寄託金 　　　기탁금
맡겨 둔 돈.

氣象圖 　　　기상도
날씨의 변화를 예상해서 그린 그림.

起爆濟 　　　기폭제
어떤 일이 일어나는 계기가 되는 것.

寄生蟲 　　　기생충
다른 동물에 기생하여 사는 벌레.

忌避症 　　　기피증
어떤 사물이나 현상을 기피하는 마음을 가짐.

旣成品 　　　기성품
미리 만들어진 물품.

嗜好品 　　　기호품
향기나 맛이 좋아 즐기는 것.

寄宿舍 　　　기숙사
학교나 직장에서 공동으로 생활하는 숙소.

緊迫感 　　　긴박감
몹시 긴장되고 급한 느낌.

技術職 　　　기술직
기술을 필요로 하는 직업.

▌다음 한자의 한자의 음을 우리말로 쓰시오.

01 加工費(   )   02 歌唱力(   )

03 看護師(   )   04 降水量(   )

05 改善策(   )   06 乾電池(   )

07 警戒心(   )   08 慶祝辭(   )

09 高性能(   )   10 骨董品(   )

11 公使館(   )   12 共通點(   )

13 管理職(   )   14 交響曲(   )

15 構成員(   )   16 救護品(   )

17 國語學(   )   18 國際化(   )

19 軍樂隊(   )   20 權威者(   )

21 貴金屬(   )   22 劇作家(   )

23 金剛石(   )   24 寄宿舍(   )

낙관론(樂觀論)~밀입국(密入國)

樂觀論　　　　　낙관론
사물을 밝게 보고 희망을 가지는 견해.

落伍者　　　　　닉오자
어떤 집단이나 경쟁 상대를 쫓아가지 못하여 뒤로 처진 사람.

樂天家　　　　　낙천가
세상과 인생을 좋은 면으로 생각하는 사람.

落下傘　　　　　낙하산
추락하는 충격을 완화하는 기구.

亂開發　　　　　난개발
자연 환경을 훼손하는 마구잡이 개발.

亂氣流　　　　　난기류
방향과 속도가 불규칙하게 흐르는 기류.

難問題　　　　　난문제
해결하기 어려운 문제.

難治病　　　　　난치병
치료하기 어려운 병.

南半球　　　　　남반구
지구의 적도를 기준으로 남쪽인 곳.

納骨堂　　　　　납골당
유골을 모셔 보관하는 곳.

納期日　　　　　납기일
세금, 요금 등의 납부기한을 정한 날.

納付金　　　　　납부금
납부해야 하는 돈.

納品價　　　　　납품가
물건을 납품하려고 정한 가격.

浪漫的　　　　　낭만적
현실적이지 않고, 환상적이고 공상적인 것.

浪費癖　　　　　낭비벽
돈을 필요하지 않은 곳에 쓰는 습관.

內閣體　　　　　내각제
의회의 신임을 행정부의 필수 요건으로 하는 정부 형태 .

耐久性　　　　　내구성
오래 견딜 수 있는 성질.

內亂罪　　　　　내란죄
헌법을 멸시하고 국가 전복을 기도한 죄.

耐力壁　　　　　내력벽
기둥과 같이 건물을 지탱하는 힘을 가진 벽.

內務班　　　　　내무반
군인들이 생활하고 잠을 자는 막사.

來訪客　　　　　내방객
찾아오는 손님.

耐性力　　　　　내성력
외부 힘을 견디는 힘.

內需用　　　　　내수용
국내에서 소비하는 물품.

內視鏡　　　　　내시경
몸속에 집어넣어 관찰하는 기구.

內從間　　　　　내종간
고모의 아들 딸.

內出血　　　　　내출혈
몸 안에서 피가 새는 질환.

冷血漢　　　　　냉혈한
인정이 없고 냉혹한 남자.

露骨的　　　　　노골적
숨기지 않고 있는 그대로 드러냄.

老鍊味　　　　　노련미
경험이 많아 익숙하고 능란한 솜씨.

老衰期　　　　　노쇠기
늙어서 기운이 쇠잔해진 시기.

露宿者　노숙자
길거리나 공원 등에서 잠을 자는 사람.

露店商　노점상
길거리에서 물품을 파는 가게.

論理的　논리적
이론적으로 맞는 이치.

論文集　논문집
논문을 모아 만든 책.

農繁期　농번기
농사일이 바쁜 시기.

農作物　농작물
농사지어서 얻는 수확물.

腦貧血　뇌빈혈
뇌의 혈액 순환이 잘 안 되는 병.

腦溢血　뇌일혈
뇌의 동맥이 터져 반신불수가 되는 병.

腦震蕩　뇌진탕
넘어지거나 충격을 받아 뇌가 정지됨.

累進稅　누진세
과세 물건의 값이 오를 때 증가하는 세금.

能動的　능동적
남의 힘을 빌리지 않고. 스스로 작용하는 것.

多段階　다단계
피라미드 형식의 조직으로 물건을 판매하는 것.

多變化　다변화
일이 다양하고 복잡해짐.

多寶塔　다보탑
다보여래의 사리를 모신 탑.

茶毘所　다비소
불교에서 화장터를 이름.

多世帶　다세대
여러 세대가 한 건물에 사는 것.

多用度　다용도
여러 가지 용도로 사용할 수 있는 물건.

斷頭臺　단두대
죄인을 처형하는 형틀.

單幕劇　단막극
하나의 막으로 극적인 사건을 구성한 연극.

端末機　단말기
중앙 처리장치에 연결되어 입력. 출력하는 장치.

斷末魔　단말마
금방 숨이 넘어 갈 때의 비명.

斷面圖　단면도
물체의 내부 구조를 보이기 위해 절단한 모습.

斷定的　단정적
어떤 사실에 대하여 딱 잘라 판단하거나 결정을
내리는 것.

單行本　단행본
단독으로 발행된 책.

擔保物　담보물
담보로 제공하는 물건.

膽石症　담석증
쓸개에 결석이 생겨 몹시 통증을 느끼는 질환.

淡彩畵　담채화
물감을 묽게 해서 그린 그림.

談話文　담화문
집권자가 공식적으로 발표하는 글.

糖尿病　당뇨병
혈액 속에 포도당이 많아져서 오줌에 당이 지나
치게 많이 나오는 현상이 오랫동안 계속되는 병.

當然視　당연시
당연한 것으로 여김.

當籤金　당첨금
복권, 행운권 등에서 추첨에 당첨되어 받는 돈

大關節 대관절
여러 말 할 것 없이 요점만 말하는 것.

大口脯 대구포
대구를 얇게 저며서 말린 것.

大局的 대국적
큰 판국이나 대체적인 판세에 따르는 것.

大氣圈 대기권
지구 둘레를 싸고 있는 대기의 범위.

大同法 대동법
조선 중엽에 현물로 바치던 것을 쌀로 통일하여
바치게 한 납세 제도.

大同譜 대동보
한 성씨의 내력을 총 집성한 족보.

對立的 대립적
서로 반대되거나 모순되는 것.

大麻草 대마초
환각제로 쓰는 삼의 이삭이나 잎.

代名詞 대명사
사람이나 사물의 이름을 대신 나타내는 말.

代書房 대서방
공문서를 대신 작성해주는 곳.

大盛況 대성황
매우 큰 성황. 매우 성대한 판.

大小事 대소사
크고 작은 일.

大乘的 대승적
작은 것에 연연하지 않고 큰 관점에서 봄.

對外秘 대외비
직무 수행 상 외부에 알리지 않는 비밀.

代用品 대용품
어떤 물품을 대신하여 쓰는 물품.

大院君 대원군
왕자가 없어 왕족 중 왕이 된 사람의 아버지.

對應策 대응책
어떤 일이나 사태에 대비하는 방책.

大字報 대자보
큰 글씨로 목적을 전하는 글.

大藏經 대장경
불경을 총 망라한 경서.

大丈夫 대장부
건장하고 씩씩한 사나이.

大長征 대장정
시간이 많이 걸리는 큰 행사나 일.

對照的 대조적
서로 달라서 대비되는 것.

大衆性 대중성
일반 대중이 다 같이 즐기며 좋아하는 것.

大體的 대체적
일이나 내용의 기본이 큰 줄기로 된 것.

大妥協 대타협
많은 반대 의견을 돌이켜 타협을 이룸.

大幅的 대폭적
수량이나 금액 따위의 차이가 큰 것.

代表作 대표작
개인이나 한 시대를 대표할 만한 작품.

待避壕 대피호
폭탄의 피해를 위해 파놓은 구덩이.

對抗力 대항력
맞서서 버티는 힘.

大型株 대형주
자본금의 규모가 큰 회사의 주식.

德不孤 덕불고
덕이 있는 사람은 외롭지 않다는 말.

度外視　　　　　도외시
안중에 두지 않고 무시함.

道義的　　　　　도의적
도의에 맞는 행위.

挑戰的　　　　　도전적
정면으로 맞서 해결하려는 태도.

陶醉境　　　　　도취경
어떤 일에 빠져 나올 수 없이 심취됨.

逃避處　　　　　도피처
도망쳐 피해 있는 곳.

導火線　　　　　도화선
사건 발생의 원인을 제공함.

獨立心　　　　　독립심
남에게 의지하지 않고 해결하려는 의지.

獨舞臺　　　　　독무대
혼자 북 치고 장구 치고 다 하려는 것.

獨步的　　　　　독보적
남이 따를 수 없을 만큼 특출함.

獨善的　　　　　독선적
자기만 잘 한다고 믿는 심리.

獨創力　　　　　독창력
새롭고 독특한 것을 만드는 재주나 능력.

督促杖　　　　　독촉장
약속이나 의무 이행을 독촉하는 문서.

突破口　　　　　돌파구
견고한 진지 등의 한쪽을 돌파하는 것.

憧憬心　　　　　동경심
어떤 것을 간절히 그리워하는 마음.

同氣間　　　　　동기간
형제자매 사이.

棟梁材　　　　　동량재
큰 나무. 장래가 촉망되는 인재.

同僚愛　　　　　동료애
동료를 아끼고 사랑하는 마음.

同盟國　　　　　동맹국
전쟁 시 함께 대응하기로 한 약속을 한 나라.

動物的　　　　　동물적
이성적이지 못하고 저돌적인 성질.

同情心　　　　　동정심
남의 어려운 처지를 안타깝게 여기는 마음.

同調者　　　　　동조자
남의 의견이나 일에 지지하는 사람

謄寫機　　　　　등사기
철필로 긁어 쓴 원지를 붙인 망판 위에 잉크 묻은
롤러를 굴려 인쇄하는 인쇄기.

登龍門　　　　　등용문
운명을 가름하는 중요한 시험대.

等閑視　　　　　등한시
대수롭지 않게 보아 넘김.

摩擦力　　　　　마찰력
두 물체가 마찰할 때의 저항력.

痲醉劑　　　　　마취제
마취할 때 쓰는 약.

漫談家　　　　　만담가
만담을 전문으로 하는 사람. 코미디언.

萬不當　　　　　만부당
전혀 가당치 않은 것.

慢性病　　　　　만성병
심하지도 않으며 잘 낫지 않는 고질병.

萬愚節　　　　　만우절
4월 1일. 악의 없는 거짓말로 웃기며 즐기는 날.

滿坐中　　　　　만좌중
수많은 사람 가운데.

晩學徒　　　　　　　만학도
늦은 나이에 공부하는 학생.

亡國的　　　　　　　망국적
나라를 망하게 할 정도의 큰 행위.

妄想症　　　　　　　망상증
잘못함을 옳다고 고집하는 망상의 증상.

亡身殺　　　　　　　망신살
몸을 망치거나 망신을 할 운수.

望遠鏡　　　　　　　망원경
물체를 크고 정확하게 보이게 하는 쌍안경.

望鄕歌　　　　　　　망향가
고향을 그리워하며 부르는 노래.

媒介體　　　　　　　매개체
둘 사이에서 일을 맺어주는 구실을 하는 것.

賣國奴　　　　　　　매국노
나라를 망치게 하는 짓을 한 사람.

賣笑婦　　　　　　　매소부
웃음을 파는 여자.

賣出帳　　　　　　　매출장
장사 내력을 기록한 책.

魅惑的　　　　　　　매혹감
남을 홀리게 하는 감정.

面紗布　　　　　　　면사포
신부의 얼굴을 가리는 얇은 하얀 천.

免稅點　　　　　　　면세점
외국인 여행자를 위해 세금을 면제한 판매점.

面識犯　　　　　　　면식범
피해자와 가해자가 서로 아는 사이에서 이루어진 사건의 범인.

免疫質　　　　　　　면역질
면역력이 매우 강한 체질.

免罪符　　　　　　　면죄부
죄를 면하는 대가로 금품을 받고 발행한 증명서.

免許稅　　　　　　　면허세
특정한 행위나 영업을 허가할 때 부과하는 세금.

名目的　　　　　　　명목적
실속이 없이 이름만 갖추어진 것.

名文家　　　　　　　명문가
대대로 유명한 집안.

明文化　　　　　　　명문화
문서로 규정한 내용.

名勝地　　　　　　　명승지
경치가 좋기로 이름난 장소.

名譽心　　　　　　　명예심
명예에 집착하는 마음.

命中率　　　　　　　명중률
목표물에 명중하는 비율.

明確性　　　　　　　명확성
명백하고 확실한 성품.

母權制　　　　　　　모권제
어머니가 모든 분야에서 지배권을 가진 제도.

謀利輩　　　　　　　모리배
온갖 수단과 방법으로 이익만 추구하는 무리.

謀免策　　　　　　　모면책
모면하려는 방책이나 꾀.

侮蔑感　　　　　　　모멸감
모멸을 당하는 느낌.

模範生　　　　　　　모범생
학업과 품행이 모범이 되는 학생.

模寫本　　　　　　　모사본
원본을 그대로 본떠서 만든 책.

矛盾的　　　　　　　모순적
서로 모순된 것. 종교와 과학의 관계 같은 것.

侮辱感	모욕감	無價紙	무가지
모욕을 당한 느낌.		돈을 받지 않고 무료로 배부하는 잡지나 보도지.	
模造紙	모조지	誣告罪	무고죄
강하고 질긴 두꺼운 종이.		죄가 없는 사람을 고발하는 죄.	
模造品	모조품	無關心	무관심
진품을 본떠서 똑같이 만든 물건.		전혀 관심을 갖지 않는 심리.	
毛筆畫	모필화	無機質	무기질
붓으로 그린 그림.		생체유지에 없어서는 안 되는 물질.	
冒險心	모험심	無力症	무력증
어려움을 무릅쓰고 개척하는 마음.		몸이 쇠약하여 힘이 없는 증세.	
模型圖	모형도	無賴漢	무뢰한
작품을 만들려고 미리 모형으로 만든 그림.		예의가 없고 불량한 짓을 하는 사람.	
木刻畫	목각화	無理數	무리수
나무판에 새긴 그림.		상황에 맞지 않는 무리한 생각이나 행위.	
目擊談	목격담	無法者	무법자
어떤 일을 눈으로 직접 본 사람의 말.		법을 무시하고 난폭한 행동을 하는 사람.	
牧民官	목민관	無報酬	무보수
고을의 원이나 수령. 지금의 지방 단체장.		돈을 받지 않고 일하는 것.	
牧會者	목회자	武士道	무사도
교회에서 신앙생활을 지도하는 사람.		무사로서 마땅히 지켜야 할 도리.	
沒常識	몰상식	無線鐵	무선철
상식이 아주 없는 사람.		책을 제본할 때 접착제로만 만드는 것.	
沒廉恥	몰염치	無聲詩	무성시
창피나 부끄러움을 모른 사람.		여러 가지 뜻을 간직한 훌륭한 그림.	
沒人情	몰인정	無誠意	무성의
인정이 메마른 사람.		일을 함에 정성이 없음.	
夢想家	몽상가	無所得	무소득
꿈같은 헛된 생각을 즐거하는 사람.		소득이나 수입금이 없음.	
夢遊病	몽유병	無心決	무심결
잠이든 상태에서 실제로 행동하는 질병.		깊은 생각 없이 가볍게 여김.	
描寫體	묘사체	無我愛	무아애
어떤 대상을 있는 그대로 그려낸 문체.		자신을 전혀 돌보지 않고 사랑하는 것.	

武勇談　　　　　무용담
자기가 잘 나가던 때의 이야기.

無意識　　　　　무의식
의식이 없는 상태. 생각이 없는 상태.

無慈悲　　　　　무자비
인정이 없이 비열한 행위를 함.

無作爲　　　　　무작위
꾸밈도 없고 사심도 없이 공평하게 처리함.

無酌定　　　　　무작정
아무 계산 없이 행동함.

無節制　　　　　무절제
행실도 금전도 낭비하는 형태.

無條件　　　　　무조건
반대급부가 없는 실행.

無盡藏　　　　　무진장
한없이 많이 있음.

無限大　　　　　무한대
한없이 크거나 많음.

武俠誌　　　　　무협지
협객들의 활력을 주제로 하는 소설 책.

黙祈禱　　　　　묵기도
소리를 내지 않고 속으로 기도함.

黙示的　　　　　묵시적
은연중에 뜻을 나타내 보이는 것.

問喪客　　　　　문상객
조문을 오신 손님.

文藝誌　　　　　문예지
시, 소설, 평론 따위의 문예 작품을 싣는 잡지 등.

文筆家　　　　　문필가
글을 전문으로 쓰는 사람.

文學賞　　　　　문학상
우수한 작품이나 공적이 큰 사람에게 주는 상.

文化圈　　　　　문화권
특징을 갖는 문화가 지역적으로 분포된 지역.

文化財　　　　　문화재
역사상, 예술상 가치가 높은 유물.

物動量　　　　　물동량
물자가 유동하는 양.

物理的　　　　　물리적
물질의 원리에 의해 이루어지는 힘.

未決囚　　　　　미결수
아직 형벌을 확정하지 않은 죄수.

未開國　　　　　미개국
문화가 발달하지 못하고 생활 수준이 낮은 나라.

未開拓　　　　　미개척
어떤 분야나 지역 따위가 아직 개발되거나 연구
되지 않음.

美觀上　　　　　미관상
미적인 관점에서 보는 것.

未來學　　　　　미래학
과학, 환경, 질병 등 미래 상황에 대비하는 학문.

未亡人　　　　　미망인
남편을 잃은 부인.

彌縫策　　　　　미봉책
눈가림만 하는 일시적인 대책.

未備點　　　　　미비점
제대로 갖추어져 있지 않은 부분.

微生物　　　　　미생물
현미경으로 볼 수 있는 작은 생물. 박테리아 등.

未成熟　　　　　미성숙
아직 성숙하지 못한 상태. 익숙하지 못한 상태.

未收金　　　　　미수금
아직 수금하지 못 한 돈.

未遂犯　　　　　　　미수범
범죄를 성공하지 못한 범인.

未熟兒　　　　　　　미숙아
태어날 때 2.5킬로 미만인 아이.

迷示族　　　　　　　미시족
기혼 여성이 미혼인 것처럼 꾸미고 처세함.

美食家　　　　　　　미식가
음식에 대해 관심이 많고 즐기는 사람.

微溫的　　　　　　　미온적
태도가 미지근한 것.

美人計　　　　　　　미인계
미인을 이용하여 남을 꾀는 계책.

未就學　　　　　　　미취학
아직 학교에 입학하지 않음.

未畢的　　　　　　　미필적
아직 실천에 옮기지 못함.

民防衛　　　　　　　민방위
적의 군사적 침략이나 천재지변에 대해서 생명
과 재산을 보호하기 위한 민간 차원의 조직적 방
어 행위. 또는 그 조직에 포함된 사람.

民事法　　　　　　　민사법
상법, 민법 등 재물에 따른 소송법.

民生苦　　　　　　　민생고
일반 백성의 생활에서 오는 고충.

民俗劇　　　　　　　민속극
풍습, 전설 등을 주제로 하는 연극.

民俗村　　　　　　　민속촌
고유한 민속을 간직하고 있는 마을.

民營化　　　　　　　민영화
정부에서 관여하던 사업을 민간에게 넘김.

民主的　　　　　　　민주적
민주주의에 적합함.

民衆的　　　　　　　민중적
민중을 위주로 하거나 민중에 의한 것.

密去來　　　　　　　밀거래
법을 어기면서 몰래 사고파는 행위.

密貿易　　　　　　　밀무역
허가 받지 않고 몰래 무역하는 행위.

密搬出　　　　　　　밀반출
몰래 물건을 빼돌림.

密輸品　　　　　　　밀수품
몰래 수입한 물품.

密入國　　　　　　　밀입국
절차를 밟지 않고 몰래 들어옴.

▌다음 한자의 한자의 음을 우리말로 쓰시오.

01 樂天家( )		02 落下傘( )	
03 耐久性( )		04 農作物( )	
05 多世帶( )		06 單行本( )	
07 對外秘( )		08 大藏經( )	
09 代表作( )		10 導火線( )	
11 獨創力( )		12 同僚愛( )	
13 登龍門( )		14 萬愚節( )	
15 望遠鏡( )		16 面紗布( )	
17 免稅點( )		18 名勝地( )	
19 模範生( )		20 模造品( )	
21 牧民官( )		22 無關心( )	
23 文學賞( )		24 美食家( )	

박람회(博覽會)~빙초산(氷醋酸)

博覽會   박람회
온갖 물품을 전시하여 산업 발전을 꾀하는 전시.

博物館   박물관
역사적 유물, 미술, 학술적 자료를 전시하는 곳.

迫進感   박진감
표현 등이 실제와 가까운 느낌.

半導體   반도체
고온에서만 전류가 통하는 물질.

伴侶者   반려자
짝이 되는 사람.

反撥心   반발심
어떤 행동이나 상태에 대한 반작용으로 생기는 마음.

反比例   반비례
어떤 사물이나 사실과 반대로 견주어짐.

班常會   반상회
행정 단위의 최고 말단 기구의 월례 모임.

半承落   반승낙
대체로 좋겠다는 정도로 승낙함.

反逆罪   반역죄
나라나 민족을 배반하거나 통치자의 권한을 빼앗으려고 함으로써 성립하는 죄.

搬出證   반출증
물건을 내보내는 것을 증명하는 증서.

反抗期   반항기
아동 정신 발달의 한 단계로, 자아의식이 강화되어 부모나 어른들 또는 기존 질서를 유난히 거슬러서 자신을 드러내려 하는 시기.

返還點   반환점
장거기 경주에서 되돌아오는 지점.

發起文   발기문
무슨 일을 시작할 때 취지를 알리는 글.

發起人   발기인
어떤 일을 함께 도모할 때 앞서는 사람.

發祥地   발상지
역사상 큰 사업이나 문화가 시작된 곳.

發案者   발안자
어떤 안을 생각해낸 사람.

發展性   발전성
앞으로 더 나아질 가능성.

發行人   발행인
출판물을 발행한 사람. 펴낸이.

醱酵菌   발효균
유기 화합물의 분해를 돕는 균.

芳名錄   방명록
어떤 행사에 참석한 사람들의 명단을 적은 책.

放牧場   방목장
짐승을 놓아기르는 일정한 장소.

訪問客   방문객
찾아오는 손님.

防腐劑   방부제
미생물의 활동을 막고 부패를 예방하는 약제.

防備策   방비책
재해나 사고를 예방하는 대책.

放射能   방사능
원자핵이 붕괴하면서 방사선을 방출하는 현상.

防水劑   방수제
물이 스며들지 못하게 하는 재질.

防濕劑   방습제
건물 내부에 습기를 방지하는 도료.

防禦力   방어력
상대편의 공격을 막아내는 힘.

方程式   방정식
미지수가 포함된 식에서, 그 미지수에 특정한 값을 주었을 때에만 성립하는 등식.

防潮林　　　　　　　　　방조림
해풍, 해일을 방지하려고 심은 나무.

幇助罪　　　　　　　　　방조죄
남의 범죄 행위를 도와줌으로써 성립되는 죄.

防蟲網　　　　　　　　　방충망
파리나 모기 등의 해충의 침입을 막는 그물망.

防彈車　　　　　　　　　방탄차
방탄 장치를 한 자동차.

放蕩兒　　　　　　　　　방탕아
술, 성적 쾌락, 노름 따위에 과도하게 빠져 바르게 살지 못하는 사내.

防寒服　　　　　　　　　방한복
추위를 막기 위해 입는 옷.

芳香劑　　　　　　　　　방향제
좋은 향을 첨가해 기분을 좋게 하는 약제.

賠償金　　　　　　　　　배상금
손해를 보상하는 금액.

配線圖　　　　　　　　　배선도
배선의 방법, 위치, 전선의 굵기와 길이 따위를 나타낸 그림.

排泄物　　　　　　　　　배설물
불필요한 물질을 배출한 것. 오줌, 똥, 땀 등.

背水陣　　　　　　　　　배수진
큰 물을 뒤에 두고 치는 진.

背信感　　　　　　　　　배신감
상대방이 믿음과 의리를 저버린 것에 대한 불쾌한 느낌.

培養機　　　　　　　　　배양기
인공적으로 미생물을 기르는 기구.

培養土　　　　　　　　　배양토
식물을 기르기 위해 거름을 섞어 만든 흙.

配偶者　　　　　　　　　배우자
부부의 한쪽에서 본 다른 쪽.

配置圖　　　　　　　　　배치도
인원이나 물자의 배치를 표시한 도면.

排他心　　　　　　　　　배타심
다른 사람을 멀리 하려는 마음.

白內障　　　　　　　　　백내장
눈의 수정체가 흰색으로 변하는 증세.

白首文　　　　　　　　　백수문
'천자문'의 다른 말. 천자문을 만들고 머리가 희게 변했다고 함.

白堊館　　　　　　　　　백악관
미국 대통령이 집무하는 곳.

白日夢　　　　　　　　　백일몽
실현될 수 없는 헛된 꿈을 일컬음.

百日齊　　　　　　　　　백일제
돌아가신 지 백 번째 되는 날.

伯仲勢　　　　　　　　　백중세
실력이 막상막하인 형세.

白紙化　　　　　　　　　백지화
지난 일을 없던 것으로 함.

白痴美　　　　　　　　　백치미
지능이 모자란 것 같은 순수한 아름다움.

白血病　　　　　　　　　백혈병
혈액속의 백혈구 세포가 부족한 질병.

百貨店　　　　　　　　　백화점
대규모 현대식 종합상점.

碧溪水　　　　　　　　　벽계수
맑고 푸른 물.

碧昌牛　　　　　　　　　벽찰호
고집이 세고 미련한 사람을 일컬음.

辨理士　　　　　　　　　변리사
특허, 상표, 디자인 등의 대리 감정을 돕는 사람.

辨別力 변별력
사물의 옳고 그름이나 좋고 나쁨을 가리는 능력.

變聲期 변'성기
사춘기에 성대의 변화로 목소리가 변하는 시기.

變節者 변절자
약속을 어기고 의리 없이 행동하는 사람.

變則的 변칙적
원칙에서 벗어나 달라진 것.

變態的 변태적
정상이 아닌 상태의 행위를 하는것.

別産制 별산제
부부가 따로 재산을 관리하는 제도.

瞥眼間 별안간
갑작스럽고 아주 짧은 시간. 갑자기.

別定職 별정직
법률에 의한 특별한 규정이 없는, 국가 및 지방
공무원법의 적용을 받지 아니하는 공직.

別天地 별천지
범상치 않은 경이로운 경치.

病問安 병문안
병중에 있는 환자를 찾아가 위로함.

病保釋 병보석
구류중인 미결수가 병이 날 경우 석방하는 것.

保身策 보신책
자신의 몸을 보전하기 위한 대책.

保眼鏡 보안경
눈을 보호하는 안경.

補身湯 보신탕
몸에 원기를 도와주는 국. 개장국을 일컬음.

保安燈 보안등
외진 곳이나 골목에 범죄 예방을 위해 설치한 등.

保存費 보존비
어떤 물건을 관리 보전하는 데 쓰는 경비.

保證金 보증금
입찰 또는 계약을 맺을 때 계약 이행의 담보로 내
는 금전.

補聽器 보청기
청력을 도와주는 기구.

補充隊 보충대
병력을 보충하기 위해 대기하는 부대.

普遍化 보편화
일반인에게 퍼지게 함.

保護幕 보호막
위험, 파괴 등으로부터 보호하기 위해 만든 막.

腹腔鏡 복강경
복강을 들여다보는 내시경 종류.

復古風 복고풍
과거의 사상이나 전통으로 되돌아가려는 것.

福德房 복덕방
중개인 사무소.

複利法 복리법
이자에 이자가 더해지는 예금 방법.

覆馬殿 복마전
나쁜 일을 꾸미는 무리가 있는 곳을 비유함.

腹膜炎 복막염
복막에 염증이 생겨, 배가 부풀어 오르고 뱃가죽
이 땅기고 열이 심한 증상.

複寫機 복사기
문서, 자료 등을 복사하는 기구.

復讐心 복수심
복수하려고 벼르는 마음.

復讐戰 복수전
경기나 오락 따위에서 진 것을 설욕하려는 것.

復原力	복원력
본래의 위치로 돌아가려는 힘.	

複製品	복제품
본래의 것과 똑같이 본떠 만든 것.	

僕從心	복종심
명령이나 의사에 그대로 따르는 마음.	

復學生	복학생
정학이나 휴학을 마치고 복학하는 학생.	

本故鄉	본고향
태어난 곳.	

本能的	본능적
선천적인 감정에 충실한 것.	

本尊像	본존상
법당에 모신 부처님 중 으뜸가는 부처님 상.	

本草學	본초학
약제로 쓰는 모든 것을 연구하는 학문.	

鳳仙花	봉선화
손톱에 물들이는 꽃. '봉숭아'라고도 함.	

婦女子	부녀자
결혼한 여자와 성숙한 여자.	

負擔感	부담감
책임과 의무를 지켜야 한다고 생각하는 마음.	

負擔額	부담액
책임지고 내야 할 돈의 액수.	

不道德	부도덕
도리에 어긋남.	

不動産	부동산
이동할 수 없는 재산.	

浮動票	부동표
정세나 분위기에 따라 좌우되는 표심.	

部分的	부분적
일부분에만 적용되는 것.	

副士官	부사관
장교와 사병 사이의 직급. 하사관.	

副産物	부산물
주산물을 제외한 부속 산물.	

父性愛	부성애
자식데 대한 아버지의 사랑.	

附隨的	부수적
본래의 목적 외에 이차적인 것.	

副食品	부식품
주식이 아닌 다른 음식. 간식 류.	

浮揚策	부양책
침체된 경기를 일으켜 세우는 방책.	

腐葉土	부엽토
풀, 낙엽 따위가 썩어서 만들어진 흙.	

賻儀金	부의금
초상난 집에 보내는 조의금. 위로금.	

副作用	부작용
본래의 의도가 아닌 결과가 나온 것.	

不作爲	부작위
마땅히 해야 할 일을 하지 않아 생긴 나쁜 결과.	

不適切	부적절
어떤 일을 하기에 조건이 적합하지 않은 것.	

副專攻	부전공
전공 분야 외에 덧붙여 연구하는 분야.	

不戰勝	부전승
싸우지 않고 추첨이나 기권으로 승리함.	

不節制	부절제
의욕을 절제하지 못함.	

不整脈	부정맥
심장의 박동이 불규칙한 상태.	

否定的	부정적
옳다고 인정하지 못하는 것.	

不正品　　　　　　　　부정품
부당한 방법으로 만들었거나 불법으로 얻은 것.

不正確　　　　　　　　부정확
바르지 않거나 확실하지 않음.

不條理　　　　　　　　부조리
도리에 어긋나거나 이치에 맞지 않은 일.

不足分　　　　　　　　부족분
일정한 기준에 물량. 조건. 따위가 모자란 량.

附着力　　　　　　　　부착력
서로 다른 물체가 결합하려는 힘.

腐敗菌　　　　　　　　부패균
물질을 부패시키는 세균. 박테리아.

浮萍草　　　　　　　　부평초
물에 떠돌며 사는 풀. 의지할 데가 없어 정처 없
이 떠도는 신세를 비유적으로 이르는 말.

憤慨心　　　　　　　　분개심
몹시 분하게 여기는 마음.

分岐點　　　　　　　　분기점
사물의 습성 따위가 서로 달라지는 지점.

紛丹粧　　　　　　　　분단장
얼굴에 화장을 하는 것.

噴霧器　　　　　　　　분무기
물이나 약품을 분사시켜 내뿜는 기구.

分別力　　　　　　　　분별력
세상 일의 옳고 그름을 판단하는 능력.

分泌液　　　　　　　　분비액
분비샘에서 나오는 분비물. 땀. 눈물 등.

分析力　　　　　　　　분석력
사물의 현상을 정확히 분석할 수 있는 능력.

分水嶺　　　　　　　　분수령
중요한 고비나 발전의 전환점.

粉食店　　　　　　　　분식점
주로 밀가루로 만든 음식을 파는 식당.

紛失物　　　　　　　　분실물
잃어버린 물건.

分讓價　　　　　　　　분양가
땅, 건물 따위를 나누어 받고 내는 돈.

分裂症　　　　　　　　분열증
정신이 혼란스러운 상태를 가져오는 증세.

雰圍氣　　　　　　　　분위기
어떤 장소나 회합에 감도는 기운.

分布圖　　　　　　　　분포도
조사 대상의 사물들이 퍼져 있는 상태를 나타낸
도표나 지도.

噴火口　　　　　　　　분화구
화산의 분출이 솟아오르는 구멍.

不可缺　　　　　　　　불가결
없어서는 안 되는 중요한 사항.

不可能　　　　　　　　불가능
할 수 없음. 가능하지 아니함.

不可不　　　　　　　　불가불
하지 않을 수 없는 사실.

不感症　　　　　　　　불감증
감각이 둔하여 잘 느끼지 못하는 증세.

不敢請　　　　　　　　불감청
부탁하고 싶어도 감히 청원하지 못함.

不景氣　　　　　　　　불경기
상업이나 생산 활동에 활기가 없는 상태.

不公正　　　　　　　　불공정
한쪽으로 치우쳐 공평하지 못한 것.

不具化　　　　　　　　불구화
불구가 됨. 그렇게 되도록 함.

不規則	불규칙	**不燃性**	불연성
일정한 규정에 어긋남.		불에 타지 않는 성질.	
不均衡	불균형	**不安全**	불안전
균형이 잡히지 않음.		안전하지 못하고 불안함.	
佛蘭西	불란서	**不遠間**	불원간
프랑스의 漢文語.		멀지 않은 앞날에.	
不良輩	불량배	**不請客**	불청객
행실이나 태도가 나쁜 무리.		초청하지 않았는데 찾아오는 사람.	
不良品	불량품	**不親切**	불친절
품질이나 상태가 나쁜 물건.		친절하지 못한 것.	
不眠症	불면증	**不寢番**	불침번
밤에 잠을 못 이루는 증세.		남이 자는 시간에 보초를 서는 것.	
不忘記	불망기	**不透明**	불투명
잊지 말아야 할 사항을 적어놓은 글.		맑고 투명하지 못 한 것.	
不名譽	불명예	**不必要**	불필요
명예롭지 못하고 부끄러운 것.		필요하지 않은 것.	
不毛地	불모지	**不確實**	불확실
작물이 자라지 못하는 쓸모없는 땅.		확실하지 못함.	
不問律	불문율	**不孝子**	불효자
어떤 집단에서 암묵 중에 지켜야 할 약속.		효도를 다하지 못한 자식.	
不法性	불법성	**備考欄**	비고록
법을 도외시한 행위.		참고사항이나 보충 설명하는 지면.	
不服從	불복종	**非公認**	비공인
명령이나 지시에 따르지 않는 것.		공식적으로 인정받지 못한 것.	
不分明	불분명	**非公開**	비공개
태도가 분명하지 못하고 우왕좌왕 하는 것.		공개하지 않고 비밀리에 처리함.	
不世出	불세출	**非課稅**	비과세
세상에 보기 어려운 특출한 인재.		세금을 부과하지 않음.	
不純物	불순물	**悲觀論**	비관론
순수하지 못하고 이물질이 섞여 있음.		인생을 어둡게만 보는 생각.	
不信感	불신감	**非金屬**	비금속
믿음이 안 가는 느낌.		금속 제품이 아닌 것.	

非對稱　　　　　　비대칭
양쪽이 다르게 보이거나 다른 것.

非常口　　　　　　비상구
위급한 일이 있을 때 대피하는 출구.

非常金　　　　　　비상금
비상 시에 쓰기 위해 준비해 둔 돈

飛躍的　　　　　　비약적
급격하게 발전하거나 향상된 것.

非需期　　　　　　비수요
수요가 적은 시기.

比喩的　　　　　　비유적
빗대어 표현하는 것.

肥肉牛　　　　　　비육우
질 좋은 고기를 얻기 위해 특별히 기르는 소.

批判力　　　　　　비판력
옳고 그름을 판단하는 능력.

庇護罪　　　　　　비호죄
범인을 감추어주고 보호한 죄.

非效率　　　　　　비효율
노력에 비해 결과가 별로인 것.

頻尿症　　　　　　빈뇨증
오줌을 조금씩 자주 보는 증상.

貧民街　　　　　　빈민가
가난한 사람들이 사는 동네.

貧益貧　　　　　　빈익빈
가난한 사람들이 더욱 가난해지는 것.

貧血症　　　　　　빈혈증
피가 부족한 증상.

氷醋酸　　　　　　빙초산
16도 이하에서 얼음이 되는 순수한 아세트산.

▌다음 한자의 한자의 음을 우리말로 쓰시오.

01 博物館( )	02 返還點( )
03 芳名錄( )	04 防潮林( )
05 防寒服( )	06 背水陣( )
07 伯仲勢( )	08 百貨店( )
09 病問安( )	10 保證金( )
11 複製品( )	12 本尊像( )
13 負擔額( )	14 副産物( )
15 賻儀金( )	16 副作用( )
17 分岐點( )	18 紛失物( )
19 不名譽( )	20 不請客( )
21 備考欄( )	22 非常口( )
23 批判力( )	24 氷醋酸( )

사교육(私敎育)~십팔번(十八番)

私敎育　　　　　　　　사교육
학교가 아닌 곳에서 가르치는 공부.

社交性　　　　　　　　사교성
남과 잘 사귀는 성질.

四君子　　　　　　　　사군자
동양화에서 군자와 같다는 뜻으로, 매화, 난초,
국화, 대나무를 이르는 말.

詐欺罪　　　　　　　　사기죄
남을 속여 손해를 입힌 죄.

査頓宅　　　　　　　　사돈댁
자식 부부의 양가 댁. 사돈집.

司令部　　　　　　　　사령부
사단 급 이상의 부대에서 지휘 통솔하는 곳.

謝禮金　　　　　　　　사례금
고마움을 표현하는 돈.

四輪車　　　　　　　　사륜차
바퀴가 네 개 달린 자동차.

舍利塔　　　　　　　　사리탑
부처님의 사리를 묻은 탑.

沙漠化　　　　　　　　사막화
자연 파괴로 사막이 넓어지는 현상.

使命感　　　　　　　　사명감
주어진 임무를 수행하려는 기개나 책임감.

私文書　　　　　　　　사문서
개인이 권리, 의무 등을 기록한 문서.

死文化　　　　　　　　사문화
조문은 있으나 법령이나 규칙 따위가 효력을 잃
어버린 것.

砂防林　　　　　　　　사방림
산이나 바닷가에 산사태를 막기 위해 심은 나무.

司法府　　　　　　　　사법부
법을 집행하는 모든 부서.

四福音　　　　　　　　사복음
마태복음. 마가복음. 누가복음. 요한복음.

思想犯　　　　　　　　사상범
사회체제를 비판하고 파괴하려는 계획을 하다
잡힌 사람.

私生兒　　　　　　　　사생아
법률상 부부가 아닌 사이에서 태어난 아이.

私生活　　　　　　　　사생활
개인의 사사로운 생활.

邪神敎　　　　　　　　사신교
사악한 신이나 우상을 모시는 종교.

事實婚　　　　　　　　사실혼
사실은 부부이면서 혼인신고를 아니한 사이.

砂壤土　　　　　　　　사양토
진흙이 적고 고운 모래가 섞인 부드러운 흙.

査閱式　　　　　　　　사열식
군인들이 단체로 대열을 하는 의식.

使用主　　　　　　　　사용주
일정한 임금이나 품삯을 주고 사람을 부리는 사
람.

私有權　　　　　　　　사유권
개인의 재산을 보유할 수 있는 권리.

死六臣　　　　　　　　사육신
이개. 하위지. 유성원. 유응부. 성삼문. 박팽년.

謝恩會　　　　　　　　사은회
동창생들이 스승의 은혜에 보답하는 연회.

史蹟地　　　　　　　　사적지
역사적으로 중요한 사건이나 자취가 남아있는 곳.

使節團　　　　　　　　사절단
국가의 임무를 가지고 외국에 가는 단체.

私租織　　　　　　　　사조직
개인이 조직한 모임.

社稷壇　　　　　사직단
임금이 백성을 위해 토신, 곡신에게 제사 지내는 곳.

辭職願　　　　　사직원
사직을 원하는 서류. 사직서.

寫眞館　　　　　사진관
사진을 전문으로 찍는 집.

寫眞帖　　　　　사진첩
사진을 붙이거나 끼워서 보존하는 첩지.

思春期　　　　　사춘기
몸의 생식기능이 거의 완성되며 이성을 생각함.

奢侈稅　　　　　사치세
사치품에 부과하는 특별 소비세.

師親會　　　　　사친회
육성회의 전신.

射倖性　　　　　사행성
요행을 바라는 마음이 큰 성품.

社會惡　　　　　사회악
사회의 모순된 것. 마약, 범죄, 도박, 매음 등.

散發的　　　　　산발적
때때로 여기 저기 흩어져 나타나는 것.

山沙汰　　　　　산사태
큰비나 지진으로 바위나 흙이 무너져 내림.

山水畵　　　　　산수화
자연의 풍경을 그린 그림.

産業化　　　　　산업화
대량 생산을 하는 것.

散策路　　　　　산책로
산책할 수 있게 만든 길.

産婆役　　　　　산파역
어떤 일을 이루어 내는 역할을 담당함.

殺菌劑　　　　　살균제
살균하는 데 쓰는 약. 알코올, 크레졸 등.

殺生簿　　　　　살생부
조직에서 죽이고 살릴 인명을 적은 책.

殺生罪　　　　　살생죄
동물을 죽이고 무자비한 행동을 한 죄.

撒水機　　　　　살수기
물을 뿌리는 기구.

殺蟲燈　　　　　살충등
해충을 잡기 위하여 만든 등불.

撒布劑　　　　　살포제
뿌리는 약제의 총칭.

三德誦　　　　　삼덕송
믿음, 소망, 사랑의 세 가지를 구하는 기도문.

森林浴　　　　　삼림욕
산이나 숲속에 들어가 숲의 향기에 젖는 것

三損友　　　　　삼손우
아부하는 벗. 말만 잘 하는 벗. 착하기만 한 벗.

三益友　　　　　삼익우
정직한 사람. 재주 많은 사람. 견문이 많은 사람.

三惡聲　　　　　삼악성
죽을 때 소리, 불났을 때 소리, 도둑들 때 소리.

三喜聲　　　　　삼희성
다듬이 소리, 글 읽는 소리, 갓난아기 우는소리.

相見禮　　　　　상견례
예비신랑 신부의 친지가 함께 접견하는 것.

相對性　　　　　상대성
사물이 서로 의존적인 관계가 있는 성질.

商道義　　　　　상도덕
상업 활동에서 지켜야 할 도리.

常綠樹　　　　　상록수
춘. 하. 추. 동. 항상 푸른 나무.

上半身　　　　　상반신
허리 위로의 몸체.

常備軍	상비군
유사시를 대비한 군사.

相思病	상사병
이성을 몹시 그리워하는 마음.

常設館	상설관
언제든지 이용할 수 있는 건물.

相續權	상속권
상속을 받을 수 있는 권리.

常習的	상습적
어떤 일을 버릇처럼 하는 것.

喪失感	상실감
잃어버린 후의 느낌이나 감정.

象牙塔	상아탑
학술 연구에 몰두하는 곳.

象徵的	상징적
추상적인 사실이나 생각, 느낌 따위를 구체적인 사물로 나타내는 것.

狀況室	상황실
전반적인 현황을 파악할 수 있게 마련한 곳.

生動感	생동감
작품이 마치 살아 움직이는 느낌.

生六臣	생육신
이맹전. 조여. 원호. 김시습. 성담수. 남효온.

生庭門	생정문
효자나 열녀를 기리기 위해 동네 어귀에 세운 문.

生地獄	생지옥
고통스럽고 어려운 형편을 일컬음.

敍事體	서사체
사실을 객관적으로 묘사해서 쓴 글.

棲息地	서식지
동물이 깃들여 사는 곳.

書藝家	서예가
붓글씨를 직업적으로 쓰는 사람.

抒情文	서정문
자기의 주관적인 감정이나 정서를 표현한 글.

石刻畵	석각화
돌이나 바위에 새긴 그림.

釋迦塔	석가탑
석가모니의 신체 일부나 사리를 모신 탑.

石間水	석간수
바위틈에서 나오는 샘물.

石膏像	석고상
석고로 만든 조각이나 인물상.

石窟庵	석굴암
경주의 토함산에 있는 대표적인 석굴 사원.

釋誕日	석탄일
석가모니의 생일.

錫婚式	석혼식
결혼 10주년을 기념하는 날.

先覺者	선각자
남보다 먼저 깨달은 사람.

選管委	선관위
선거를 관장하는 기관.

宣敎師	선교사
외국에 파견하여 선교활동을 하는 사람.

先驅者	선구자
일이나 사상을 남보다 먼저 개척하는 사람.

煽動的	선동적
남이 따라오도록 하는 행위.

說問紙	설문지
어떤 주제에 대하여 의견을 묻는 질문지.

雪辱戰	설욕전
이전의 패배를 복수하려는 시합

聖歌隊 　　　　성가대
예배나 미사를 거행할 때 성가를 부르는 합창단.

性感帶 　　　　성감대
외부의 자극으로 쾌감을 느끼는 부위.

成果給 　　　　성과급
일의 성과를 기준으로 지급하는 임금.

成均館 　　　　성균관
유교의 교육을 맡아보던 관아.

性倒錯 　　　　성도착
변태적인 정신 질환.

性善說 　　　　성선설
인간의 본성은 착하다는 맹자의 이론.

盛需期 　　　　성수기
상품이나 서비스의 수요가 많을 때.

成熟期 　　　　성숙기
육체와 정신의 성장이 한창인 시기.

誠實性 　　　　성실성
정성스럽고 진실한 성품.

成人病 　　　　성인병
중년 이후 많이 생기는 병. 고혈압, 당뇨 등.

成長勢 　　　　성장세
어떤 일이나 사물의 규모나 세력 따위가 커지거
나 발전의 속도가 빨라지는 추세.

聖誕節 　　　　성탄절
12월 24일부터 1월 1일까지의 기념절.

聖火臺 　　　　성화대
올림픽경기나 전국체전 때 불을 켜 놓는 곳.

勢力圈 　　　　세력권
힘이 미치는 범위.

洗煉美 　　　　세련미
잘 다듬어진 것에서 오는 느낌.

稅務署 　　　　세무서
내국세의 사무를 맡아보는 지방 관청.

稅務士 　　　　세무사
세무에 관한 일을 대신 하거나 상담하는 사람.

細分化 　　　　세분화
여러 갈래로 나누거나 나누어짐.

世俗的 　　　　세속적
일반 관습에 따르는 것.

洗淨劑 　　　　세정제
깨끗하게 하는 데 쓰는 약제. 세척제.

燒却爐 　　　　소각로
쓰레기나 폐기물 등을 태우는 그릇.

消極策 　　　　소극적
스스로 하려는 태도나 마음가짐이 부족함.

遡及法 　　　　소급법
개정된 규정에 따라 예전 것까지 소급하는 것.

少年院 　　　　소년원
보호 처분에 따라 소년들을 교화시키는 곳.

所得稅 　　　　소득세
개인의 소득에 의하여 부과하는 국세.

所得原 　　　　소득원
소득을 생기게 하는 원천.

消耗量 　　　　소모량
소비하는 물량.

消耗症 　　　　소모증
체중이 점점 줄어드는 질환.

小說化 　　　　소설화
어떤 이야기를 소설로 만듦.

所屬感 　　　　소속감
자신이 어떤 집단에 소속되어 있다는 감정.

消息通 　　　　소식통
어떤 일의 사정을 잘 아는 사람.

小失點   소실점
두 개의 선이 멀어지면 하나로 보이는 지점.

消炎劑   소염제
염증을 치료하고 방지하는 약품.

疎外感   소외감
남에게 따돌림을 당하는 느낌.

所有權   소유권
법률적으로 어떤 물건을 소유할 수 있는 권리.

少陰人   소음인
소화기 계통이 약하고 생식기 계통이 강한 체질.

少陽人   소양인
소화기 계통이 강하고 생식기 계통이 약한 체질.

小作權   소작권
소작료를 주고 농사 지울 수 있는 권리를 가짐.

小壯派   소장파
젊고 의기가 왕성한 사람들로 이루어진 무리

所持罪   소지죄
소지만해 도 죄가 성립되는 죄. 총포류. 마약 등.

消火栓   소화전
화재 진압을 위해 상수도에 연결한 호수.

俗物的   속물적
명예나 눈앞의 이익만을 좇는 것.

速射砲   속사포
탄약을 쉽게 끼울 수 있어 빠르게 쏠 수 있는 총.

贖罪羊   속죄양
남의 죄를 대신하는 사람.

損財數   손재수
재물의 손해를 보는 운수.

送金換   송금환
현금 대신 환어음을 보내 바꾸어 쓰게 하는 것.

頌德碑   송덕비
공덕을 기리기 위하여 세우는 비석.

送別會   송별회
이별의 서운함을 달래고 행운을 바라며 베푸는 모임

送水管   송수관
수돗물을 보내는 수도관.

送信塔   송신탑
전파를 보내기 위해 세운 탑.

碎氷船   쇄빙선
어름을 깨서 뱃길을 만드는 배.

首腦部   수뇌부
단체나 기관의 가장 중요한 사람들.

修道院   수도원
수녀나 수사가 규율에 따라 공동생활을 하는 곳.

受動的   수동적
자력이 아닌 다른 작용에 의해 움직임.

修羅床   수라상
임금님의 밥상. 진수성찬을 일컬음.

手榴彈   수류탄
근접 전투에서 쓰는 소형 폭탄.

修了證   수료증
일정한 학과를 다 배운 사람에게 주는 증서.

睡眠病   수면병
계속 잠만 자려고 하는 질병.

受配者   수배자
수배를 받는 사람.

守備隊   수비대
일정한 지역을 수비하는 부대.

修辭法   수사법
말이나 글을 꾸미고 다듬는 기교.

搜查陣   수사진
범죄 수사를 위한 수사관들로 이루어진 진용.

水産物 수산물
바다, 호수, 강 따위에서 나오는 산물.

受像機 수상기
방송된 영상 전파를 받아 화상으로 변환시키는 장치.

搜索網 수색망
수색하기 위하여 그물처럼 수색하는 것.

搜所聞 수소문
세상에 떠도는 이야기를 토대로 찾아내는 것.

修習生 수습생
실무를 배워 익히는 과정에 있는 사람.

受信函 수신함
우편물을 받기 위해 마련한 상자.

手藝品 수예품
손으로 만든 작품.

手腕家 수완가
일을 꾸미고 치르는 재주가 좋은 사람.

水準級 수준급
상당히 높은 경지에 다다른 실력을 가짐.

手指針 수지침
손발의 혈에 짧은 침을 1-2미리 정도 꽂는 침.

收集癖 수집벽
수집하기를 즐기는 버릇.

水彩畵 수채화
서양화에서 물감을 물에 풀어서 그린 그림.

受惠者 수혜자
혜택을 받은 사람.

守護神 수호신
국가, 민족, 개인 등을 지켜주는 신.

手話法 수화법
농아 교육에서 손짓으로 이야기하는 방법.

收穫期 수확기
농작물을 거두어들이는 시기.

手荒症 수황증
병적으로 남의 것을 훔치는 손버릇.

熟練工 숙련공
기술이 무르익은 기술자.

宿命論 숙명론
운수나 운명이 모두 정해져 있다고 보는 견해.

殉敎者 순교자
자기가 믿는 종교를 위하여 목숨을 바친 사람.

巡禮者 순례자
종교의 성지를 순례하는 사람.

瞬發力 순발력
순간적으로 힘을 낼 수 있는 능력.

純所得 순소득
비용을 제외한 순수한 소득.

純粹性 순수성
순수한 성질.

巡洋艦 순양함
전투력은 부족하나 기동력이 뛰어난 군함.

順天命 순천명
하늘의 뜻에 따름.

循環系 순환계
신체의 각 부분에 영양, 호르몬, 산소 따위를 공급하고 노폐물의 배출을 관장하는 기관의 계통.

循環期 순환기
자연현상 또는 인위적 기일이 순환하는 기간.

昇降機 승강기
동력으로 사람이나 화물을 오르내리게 하는 기계.

承繼人 승계인
남에게서 권리를 넘겨받은 사람.

乘務員　　　　　　　　　승무원
비행기, 배 등에서 승객을 보살피는 사람.

勝負慾　　　　　　　　　승부욕
싸움이나 경기 등에서 이기고자하는 욕심.

視覺化　　　　　　　　　시각화
볼 수 없는 것을 볼 수 있는 형태로 만든 것.

試供品　　　　　　　　　시공품
시험적으로 써보도록 하는 물품.

試金石　　　　　　　　　시금석
어떤 사물의 가치나 어떤 사람의 역량을 판단하
는 기준이 될 만한 것.

試鍊期　　　　　　　　　시련기
고난을 겪는 시기.

始末書　　　　　　　　　시말서
잘못한 일의 경과를 자세히 적은 글.

詩文集　　　　　　　　　시문집
시가나 산문 등을 모아 엮은 책.

示範的　　　　　　　　　시범적
모범을 보이는 것.

始發點　　　　　　　　　시발점
일이 처음 시작되는 계기.

始山祭　　　　　　　　　시산제
산악인들이 연초에 산신에게 지내는 제사.

施賞式　　　　　　　　　시상식
상을 주는 의식.

時差制　　　　　　　　　시차제
어떤 일을 하는데 시간에 차이를 두는 제도.

試錐船　　　　　　　　　시추선
석유를 탐사하는 배.

施行令　　　　　　　　　시행령
필요한 규정을 내용으로 하는 것.

試驗臺　　　　　　　　　시험대
가치나 기량 따위를 시험하는 행위.

食中毒　　　　　　　　　식중독
상한 음식물을 먹고 설사 발진 등을 일으킴.

神經戰　　　　　　　　　신경전
상대방의 신경을 날카롭게 만드는 행위.

新局面　　　　　　　　　신국면
새로 벌어진 국면.

新記錄　　　　　　　　　신기록
종래보다 뛰어난 새로운 기록.

神機箭　　　　　　　　　신기전
화살에 불을 붙여 쏘는 방법.

蜃氣樓　　　　　　　　　신기루
온도나 습도에 따라 사물이 나타나는 현상.

信賴感　　　　　　　　　신뢰감
굳게 믿고 의지하는 감정.

神秘境　　　　　　　　　신비경
신비로운 경관이나 지경.

神仙圖　　　　　　　　　신선도
신선이 노니는 그림.

神通力　　　　　　　　　신통력
무슨 일이든지 할 수 있는 불가사의한 힘.

失鄕民　　　　　　　　　실향민
고향을 잃고 타향살이를 하는 사람.

實學派　　　　　　　　　실학파
현실주의를 연구하는 실질 주의자.

深刻性　　　　　　　　　심각성
깊이 생각해보아야 할 상태나 일.

心理戰　　　　　　　　　심리전
심리를 이용해서 제압하는 것.

心博動　　　　　　　　　심박동
심장이 주기적으로 움직이는 것.

心術氣　　　　　　　　　심술기　　深呼吸　　　　　　　　　심호흡
심술을 부릴 것 같은 기운.　　　　　숨을 깊이 마시고 내 쉬는 호흡 방법.

心臟部　　　　　　　　　심장부　　十八番　　　　　　　　　십팔번
중심이 되는 부분에 비유.　　　　　자랑으로 여기는 재주.

▍다음 한자의 음을 우리말로 쓰시오.

01 四君子( )		02 使命感( )	
03 使節團( )		04 思春期( )	
05 相見禮( )		06 常綠樹( )	
07 象牙塔( )		08 書藝家( )	
09 先覺者( )		10 聖歌隊( )	
11 盛需期( )		12 聖誕節( )	
13 所得稅( )		14 消息通( )	
15 送別會( )		16 修了證( )	
17 水産物( )		18 手指針( )	
19 巡禮者( )		20 昇降機( )	
21 始末書( )		22 施賞式( )	
23 新記錄( )		24 心博動( )	

아귀병(餓鬼病)~입지전(立志傳)

餓鬼病 　　　　　　　　아귀병
많이 먹으면서도 배고파하고 몸이 마름.

安全冒 　　　　　　　　안전모
위험한 장소나 운동 시 머리 보호를 위한 모자.

亞熱帶 　　　　　　　　아열내
열대와 온대의 중간지대.

安定圈 　　　　　　　　안정권
안전하다고 느끼는 범위.

阿片煙 　　　　　　　　아편연
아편을 넣어서 만든 담배.

安定劑 　　　　　　　　안정제
정신을 안정시키는 약.

惡感情 　　　　　　　　악감정
좋지 않게 생각하는 마음.

安置所 　　　　　　　　안치소
고인을 편안하고 안전하게 모셔두는 곳.

惡循環 　　　　　　　　악순환
나쁜 일이 반복해서 일어나는 것.

暗去來 　　　　　　　　암거래
법을 어기면서 몰래 사고파는 행위.

惡影響 　　　　　　　　악영향
나쁜 영향.

岩刻畵 　　　　　　　　암각화
바위에 새긴 그림.

惡條件 　　　　　　　　악조건
몹시 좋지 못한 조건.

暗記力 　　　　　　　　암기력
기억하여 잊어버리지 않는 능력.

惡天候 　　　　　　　　악천후
몹시 나쁜 날씨.

暗埋葬 　　　　　　　　암매장
남몰래 사체를 묻는 것.

惡趣味 　　　　　　　　악취미
남에게 피해를 주는 취미.

癌細胞 　　　　　　　　암세포
암을 만들어내는 세포.

眼鏡店 　　　　　　　　안경점
안경을 만들어 주거나 고쳐주는 가게.

暗號化 　　　　　　　　암호화
통신할 내용을 일정한 방법으로 암호로 바꿈.

安堵感 　　　　　　　　안도감
편안한 느낌. 편안한 마음.

暗黑期 　　　　　　　　암흑기
도덕이나 문화가 쇠퇴하고 어지러운 시기.

安樂死 　　　　　　　　안락사
고통스러운 환자를 가족의 동의하에 사망케 함.

壓倒的 　　　　　　　　압도적
월등한 능력이나 힘으로 상대를 진압하는 것.

顔面筋 　　　　　　　　안면근
얼굴에 있는 모든 근육.

壓迫感 　　　　　　　　압박감
내려 눌리는 느낌.

安保理 　　　　　　　　안보리
유엔의 기구. 안전보장 이사회의 준말.

壓搾機 　　　　　　　　압착기
압착하여 즙을 짜내는 기구.

安全感 　　　　　　　　안전감
탈이나 위험이 없이 편안한 느낌.

壓通點 　　　　　　　　압통점
손가락으로 누르면 통증을 느끼는 부위.

安全器 　　　　　　　　안전기
전류가 과하게 흐르면 자동으로 차단되는 기구.

愛國心 　　　　　　　　애국심
나라를 사랑하는 마음.

愛煙家 담배를 즐기는 사람.	애연가	夜行性 밤에만 활동하는 동물의 습성.	야행성
愛玩犬 반려자로 함께 사는 개.	애완견	躍動感 생기 있고 활발하게 움직이는 느낌.	약동감
愛玩用 좋아하여 가까이 두고 즐기기 위한 사물.	애완용	弱小國 경제, 군사, 정치적으로 취약한 나라.	약소국
哀怨調 애처롭게 사정하여 간절히 바라는 것.	애원조	藥湯器 한약을 끓이는 그릇.	약탕기
愛酒家 술을 많이 좋아하고 즐기는 사람.	애주가	養鷄場 닭을 전문으로 기르는 장소.	양계장
愛着心 단념을 못하고 아껴 집착하는 마음.	애착심	楊貴妃 덜 익은 열매에서 즙을 내어 마약에 쓰는 꽃.	양귀비
愛妻家 아내를 많이 사랑하는 사람.	애처가	兩極化 서로 점점 더 달라지고 멀어지는 것.	양극화
愛好家 어떤 사물을 사랑하고 즐기는 사람.	애호가	兩端間 이쪽이든 저쪽이든 하나를 선택함.	양단간
野黨圈 야당을 지지하는 단체나 사람.	야당권	讓渡人 물건을 남에게 넘겨주는 사람.	양도인
夜盲症 밤에는 잘 보이지 않는 눈의 증상.	야맹증	養老院 의지할 곳 없는 노인을 수용, 구호하는 곳.	양로원
野性的 본능 그대로의 거친 성질을 가진 것.	야성적	兩面性 서로 맞서는 두 가지 성질.	양면성
夜市場 밤에만 열리는 시장.	야시장	陽明方 햇볕이 잘 들어오는 남향 .	양명방
野心作 새로운 시도를 대담하게 표현한 작품.	야심작	養分表 영양분의 함량을 적어놓은 것.	양분표
夜營場 야영을 할 수 있도록 만들어 놓은 장소. 캠핑장.	야영장	兩棲類 어류와 파충류의 중간인 개구리. 도롱뇽. 따위.	양서류
野遊會 들놀이를 위한 모임.	야유회	養成所 단기간 내에 전문 지식을 교육하는 곳.	양성소
野積場 물건을 임시로 쌓아 놓는 곳.	야적장	陽性化 사물 현상이 겉으로 드러남.	양성화

讓受人	양수인	抑留者	억류자
물건을 인수받은 사람.		억류되어 있는 사람.	

揚水機	양수기	億萬金	억만금
물을 퍼 올리는 기계.		아주 많은 돈.	

養殖業	양식업	抑壓的	억압적
농수산물을 양식하는 직업.		억지로 제압하는 것.	

良心的	양심적	嚴時下	엄시하
양심에 따르는 것.		아버지만 생존해 있는 사람.	

養育費	양육비	掩蔽物	엄폐물
아기를 기르는 데 쓰는 비용.		자연적 또는 인공적으로 만든 장애물.	

洋裝店	양장점	業務權	업무권
의상실. 서양식의 여자 옷을 짓고 파는 상점.		업무상 할 수 있는 권리.	

釀造場	양조장	旅客船	여객선
술, 간장, 식초 등을 만드는 공장.		손님을 실어 나르는 배.	

釀造酒	양조주	濾過器	여과기
곡식, 과일을 원료로 만든 술.		여과하는 데 쓰는 기구. 필터 등.	

養護室	양호실	旅團長	여단장
회사나 학교에서 건강이나 위생을 돌보는 곳.		여단의 최고 지휘관. 준장이 맡음.	

羊毫筆	양호필	與論化	여론화
양털로 만든 붓.		사회 대중의 공통된 의견으로 됨.	

洋靴店	양화점	黎明期	여명기
구두를 맞추어 주는 곳.		새로운 시대나 문화 운동 따위가 시작되는 시기.	

魚物廛	어물전	如反掌	여반장
해산물을 판매하는 곳		손을 뒤집는 것 같이 쉬운 일.	

漁業權	어업권	女性美	여성미
어장에서 조업하는 권리.		외모 및 체질상 여성다운 아름다움.	

於中間	어중간	閭閻家	여염가
거의 중간이 되는 지점.		일반 가정집.	

於此彼	어차피	如意珠	여의주
그렇게 될 일.		용이 물고 있다는 구슬. 뜻을 이루어 준다고 함.	

語彙力	어휘력	旅人宿	여인숙
말을 구사하는 능력.		소규모의 숙박업소.	

女丈夫 　　　　여장부
남자 같이 기운차고 기개가 센 여자.

如何間 　　　　여하간
어떤 경우라도. 여하튼.

逆機能 　　　　역기능
본래 바라던 것이 아닌 반대의 기능. 역효과.

逆動性 　　　　역동성
활발하게 움직이는 성질이나 특성.

逆反應 　　　　역반응
일정한 반응에 대하여 반대 방향으로 진행하는 것.

力發山 　　　　역발산
산이라도 들어 올릴 기세.

力不足 　　　　역부족
힘을 다해도 부족함.

歷史性 　　　　역사성
사물이 시대 흐름을 따라서 변하는 성질.

逆說家 　　　　역설가
반대 이론을 잘 펼치는 사람.

驛勢權 　　　　역세권
열차나 지하철역이 가까운 지역.

易術人 　　　　역술인
점을 전문적으로 치는 사람.

逆利用 　　　　역이용
상대방의 힘을 역으로 이용함.

緣故地 　　　　연고지
혈통, 정분의 연결 고리가 있는 곳.

聯關性 　　　　관련성
사물이나 현상이 일정한 관련이 있는 성실.

連結線 　　　　연결선
이음줄.

研究會 　　　　연구회
특정한 연구를 목적으로 하는 모임이나 단체.

緣起論 　　　　연기론
인연으로 모든 것이 생성한다는 불교이론.

燃燈節 　　　　연등절
등을 달고 불을 밝히는 사월 초파일.

燃料棒 　　　　연료봉
우라늄 원료를 피복 관으로 싼 연료 봉.

燃料費 　　　　연료비
연료에 쓰이는 비용.

連累者 　　　　연루자
범죄자와 관련된 사람.

研磨紙 　　　　연마지
물체를 매끄럽게 하는 사포.

煙幕彈 　　　　연막탄
공격 위치를 숨기려고 연기를 피우는 포탄.

聯盟戰 　　　　연맹전
리그전.

煙霧器 　　　　연무기
병충해 방제용으로 연무하는 기계.

燕尾服 　　　　연미복
신랑이 입는. 제비꼬리 같은 모양으로 만든 옷.

連發銃 　　　　연발총
여러 개의 탄환을 넣어 연속으로 쏠 수 있는 총.

練兵場 　　　　연병장
부대 내의 훈련하는 운동장.

連載物 　　　　연재물
한 작품을 나누어서 연출함. 연속극 등.

演說文 　　　　연설문
연설할 말을 쓴 글.

燃燒室 　　　　연소실
연료를 연소시키는 곳.

連鎖店 　　　　연쇄점
물품을 공동으로 관리, 보관하고 판매하는 상점.

沿岸國   연안국
바다와 연결된 국토를 가진 나라.

延人員   연인원
어떤 일에 투여된 모든 인원의 숫자.

年長者   연장자
자기보다 나이가 많은 사람.

延滯料   연체료
공과금이나 세금 납부가 밀렸을 때 부과 되는 돈.

連判狀   연판장
여럿이 함께 소송함.

年賀狀   연하장
새해를 축하하는 글.

聯合國   연합국
세계대전에 연합하여 대응한 나라.

年會費   연회비
회원이 가입한 모임에 일 년에 한번 씩 내는 돈.

熱管理   열관리
열에너지를 효율적으로 관리하는 일.

熱狂的   열광적
미친 듯이 흥분한 상태.

熱器具   열기구
기구 속의 공기를 가열시켜 공중에 뜨게 하는 기구.

烈女碑   열녀비
열녀의 행적을 기리기 위해 세운 비석.

熱帶林   열대림
열대지방의 풍부한 산림.

熱帶夜   열대야
밤 온도가 25도 이상 지속 되는 것.

熱帶魚   열대어
열대 지방의 담수에서 사는 색깔이 예쁜 고기.

劣等感   열등감
용모, 능력 등에서 남보다 못하다는 생각.

閱覽料   열람료
도서관 등에서 책 따위를 열람할 수 있는 요금.

熱量計   열량계
공동 난방에서 쓰는 난방비 계산을 위한 기구.

熱射病   열사병
고온 다습한 곳에서 열을 발산하지 못해 생긴 병.

熱誠的   열성적
열성을 다 하는 것.

鹽藏法   염장법
식품 따위를 소금에 절여 저장하는 방법

獵奇的   엽기적
흉악한 살인사건.

葉綠體   엽록체
녹색 식물의 세포 안에 있는 색소체의 하나.

葉煙草   엽연초
잎담배.

葉菜類   엽채류
잎줄기채소.

永訣式   영결식
죽은 사람을 영원히 보낸다는 의례. 장례식.

領導力   영도력
이끌어가는 능력.

英文學   영문학
영어로 표현된 문학 영어를 연구하는 학문.

令夫人   영부인
남의 부인을 높여서 하는 말.

領事館   영사관
영사가 주재지에서 사무를 보는 공관.

映寫機   영사기
영화관에서 필름의 영상을 확대해서 보여주는 것.

影寫本   영사본
얇은 종이 밑에 작품을 놓고 본뜬 작품.

零細民　　　　　　　영세민
수입이 적어 가난한 사람.

永續性　　　　　　　영속성
오래 지속될 수 있는 성질.

零順位　　　　　　　영순위
가장 우선적으로 자격을 가지는 순위.

永安室　　　　　　　영안실
병원 등에서 시신과 위패를 모셔 두는 방.

營養分　　　　　　　영양분
영양을 함유하고 있는 분량 및 성분.

營業權　　　　　　　영업권
일정한 곳에서 영업 행위를 할 수 있는 권리.

英雄心　　　　　　　영웅심
비범한 재주와 뛰어난 용기를 나타내려는 마음.

永住權　　　　　　　영주권
일정한 자격을 갖춘 외국인이 받는 거주권.

領置金　　　　　　　영치금
교도소에 갇힌 사람이 임시로 맡겨둔 돈.

影響力　　　　　　　영향력
어떤 사물에게 영향을 미칠 수 있는 힘.

豫賣券　　　　　　　예매권
이용권을 미리 구매하는 것.

豫防策　　　　　　　예방책
사고나 재해를 예방하기 위한 방책.

豫算案　　　　　　　예산안
쓸 돈을 미리 계획하는 것.

豫想外　　　　　　　예상외
미리 생각하여 두거나 준비하지 못한 일.

藝術性　　　　　　　예술성
예술의 가치와 특성을 가짐.

預言者　　　　　　　예언자
앞일을 미리 말해주는 사람.

例外的　　　　　　　예외적
법적으로는 적용되지 않으나 허용되는 일.

曳引船　　　　　　　예인선
강력한 힘으로 침몰한 배를 끌어내는 배.

豫定說　　　　　　　예정설
모든 결과가 미리 예정되어 있다는 설.

豫定表　　　　　　　예정표
할 일을 미리 계획한 도표.

豫託金　　　　　　　예탁금
금융기관 특히 증권회사에 맡겨둔 돈.

五大洋　　　　　　　오대양
태평양. 대서양. 인도양. 북극해. 남극해.

五大洲　　　　　　　오대주
아시아. 유럽. 아메리카. 아프리카. 오세아니아.

娛樂性　　　　　　　오락성
오락으로서 즐길 수 있는 내용.

五輪旗　　　　　　　오륜기
근대 올림픽을 상징하는 기.

誤發彈　　　　　　　오발탄
실수로 잘못 발사된 탄환.

五十肩　　　　　　　오십견
어깨의 통증으로 움직임에 지장을 주는 증상.

五言詩　　　　　　　오언시
하나의 구가 다섯 글자로 된 한시의 총칭.

汚染源　　　　　　　오염원
배기가스, 공장의 폐수 등 오염시키는 근본.

五日場　　　　　　　오일장
5일마다 열리는 시골의 장날.

惡寒症　　　　　　　오한증
몸이 으슬으슬한 추위를 느끼는 증세.

溫暖化　　　　　　　온난화
지구의 기온이 높아지는 현상.

溫情的　　　　온정적
따뜻한 인정이 있는 것.

完熟期　　　　완숙기
완전히 무르익는 시기.

緩衝材　　　　완충재
충격을 완화시키는 재질. 고무 용수철 등.

外向的　　　　외향적
마음의 움직임을 적극적으로 나타내는 것.

料食業　　　　요식업
음식을 만들어 파는 직업.

尿失金　　　　요실금
오줌이 자기도 모르는 사이에 새는 것.

療養院　　　　요양원
요양할 수 있도록 시설이 갖추어진 곳.

瑤池鏡　　　　요지경
복잡다단하여 이해하기 힘든 일.

要衝地　　　　요충지
지형 형세가 군사적으로 매우 중요한 곳.

僥倖數　　　　요행수
뜻밖의 이익을 얻을 수 있는 운수.

鎔鑛爐　　　　용광로
높은 온도로 금속 광속을 녹여 재련하는 불가마.

用兵術　　　　용병술
군사를 쓰거나 부리는 기술.

龍鳳湯　　　　용봉탕
잉어와 닭으로 탕을 만든 것.

龍神祭　　　　용신제
농사철에 비를 내려달라고 비는 제사.

容疑者　　　　용의자
범죄를 지을 의심이 있는 사람. 피의자.

牛骨塔　　　　우골탑
학비를 소 팔아서 준 것을 비유해 대학교를 칭함.

優等生　　　　우등생
성적이 우수하고 품행이 모범이 되는 사람.

虞犯者　　　　우범자
범죄를 저지를 우려가 있는 사람.

偶像化　　　　우상화
어떤 사물을 만들어 놓고 우상으로 여김.

憂鬱症　　　　우울증
마음이 침울하여 자살기도 따위의 행위를 함.

優越感　　　　우월감
자기가 남보다 뛰어나다고 생각하는 느낌.

友好的　　　　우호적
개인끼리나 나라끼리 좋은 사이인 것.

運命論　　　　운명론
자연 현상이나 운명이 정해져 있다는 이론.

鬱火病　　　　울화병
작은 일에도 화가 치밀어 오르는 증세.

遠距離　　　　원거리
먼 거리.

遠近法　　　　원근법
일정한 시점에서의 거리감을 나타낸 것.

原動力　　　　원동력
어떤 일의 근원이 되는 사물.

園頭幕　　　　원두막
농작물을 지키고 관리하는 높은 움막.

元利金　　　　원리금
원금과 이자를 합친 금액.

原色的　　　　원색적
말과 행동 형색이 직설적이고 노골적인 것.

原始林　　　　원시림
사람의 손이 닿지 않은 자연 그대로의 삼림.

原語民　　　　원어민
해당 원어를 모국어로 사용하는 사람.

原子力   원자력
원자핵의 붕괴나 핵융합 할 때 방출되는 에너지.

原籍地   원적지
호적을 옮기기 전의 본적지.

遠征隊   원정대
멀리 적을 치러 가는 군대. 경기. 답사. 등반 등.

月經痛   월경통
월경 때 아랫배 자궁 등에 통증이 오는 증세.

月桂冠   월계관
큰 경기에서 우승한 사람에게 씌어주는 관.

月例會   월례회
매월 정기적으로 모이는 것.

胃潰瘍   위궤양
위벽 점막에 궤양이 생기는 병.

危機感   위기감
위험에 처해 있다는 감정.

慰問品   위문품
군인이나 이재민에게 보내는 물품.

違法性   위법성
범죄 또는 불법 행위로 인정되는 요건.

衛兵所   위병소
부대 정문에 출입과 면회를 관리하는 곳.

僞善者   위선자
겉으로만 진실하고 착한 척하는 사람.

慰安婦   위안부
군인을 성적으로 위로하려고 동원된 여자.

偉人傳   위인전
위인의 업적과 생애를 사실적으로 적은 글.

慰藉料   위자료
정신적 고통과 재물의 손해에 따른 배상금.

僞造罪   위조죄
권리를 앗아가는 사문서를 조작한 죄.

危險性   위험성
위험해질 가능성. 위험한 성질.

違和感   위화감
어울리지 않는 어색한 느낌.

遺家族   유가족
죽은 사람의 남아 있는 가족. 유족.

遊擊隊   유격대
배후나 측면에서 기습 교란을 하는 특수부대.

有功者   유공자
나라에 유익한 큰일을 한 사람.

誘拐犯   유괴범
남을 꾀어내거나 납치하는 짓을 한 나쁜 사람.

遺棄罪   유기죄
자기 힘으로 생활할 수 없는 사람을 버리는 죄.

紐帶感   유대감
서로 간에 연결되어 있는 공통된 느낌.

有毒性   유독성
독성을 가지고 있는 성질.

遺留分   유류분
상속을 받은 사람이 다른 상속인을 위해 남긴 돈.

有望株   유망주
어떤 분야에서 발전될 가능성이 많은 사람.

有名稅   유명세
이름이 알려져 있기에 감수해야 할 불편함.

遊牧民   유목민
목축을 주업으로 이동하면서 살아가는 민족.

流配地   유배지
귀양 가서 머무르는 곳.

有分數   유분수
마땅히 지켜야 할 분수가 있음.

有事時   유사시
위급하거나 비상한 일이 일어날 때.

類似品　　　　　유사품
다른 물건과 비슷하게 만든 물건.

遊水池　　　　　유수지
비가 올 때 일시적으로 물을 가두어 두는 저수지.

有實樹　　　　　유실수
먹을 수 있거나 유용한 열매가 열리는 나무.

柔軟性　　　　　유연성
부드럽고 연한 성질.

有用性　　　　　유용성
쓸모가 있는 자질이나 품성.

遊園地　　　　　유원지
구경하거나 여러 가지 시설을 만들어 놓은 곳.

有資格　　　　　유자격
어떤 일을 하는 데 필요한 자격을 가진 사람.

遺跡地　　　　　유적지
유물이나 유적이 있는 장소.

遺傳病　　　　　유전병
선천적으로 어버이로부터 유전하는 병.

遺傳子　　　　　유전자
생물체의 유전핵질을 나타내는 원인이 되는 인자.

乳製品　　　　　유제품
우유를 가공하여 만든 제품. 버터, 치즈, 분유 등.

油槽車　　　　　유조차
시설을 갖추고 석유나 가솔린 등을 나르는 차.

留置場　　　　　유치장
법을 어긴 사람을 임시 가두어 두는 곳.

流通業　　　　　유통업
생산한 물품의 유통에 관련된 사업.

流血劇　　　　　유혈극
피를 흘리며 싸우는 것.

誘惑的　　　　　유혹적
유혹하는 느낌을 받는 것.

遊興街　　　　　유흥가
술집 등 놀 수 있는 가게가 늘어선 거리.

肉感的　　　　　육감적
성적인 느낌을 주는 것.

肉體派　　　　　육체파
체격이나 육체미가 뛰어난 사람.

肉彈戰　　　　　육탄전
맨몸으로 맞붙어 싸우는 전투.

倫理觀　　　　　윤리관
윤리에 대하여 가지는 생각이나 태도.

潤滑油　　　　　윤활류
기계가 맞닿는 부분의 마찰을 줄이는 기름.

律動感　　　　　율동감
힘차게 움직이는 느낌.

融通性　　　　　융통성
형세에 따라 일을 처리하는 재주.

融和策　　　　　융화책
서로 어울려 화목하게 되는 방.

隱匿罪　　　　　은닉죄
범인이나 장물을 감춘 죄.

銀世界　　　　　은세계
온 천지에 눈 덮인 아름다운 경치를 이르는 말.

隱身處　　　　　은신처
몸을 숨기는 곳.

隱然中　　　　　은연중
남이 모르는 사이에.

銀婚式　　　　　은혼식
결혼 25주년을 기념하고 축하하는 의식.

淫亂物　　　　　음란물
음란한 내용을 담은 책이나 그림, 영상물 등.

陰性的　　　　　음성적
밖으로 나타나지 않은 것.

音樂會   음악회
음악을 연주하여 청중이 감상하게 하는 모임.

應募作   응모작
모집에 응한 작품.

應接室   응접실
손님을 맞이하기에 알맞은 방.

凝集力   응집력
단체나 조직에 속하는 구성원을 응집하는 힘.

義男妹   의남매
아버지와 어머니가 다른 남매.

意圖的   의도적
목적을 이루려고 계획을 품거나 꾸민 것.

儀禮的   의례적
형식이나 예의만 갖춘 것.

義務的   의무적
꼭 지켜야 할 일.

疑問點   의문점
의심이 가는 부분.

義憤心   의분심
도리를 생각할 때 분한 마음이 드는 것.

意慾的   의욕적
무엇을 적극적으로 하고자 하는 것.

意志力   의지력
세운 뜻을 꿋꿋하게 지켜 나가는 힘.

疑妻症   의처증
아내의 행실을 공연히 의심하는 것.

利己心   이기심
자기의 이익만을 꾀하고 남을 돌보지 않는 마음.

異物感   이물감
몸 안에 무엇인가 들어 있는 것 같은 느낌.

理想的   이상적
생각하는 범위에서 가장 완전하다고 여겨지는 것.

理想鄕   이상향
최상의 상태를 갖춘 완전한 사회.

罹災民   이재민
재해를 입은 사람.

里程標   이정표
선로나 도로가에 거리 및 방향을 표시한 것.

二重苦   이중고
한꺼번에 겹치거나 거듭되는 고생.

印象的   인상적
뚜렷이 기억에 남는 사람과 사리.

人生觀   인생관
인생에 대한 관념 또는 사상적 이념.

認知度   인지도
어떤 대상을 알아보는 정도.

認許可   인허가
인가와 허가.

引火物   인화물
불이 잘 붙는 성질을 가진 물질.

日程表   일정표
그 날 그 날의 할 일을 적어 놓은 것.

日照權   일조권
태양광선을 확보하는 권리.

一致點   일치점
둘 이상의 것이 서로 일치하는 점이나 계기.

立志傳   입지전
어려움을 이기고 노력해서 성공함을 쓴 글.

▋다음 한자의 음을 우리말로 쓰시오.

01 安保理(   )   02 愛國心(   )

03 野心作(   )   04 讓渡人(   )

05 養老院(   )   06 養殖業(   )

07 洋靴店(   )   08 漁業權(   )

09 旅客船(   )   10 如意珠(   )

11 逆動性(   )   12 驛勢權(   )

13 硏究會(   )   14 燃料棒(   )

15 燕尾服(   )   16 演說文(   )

17 延滯料(   )   18 年賀狀(   )

19 熱帶夜(   )   20 葉綠體(   )

21 領事館(   )   22 英雄心(   )

23 偉人傳(   )   24 理想鄕(   )

자긍심(自矜心)~특허권(特許權)

自矜心   자긍심
스스로를 칭찬하는 마음.

自愧感   자괴감
스스로 부끄럽게 여기는 느낌이나 감정.

自發的   자발적
스스로 나서서 하는 것.

慈悲心   자비심
중생을 사랑하고 가엽게 여기는 마음.

自生力   자생력
스스로 살아 나가는 능력이나 힘.

慈善會   자선회
자선 사업을 목적으로 하는 단체의 호칭.

自述書   자술서
피해자나 참고인이 격은 일을 진술한 것.

自習書   자습서
스스로 익힐 수 있게 만든 책.

自然美   자연미
인위적이지 않고 자연 그대로의 아름다움.

自營業   자영업
자신이 직접 운영하는 사업.

紫外線   자외선
태양광선의 자석 파장을 가진 긴 복사선.

自作劇   자작극
남을 속이기 위해 거짓으로 꾸민 사건.

自主的   자주적
남의 간섭을 받지 않고 스스로 행동하는 것.

自閉症   자폐증
사람과의 접촉을 싫어하고 자기 세계에 빠짐.

作品性   작품성
작품이 갖는 그 자체의 예술적 가치.

潛在力   잠재력
겉으로 드러나지 않고 안에 숨어 있는 힘.

雜貨店   잡화점
여러 가지 일용품을 파는 상점.

裝飾品   장식품
장식하기 위하여 쓰는 물품.

障碍物   장애물
앞으로 나아가는 데 방해가 되는 사물.

獎學金   장학금
성적이 우수하지만 가난한 학생에게 주는 장려금.

再建築   재건축
있는 건물을 헐고 새로 짓는 것.

再結合   재결합
헤어졌다가 다시 결합함. 이산가족 등.

在來種   재래종
한곳에서 오랫동안 재배되어 풍토에 적응한 것.

材料費   재료비
제품 생산에 들어간 재료의 비용.

爭奪戰   쟁탈전
무엇인가를 얻기 위해 벌이는 싸움.

抵當權   저당권
채무 불이행 시, 우선 배당받을 수 있는 권리.

豬突的   저돌적
앞 뒤 가리지 않고 돌진하는 것.

底引網   저인망
자루 모양의 그물로 바다 바닥을 끄는 그물.

著作權   저작권
창작물의 작성자나 승계한 사람이 갖는 권리.

適齡期   적령기
무엇을 하기에 적당한 나이.

赤十字   적십자
사람들을 구호할 목적으로 설립된 국제적인 민간 조직.

適應力   적응력
외적 자극이나 변화에 순응해가는 기질, 능력.

赤血球   적혈구
골수에서 만들어지며 산소를 운반하는 혈색소.

前科者   전과자
예전에 잘못한 일이 있는 사람. 범죄 과실 등.

電動機   전동기
전력을 이용하여 진동을 만들어주는 기계.

絶頂期   절정기
진행이나 발전이 최고의 경지에 달한 견지.

折衷案   절충안
두 가지 이상의 안을 서로 보충하여 조절하는 의견.

接着劑   접착제
두 물체를 붙이는 데 쓰는 물질.

停留場   정류장
택시, 버스 등 승하차를 위하여 잠시 머무르는 곳.

靜物畵   정물화
꽃, 과일, 꽃병 등 정물을 소재로 하여 그린 그림.

情緖的   정서적
본능에 의해 희, 노, 애, 락의 감정에 따르는 것.

精神力   정신력
생각하고 판단하는 능력.

正義感   정의감
정의를 지향하는 생각이나 마음.

定足數   정족수
회의를 열고 의결을 할 수 있는 최소한의 인원.

偵察機   정찰기
적의 동정을 살피는 비행기.

正確性   정확성
올바르고 확실한 것.

制空權   제공권
공군력으로 어느 지역의 공중을 지배하는 능력.

制度權   제도권
국가나 사회의 제도를 벗어나지 않는 영역.

製氷機   제빙기
얼음을 만드는 기계.

燥渴症   조갈증
목이 마르는 증세.

鳥瞰圖   조감도
높은 곳에서 내려다본 상태의 그림이나 지도.

躁急症   조급증
조급해하는 버릇이나 마음.

調練師   조련사
동물에게 곡예나 재주를 가르치는 사람.

調理師   조리사
음식을 조리하는 자격을 갖춘 사람.

造作劇   조작극
꾸며낸 일에 비유.

組織網   조직망
그물처럼 널리 퍼져 있는 조직체.

造形美   조형미
입체감 있게 표현하는 아름다움.

尊重心   존중심
존경하고 중히 여기는 마음.

拙丈夫   졸장부
도량이 좁고 졸렬한 사내.

從軍記   종군기
전쟁터에 따라가서 전황을 기록한 글.

終着地   종착지
마지막으로 도착하는 곳.

座右銘   좌우명
보이는 곳에 두고 교훈으로 삼는 글이나 문구.

罪意識   죄의식
자기가 한일에 잘못을 인정하는 마음. 죄책감.

週期的	주기적
정기적으로 되풀이 되는 것.	

主導權	주도권
책임을 지는 위치에서 이끌어가는 권리.	

廚房長	주방장
음식점 등에서 요리를 담당하는 사람.	

主産地	주산지
어떤 물건이 주로 생산되는 지역.	

主眼點	주안점
중점적으로 다루는 사안.	

主原因	주원인
가장 중요한 일의 근본.	

注意力	주의력
한 가지 일에 집중할 수 있는 능력.	

注意報	주의보
재해를 입을 우려가 있을 때 주의를 알리는 것.	

注入式	주입식
실험이나 경험이 없이 지식만을 주입하는 교육.	

駐在員	주제원
어떤 곳에 파견되어 주제하고 있는 직원.	

主停車	주정차
차를 세우는 것.	

駐車場	주차장
차를 세워 두는 곳.	

主催者	주최자
행사나 모임을 주관하는 사람.	

走行線	주행선
고속도로 등에서 규정에 의해서 주행하는 선.	

竣工式	준공식
건물이나 대형공사를 준공한 후 축하하는 의식.	

重工業	중공업
부피가 큰 물건을 만드는 공업.	

重過失	중과실
조금만 주의했으면 피할 수 있는 큰 실수.	

重金屬	중금속
재질의 무게가 무거운 금속. 금, 은, 철 등.	

重大事	중대사
비중이 매우 큰 일.	

中毒性	중독성
사상이나 사물에 젖어 이성을 지키지 못한 것.	

中産層	중산층
중간 정도의 재력이 있는 계층.	

中心街	중심가
시내의 중심이 되는 거리.	

重壓感	중압감
강요나 강제에 대한 부담감.	

重要性	중요성
사물의 중요한 요소나 성질.	

重點的	중점적
힘을 한곳에 집중하는 것.	

仲秋節	중추절
한가위. 추석날을 이르는 말.	

重患者	중환자
중병을 앓거나 중태에 빠진 환자.	

卽興的	즉흥적
분위기에 따라 바로 반응하는 것.	

證明書	증명서
어떤 사실을 증명하는 문서.	

憎惡心	증오심
몹시 미워하는 마음.	

持久戰	지구력
오랜 시간을 끌어가면서 하는 싸움.	

知能犯	지능범
사기, 위조, 횡령 등 교활한 지능을 이용한 범죄.	

指導力　　　　　　지도력
지도하는 능력. 이끌어 가는 재능.

志望生　　　　　　지망생
어떤 일을 하려고 하거나 배우려는 사람.

知名度　　　　　　지명도
이름이 세상에 알려진 정도.

支配人　　　　　　지배인
주인 대신 영업에 관한 일을 관할하는 사람.

持分權　　　　　　지분권
공유물에 대한 일정 부분의 지분을 갖는 권리.

止瀉劑　　　　　　지사제
설사를 멈추게 하는 약.

地上波　　　　　　지상파
지표를 따라 퍼지는 전파.

知性人　　　　　　지성인
사람의 본성을 잘 알고 실행하는 사람.

持續力　　　　　　지속력
끈기 있게 이끌어 가는 능력.

地自體　　　　　　지자체
지방 자치 단체의 준말.

地震計　　　　　　지진계
지진의 진동을 측량하는 기구.

指針書　　　　　　지침서
참고해야 할 내용이 담긴 책.

地形圖　　　　　　지형도
토지의 형태를 세밀하게 표시한 지도.

指揮權　　　　　　지휘권
상부기관이 하부기관을 지휘할 수 있는 권한.

直去來　　　　　　직거래
중개인 없이 생산자와 소비자가 거래하는 것.

直感的　　　　　　직감적
사물의 진상을 곧바로 알아내는 것.

直說的　　　　　　직설적
사실을 속임 없이 말하는 것.

診斷書　　　　　　진단서
의사가 환자의 진단 결과를 기록한 서류.

眞面目　　　　　　진면목
본래부터 지니고 있는 그대로의 상태.

進步的　　　　　　진보적
사회의 발전과 변화를 추구하는 것.

眞善美　　　　　　진선미
인간이 추구하는 이상. 참됨. 선함. 아름다움.

陳述書　　　　　　진술서
사건의 당사자가 진술한 내용을 적은 글.

珍風景　　　　　　진풍경
구경거리가 될 만한 보기 드문 광경.

窒息死　　　　　　질식사
숨이 막히거나 산소가 없어서 죽음.

嫉妬心　　　　　　질투심
다른 사람을 시기하고 깎아내리려고 하는 마음.

執行力　　　　　　집행력
판결에 따라 강제 집행할 수 있는 효력.

遮斷器　　　　　　차단기
전기의 흐름을 막는 장치. 선로 횡단을 막는 장치.

差別化　　　　　　차별화
각각 등급이나 수준 따위의 차이를 두어 둘 이상
의 대상이 구별된 상태가 됨.

次善策　　　　　　차선책
일이 뜻대로 되지 않을 때 다른 방법을 찾아봄.

借用證　　　　　　차용증
빌렸다는 사실을 확인하는 증서.

着手金　　　　　　착수금
어떤 일을 시작할 때 먼저 내는 돈.

讚頌歌　　　　찬송가
신성한 대상을 찬미하는 기도의 노래.

贊助金　　　　찬조금
도움을 주는 뜻으로 내는 돈.

參考書　　　　참고서
조사. 연구. 학습 따위에 참고로 하는 책.

參觀人　　　　참관인
투표와 개표를 관찰하는 사람.

創設者　　　　창설자
단체나 기관 따위를 처음 만든 사람.

創意力　　　　창의력
새로운 생각을 해내는 능력.

債權者　　　　채권자
돈을 받을 자격이 있는 사람.

債務者　　　　채무자
돈을 빌려 쓴 사람.

責任制　　　　책임제
일을 맡은 사람이 책임을 지는 제도.

處方箋　　　　처방전
약제의 처방을 적은 종이.

處世術　　　　처세술
처세하는 방법과 수단.

天文臺　　　　천문대
천문을 연구하기 위하여 설치한 시설.

天賦的　　　　천부적
선천적으로 타고난 재질.

天然物　　　　천연물
사람의 힘을 가하지 않은 자연 그대로의 물건.

天日鹽　　　　천일염
햇빛으로만 해수를 증발시켜 만든 소금.

鐵鑛石　　　　철광석
쇠의 원료가 함유된 돌.

鐵面皮　　　　철면피
염치없고 뻔뻔스러움을 이르는 말.

哲學者　　　　철학자
철학을 전문적으로 연구하는 사람.

淸麯醬　　　　청국장
콩을 쪄서 발효시킨 것.

聽聞會　　　　청문회
국회에서 사안의 진술을 청취하는 것.

淸心丸　　　　청심환
심경의 열을 내리게 하는 약.

淸料理　　　　청요리
중국 음식.

聽診器　　　　청진기
심장 소리를 듣는 기구.

請牒狀　　　　청첩장
결혼 따위의 경사가 있을 때 초청하는 첩자.

滯納金　　　　체납금
기한까지 내지 못하고 밀린 돈.

體脂肪　　　　체지방
분해되지 않고 몸 안에 쌓인 지방.

超能力　　　　초능력
현대 과학이 설명 할 수 없는 초자연적인 능력.

超黨派　　　　초당파
이해타산을 초월하여 이념에 충실한 집단.

招待狀　　　　초대장
어떤 모임에 초대하는 뜻을 적은 글.

超滿員　　　　초만원
정원을 넘어 더할 수 없이 꽉 찬 상태.

超非常　　　　초비상
어떤 일이 아주 긴박함을 나타내는 말.

肖像權　　　　초상권
자기의 초상을 사용하는 데 관한 독점권.

超人的   초인적
보통 사람보다 훨씬 뛰어난 능력을 가진 것.

焦土化   초토화
모든 것을 불살라 버린다는 뜻.

促進劑   촉진제
하던 일이 빨리 이루어지도록 동기를 심어줌.

總販場   총판장
어떤 상품을 도맡아 파는 곳.

催淚彈   최루탄
눈물을 흘리게 하는 가루나 가스를 넣은 탄알.

催眠術   최면술
일련의 암시(暗示)에 의해 인위적으로 조작된 잠
의 상태에 빠지게 하는 방법.

最低限   최저한
더 이상 낮출 수 없는 한계.

樞機卿   추기경
교황의 최고 고문으로 교황 선출권을 가짐.

追悼式   추도식
죽은 사람을 그리워하며 슬픔을 나누는 행사.

推理力   추리력
앞으로 일어날 일을 예측하는 능력.

畜産物   축산물
가축을 길러 얻어지는 수확물.

祝儀金   축의금
축하해야 할 행사에 내는 돈. 결혼식 등.

春府丈   춘부장
남의 아버지의 존칭.

衝擊的   충격적
충격을 받고 느끼는 감정.

忠烈祀   충렬사
충신열사를 기리고 추모하기 위하여 세운 사당.

充電器   충전기
전기 에너지를 보충해주는 기구.

取得稅   취득세
부동산, 차량, 선박 등을 취득할 때 내는 지방세.

取水塔   취수탑
물 저장 탱크.

脆弱點   취약점
무르고 약한 것. 사물의 약점.

癡呆症   치매증
정신적인 능력이 상실된 상태.

致命傷   치명상
목숨을 잃을 정도의 심각한 심신의 상처.

齒槽骨   치조골
턱뼈의 일부분으로 치아를 지탱해주는 뼈.

妥當性   타당성
어떤 판단이 가치가 있다고 인식되는 일.

他方面   타방면
진도가 부진할 때 다른 방법을 찾아보는 것.

妥協案   타협안
서로 다른 이해관계나 의견을 조정하는 안.

托鉢僧   탁발승
은덕을 베풀 기회를 주기 위해 시주를 받는 스님.

彈劾權   탄핵권
고위 공직자의 과실을 소추하여 재판을 받는 것.

脫水症   탈수증
몸속에 수분이 부족하여 갈증을 심히 느끼는 병.

探險隊   탐험대
탐험을 목적으로 조직된 무리.

搭乘口   탑승구
탑승을 하기 위한 출입 문.

蕩平策   탕평책
노론과 소론의 인재를 균등하게 등용해 쓴 정책.

太極旗 　　　　　　태극기
우리나라의 국기. 태극과 하늘, 땅, 불, 물을 의미
한 괘를 넣은 기.

土着民 　　　　　　토착민
조상 대대로 그 땅에서 살아온 백성.

通氣性 　　　　　　통기성
공기가 잘 통하는 성질.

通事情 　　　　　　통사정
자기의 형편을 자세히 설명하고 정에 호소함.

通譯使 　　　　　　통역사
통역을 담당한 사람.

通知書 　　　　　　통지서
어떤 사실을 알리는 문서.

洞察力 　　　　　　통찰력
사물을 관찰하는 능력.

通行證 　　　　　　통행증
어떤 지역이나 특정 시간대에 통행하는 증서.

頹廢的 　　　　　　퇴폐적
도덕, 풍기 등이 문란하여 불건전한 것.

投機心 　　　　　　투기심
기회를 틈타 한 번에 큰 이익을 얻으려는 마음.

特許權 　　　　　　특허권
특허를 받은 발명품을 독점적으로 이용하는 권
리.

▌다음 한자의 음을 우리말로 쓰시오.

01 慈善會(   )   02 雜貨店(   )

03 著作權(   )   04 赤十字(   )

05 靜物畵(   )   06 調理師(   )

07 終着地(   )   08 注意報(   )

09 駐車場(   )   10 重金屬(   )

11 支配人(   )   12 眞面目(   )

13 借用證(   )   14 處方箋(   )

15 聽聞會(   )   16 超能力(   )

17 招待狀(   )   18 樞機卿(   )

19 充電器(   )   20 妥協案(   )

21 探險隊(   )   22 搭乘口(   )

23 太極旗(   )   24 通譯使(   )

파견지(派遣地)~흡연실(吸煙室)

派遣地   파견지
일정한 임무를 수행하기 위해 파견된 곳.

破廉恥   파렴치
부끄러움을 모르고 뻔뻔함.

包括的   포괄적
권리와 의무 등 모두를 포함한 것.

包容性   포용성
남을 너그럽게 감싸주는 성품.

表彰狀   표창장
훌륭한 일을 알리는 글을 적은 것.

表現力   표현력
의사나 감정을 풍부하게 나타내는 힘.

被告人   피고인
검사로부터 죄를 범했다고 공소를 받은 사람.

必然的   필연적
사물의 관련이나 그렇게 될 수밖에 없는 것.

必要惡   필요악
필요하면서도 바람직하지 못한 것.

學習書   학습지
아동이나 학생의 학습 활동을 돕는 참고서.

限界性   한계성
어떤 범위 이상을 넘지 못하는 성질이나 특성.

限時的   한시적
일정한 기간에 한정되어 있는 것. 한정적.

含蓄美   함축미
겉에 드러나지 않고 속에 지니고 있는 아름다움.

合理的   합리적
목적에 맞고 이치에 어울리는 것.

合倂症   합병증
어떤 질환에 관련하여 다른 질환이 생긴 증세.

抗生劑   항생제
다른 세균의 활성을 막아내는 성질을 가진 약.

解決士   해결사
문제나 일 따위를 능숙하게 잘 처리하는 사람.

核武裝   핵무장
핵무기를 장비하거나 배치하는 일.

核心的   핵심적
사물의 가장 중심이 되는 것.

幸福感   행복감
욕구가 충족되어 만족과 기쁨을 느끼는 것.

香辛料   향신료
맵거나 향기로운 맛을 더하는 조미료.

虛飢症   허기증
기운이 빠지고 배가 고픈 느낌.

虛脫感   허탈증
몸에 힘이 빠지고 정신이 멍해지는 느낌.

現實性   현실성
실제로 일어날 수 있는 가능성.

顯忠祠   현충사
충절을 추모하고 기념하기 위해 세운 사당.

形式的   형식적
실속이 없이 모양만 갖춘 것.

好奇心   호기심
새롭고 신기한 것을 좋아하는 마음.

呼訴力   호소력
강한 인상을 심어 마음을 사로잡을 수 있는 힘.

護身術   호신술
몸을 보호하기 위한 무술. 태권도 유도 따위.

互換性   호환성
기능을 유지하면서 다른 기기에도 쓸 수 있는 기구.

確定的   확정적
확정되거나 그에 가까운 것.

幻想美   환상미
예술 작품에 나타난 환상적인 아름다움.

換乘驛　　　　　　　　　　환승역
다른 노선으로 바꾸어 탈 수 있도록 시설한 역.

換節期　　　　　　　　　　환절기
계절이 바꾸는 시기.

活力素　　　　　　　　　　활력소
살아있는 힘의 근원.

活性化　　　　　　　　　　활성화
사회나 조직 등의 기능을 활발하게 함.

滑走路　　　　　　　　　　활주로
비행장에서 비행기가 뜨거나 내리는 길.

黃金期　　　　　　　　　　황금기
절정에 다다른 시기.

怳惚境　　　　　　　　　　황홀경
황홀한 경지나 지경.

黃昏期　　　　　　　　　　황혼기
한창때가 지나 무력해지는 시기.

回顧錄　　　　　　　　　　회고록
지난 일을 회고하여 적은 글.

會心作　　　　　　　　　　회심작
자기 작품 가운데 흐뭇할 정도로 잘 된 작품.

效果的　　　　　　　　　　효과적
효과가 있는 행위를 한 것.

效率的　　　　　　　　　　효율적
노력에 비해 얻는 결과가 큰 것.

後見人　　　　　　　　　　후견인
뒤에서 도와주는 사람.

後遺症　　　　　　　　　　후유증
어떤 일을 치르고 난 뒤의 부작용.

後天的　　　　　　　　　　후천성
성장하면서 성질이 변화 된 것.

休憩室　　　　　　　　　　휴게실
잠깐 동안 머물러 쉬도록 설비한 시설.

携帶品　　　　　　　　　　휴대품
몸에 지니고 다니는 물품.

休養地　　　　　　　　　　휴양지
편안히 쉬면서 지치거나 병든 몸과 마음을 회복
하거나 활력을 찾기에 알맞은 장소.

黑荏子　　　　　　　　　　흑임자
검은 깨.

吸煙室　　　　　　　　　　흡연실
담배를 피워도 되는 장소.

▌다음 한자의 음을 우리말로 쓰시오.

01 表彰狀(   )   02 被告人(   )

03 必要惡(   )   04 核武裝(   )

05 香辛料(   )   06 顯忠祠(   )

07 護身術(   )   08 互換性(   )

09 換乘驛(   )   10 活力素(   )

11 黃金期(   )   12 回顧錄(   )

13 後見人(   )   14 休憩室(   )

15 携帶品(   )   16 休養地(   )

17 解決士(   )   18 幸福感(   )

19 好奇心(   )   20 呼訴力(   )

21 護身術(   )   22 互換性(   )

23 會心作(   )   24 後天的(   )

제4부 4자성어로 실력 쌓기

가감승제(加減乘除)~
능수능란(能手能亂)

加減乘除 더하고 빼고 곱하고 나누기.	가감승제	甘言利說 듣기 좋은 말로 꼬임.	감언이설
佳人薄命 미인은 불행하기 쉽다는 뜻.	가인박명	甘呑苦吐 달면 삼키고 쓰면 뱉음.	감탄고토
街談巷語 떠도는 근거 없는 말.	가담항어	甲骨文字 처음으로 문자를 동물 뼈에 새김.	갑골문자
苛政猛虎 가혹한 정치는 맹호보다 무서움	가정맹호	甲論乙駁 서로 의견이 다름.	갑론을박
各人各色 사람마다 특색이 있음.	각인각색	甲申政變 고종21년 김옥균 등의 개혁정변.	갑신정변
各樣各式 여러 가지 모양과 방법.	각양각식	甲午更張 고종31년 개혁을 다시 시도함.	갑오경장
刻骨難忘 깊은 은혜를 잊을 수 없음.	각골난망	甲子士禍 연산군의 복수로 신하들을 학살함.	갑자사화
角者無齒 뿔 있는 동물은 이빨이 없음.	각자무치	講和條約 싸움을 끝내고 화의하기 위하여 맺는 조약.	강화조약
刻舟求劍 미련하고 융통성이 없음을 비유함.	각주구검	熙康字典 중국 최대 49000자를 실은 사전.	강희자전
各地各處 사방팔방 모든 곳	각지각처	强權發動 강한 힘을 동원함.	강권발동
艱難辛苦 몹시 어려운 고생.	간난신고	綱紀肅正 엄격한 규율로 정화시킴.	강기숙정
簡單明瞭 간단하고 확실함.	간단명료	改過遷善 잘못을 반성하고 착해짐.	개과천선
竿頭之勢 작대기 꼭대기에 있는 모습.	간두지세	凱旋將軍 전쟁에서 이기고 돌아옴.	개선장군
肝膽相照 격이 없고 서로 돕는 사이.	간담상조	開卷有益 책을 읽으면 도움이 됨.	개권유익
感慨無量 한량없는 기쁨.	감개무량	個人主義 배려심이 없는 사람.	개인주의
感之德之 너무 너무 감사함.	감지덕지	客反爲主 주인과 손님의 입장이 서로 바뀜.	객반위주

去頭截尾	거두절미	傾國之色	경국지색
앞뒤 설명 없이 본론만 말함.		정국을 어지럽게 하는 미인.	
健康診斷	건강진단	耕當問奴	경당문노
건강 상태를 검사함.		모르면 전문가에게 물어봄.	
乾坤一擲	건곤일척	鯨戰蝦死	경전하사
투지가 대단함을 일컬음.		고래 싸움에 새우가 피해를 봄.	
乾燥無味	건조무미	驚天動地	경천동지
아무런 의미가 없음.		세상을 몹시 놀라게 함.	
格物致知	격물치지	輕敵必敗	경적필패
이치를 연구하여 알아냄.		적을 가벼이 보면 실패함	
隔世之感	격세지감	鏡花水月	경화수월
세속이 많이 변함.		볼 수는 있어도 만질 수 없는 것.	
牽强附會	견강부회	鷄林八道	계림팔도
억지로 끌어다 붙임.		팔도강산-우리나라.	
臂不外曲	견불외곡	鷄口牛後	계구우후
팔은 안으로 굽음.		큰 꼬리보다 작은 머리가 나음.	
犬猿之間	견원지간	鷄卵有骨	계란유골
가까워질 수 없는 관계.		운이 나빠 엉뚱한 결과가 나옴.	
犬馬之勞	견마지로	鷄鳴狗盜	계명구도
최선을 다해 일함.		날이 밝은 후에 도둑질함.	
見物生心	견물생심	繫船浮標	계선부표
물건을 보면 욕심이 생김.		뱃길을 알려주는 부표.	
見性成佛	견성성불	孤軍奮鬪	고군분투
본연의 천성을 깨닫고 부처가 됨.		혼자 힘으로 헤쳐나감.	
結草報恩	결초보은	高談峻論	고담준론
목숨을 다해서라도 은혜를 갚음.		고상하고 준엄한 언론.	
結者解之	결자해지	叩頭謝罪	고두사죄
일을 맺은 본인이 해결해야 함.		고개를 숙여 사죄함.	
輕擧妄動	경거망동	枯木生花	고목생화
경솔하고 잘못된 행동.		절망 속에서 희망이 생김.	
鏡中美人	경중미인	膏粱珍味	고량진미
실물보다 예쁜 모습.		매우 맛있는 고기와 음식.	

高峰峻嶺 높은 산과 높은 고개.	고봉준령	功過相半 잘하고 못함이 반반임.	공과상반
叩盆之痛 많은 매를 맞는 고통.	고분지통	公金流用 공적인 돈을 개인이 씀.	공금유용
古色蒼然 오래되어 옛 정취가 풍김.	고색창연	公明正大 사리에 공평하고 정당함.	공명정대
姑息之計 당장 편한 것을 위한 계책.	고식지계	空山明月 대머리.	공산명월
苦肉之策 고통을 감수한 최후의 계책.	고육지책	空挺部隊 낙하산 부대.	공정부대
固定觀念 바꾸기 어려운 오랜 관습.	고정관념	公衆道德 공공장소에서의 질서.	공중도덕
孤掌難鳴 서로가 똑같아서 싸우게 됨.	고장난명	空中樓閣 부질없는 꿈을 일컬음.	공중누각
高足弟子 학행이 뛰어난 제자.	고족제자	公平無私 사리사욕이 없이 공평함.	공평무사
苦盡甘來 괴로움이 다하면 즐거울 때가 옴.	고진감래	誇大妄想 허황된 기대를 상상함.	과대망상
固執不通 고집이 세서 변통성이 없음.	고집불통	過小評價 너무 얕잡아 봄.	과소평가
高枕安眠 아무 근심 없이 편히 잠.	고침안면	過猶不及 지나침은 부족한만 못함.	과유불급
高枕短命 높은 베개는 건강에 나쁨.	고침단명	過剩生産 수요보다 더 많이 생산함.	과잉생산
古態依然 옛 모습이 그대로 유지됨.	고태의연	瓜田納履 오이 밭에서 신발을 고침.	과전납리
曲學阿世 잘못인지 알면서 아부함.	곡학아세	管鮑之交 어려움을 대신한 우정.	관포지교
鬪肉相爭 같은 민족끼리 싸움.	골육상쟁	冠婚喪祭 성인식, 결혼식, 장례식, 제사.	관혼상제
骨肉之親 피를 나눈 가까운 친척.	골육지친	刮垢磨光 단점을 고치고 장점을 발휘함.	괄구마광

刮目相對 갑자기 크게 발전함.	괄목상대	口傳文學 입으로만 전해진 문학.	구전문학
廣開土王 고려국의 강성했던 광개토대왕.	광개토왕	舊態依然 오랜 관습을 버리지 못함.	구태의연
狂談悖說 사리에 맞지 않은 말.	광담패설	口血未乾 맹세한 지가 얼마 안 됨.	구혈미건
光明正大 지혜와 공평을 중시함.	광명정대	國利民福 국가의 이익과 국민의 행복.	국리민복
曠世英雄 영웅이 세상을 평정함.	광세영웅	國泰民安 나라는 태평하고 백성은 편안함.	국태민안
狂言奇語 이상한 말들로 현혹시킴.	광언기어	國粹主義 남의 나라를 얕보고 통상을 거절함.	국수주의
交感神經 느낌을 관장하는 신경.	교감신경	國威宣揚 나라의 위상을 높임.	국위선양
巧言令色 듣기 좋은 말로 현혹시킴.	교언영색	群輕折軸 작은 것도 뭉치면 매우 강해짐.	군경절축
九曲肝腸 온몸이 부서지는 고통.	구곡간장	群鷄一鶴 여러 사람 중에 특출한 사람.	군계일학
劬勞之恩 갚을 수 없는 깊은 은혜.	구로지은	群盲撫象 자기가 아는 것이 전부인 줄 앎.	군맹무상
狗馬之心 주인에게 충성을 다하는 마음.	구마지심	軍備擴張 전쟁을 위한 무장을 확대함.	군비확장
口蜜腹劍 말은 달콤하나 속으론 칼을 숨김.	구밀복검	君臣有義 임금과 신하는 의리가 있어야 함.	군신유의
狗飯橡實 개밥에 도토리. 따돌림. 왕따.	구반상실	群雄割據 곳곳에 영웅들이 활동함.	군웅할거
救世濟民 세상을 바로잡고 국민을 구함.	구세제민	君爲臣綱 나라에 충성함.	군위신강
拘束收監 구속해서 감옥에 가둠.	구속수감	群衆心理 여러 사람들의 마음.	군중심리
久任責成 끈기 있게 노력하면 성공함.	구임적성	窮鼠囓猫 쫓기는 쥐가 고양이를 공격함.	궁서설묘

窮餘之策	궁여지책	錦繡江山	금수강산
어쩔 수 없는 최선의 대책.		아름다운 우리나라.	
勸善懲惡	권선징아	今時初聞	금시초분
잘함을 칭찬하고 잘못을 질책함.		처음 듣는 이야기.	
捲土重來	권토중래	錦心繡口	금심수구
오랜 고심 끝에 결정함.		시와 문장이 특출함.	
權門勢家	권문세가	金銀寶貨	금은보화
권력자의 집안.		온갖 돈과 보물.	
權謀術數	권모술수	錦衣還鄕	금의환향
온갖 수단을 동원한 계략.		성공해서 고향을 찾아감.	
權不十年	권불십년	錦衣夜行	금의야행
권력은 영원하지 못함.		가치 없는 행동을 비유함.	
均等社會	균등사회	金枝玉葉	금지옥엽
모든 국민이 평등한 사회.		아끼고 사랑하는 자식.	
極樂往生	극락왕생	汲水功德	급수공덕
천당에 감.		도움이 필요한 사람을 도와줌.	
極盛則敗	극성즉패	急轉直下	급전직하
너무 서두르면 실패하기 쉬움.		위험에 처하기 직전.	
僅僅扶持	근근부지	氣高萬丈	기고만장
겨우 근근이 지탱해 나감.		지나친 자신감.	
近墨者黑	근묵자흑	奇奇妙妙	기기묘묘
친구의 선악에 따라 영향을 받음.		이상하게 생긴 사물.	
謹賀新年	근하신년	奇怪罔測	기괴망측
새해의 발전을 축원함.		괴상하고 기이함이 대단한 모습.	
金蘭之交	금란지교	機能社會	기능사회
우정이 매우 깊은 친구.		단체, 정당, 종교, 학회 등.	
錦上添花	금상첨화	己卯士禍	기묘사화
좋은 날에 좋은 일까지 생김.		중종14년 조광조 등을 처벌함.	
今昔之感	금석지감	己未運動	기미운동
예전과 지금이 많이 다름.		1919년 독립선언문을 선포함.	
金石之約	금석지약	饑死僅生	기사근생
금석과 같이 굳은 맹세.		굶어 죽을 형편에서 겨우 살아감.	

起死回生 죽을 상황에서 다시 회생함.	기사회생	亂世英雄 어려울 때 진짜 실력이 나타남.	난세영웅
奇想天外 생각하지 못할 뜻밖의 일.	기상천외	難兄難弟 누가 잘하는지 분간하기 어려움.	난형난제
冀世隱遁 세상을 등지고 사는 자연인.	기세은둔	男欣女悅 남녀 모두 함께 즐김.	남흔여열
起承轉結 일을 만든 사람이 끝을 맺어야 함.	기승전결	南柯一夢 허황된 부귀를 기대함.	남가일몽
奇巖怪石 괴이하게 생긴 바위.	기암괴석	男負女戴 부부가 같이 노력함.	남부여대
旣往之事 이미 일어난 일.	기왕지사	南橘北枳 환경의 중요성을 일깨움.	남귤북지
旣定事實 이미 정해진 실상.	기정사실	囊中之錐 특출한 재능은 언제라도 나타남.	낭중지추
氣盡脈盡 기력이 다함. 힘이 없어짐.	기진맥진	囊中取物 자기 마음대로 할 수 있는 물건.	낭중취물
己亥邪禍 1686년 송시열 등 노론을 축출함.	기해사화	來者不拒 오는 사람은 막지 말라는 뜻.	내자불거
騎虎之勢 호랑이라도 타고 다닐 기세.	기호지세	內部分裂 같은 팀원이 생각이 다름.	내부분열
機會均等 모두에게 평등한 기회를 줌.	기회균등	內憂外患 안팎으로 어려운 일이 겹침.	내우외환
吉祥善事 좋은 일들이 가득함.	길상선사	內虛外飾 실속은 없이 겉만 꾸밈.	내허외식
吉凶禍福 좋고 밉고 괴롭고 즐겁고.	길흉화복	怒氣衝天 화가 하늘까지 치밀어 오름.	노기충천
落花流水 세월이 덧없이 흘러감.	낙화유수	路柳牆花 예쁘게 장식함.	노류장화
難攻不落 노력해도 이룩하기 어려운 상황.	난공불락	老馬之智 나이 많은 사람의 경륜과 지혜.	노마지지
暖衣飽食 좋은 옷과 좋은 음식.	난의포식	駑馬十駕 부족한 재능도 노력하면 됨.	노마십가

怒發大發 노발대발
몹시 크게 화를 냄.

論功行賞 논공행상
업적에 따라 상을 줌.

老少同樂 노소동락
어린이와 어른이 함께 즐거워함.

弄假成眞 농가성진
농담을 진담으로 받아들임.

勞心焦思 노심초사
깊이 고민함.

雷逢電別 뇌봉전별
잠시 만났다가 곧 헤어짐.

勞而無功 노이무공
노력해도 얻음이 없음.

訥言敏行 눌언민행
말은 줄이고 행동은 민첩하게.

老婆心切 노파심절
남의 일에 지나치게 걱정함.

能文能筆 능문능필
글과 글씨에 능란함.

綠陰芳草 녹음방초
아름다운 환경.

能手能亂 능수능란
매우 숙련된 솜씨.

綠水靑山 녹수청산
푸른 들과 푸른 산.

▌다음 한자의 음을 우리말로 쓰시오.

01 各樣各式( ) 02 刻骨難忘( )

03 肝膽相照( ) 04 甘呑苦吐( )

05 改過遷善( ) 06 凱旋將軍( )

07 格物致知( ) 08 犬馬之勞( )

09 結草報恩( ) 10 驚天動地( )

11 孤軍奮鬪( ) 12 古色蒼然( )

13 固定觀念( ) 14 過猶不及( )

15 刮目相對( ) 16 錦繡江山( )

17 錦衣還鄕( ) 18 吉凶禍福( )

19 南柯一夢( ) 20 內虛外飾( )

21 勞心焦思( ) 22 勞而無功( )

23 論功行賞( ) 24 雷逢電別( )

다다익선(多多益善)~
빙청옥결(氷淸玉潔)

多多益善 이왕이면 많을수록 좋음.	다다익선	桃園結義 복숭아밭에서 의형제를 결의함.	도원결의
多情多感 정이 많고 감정이 풍부함.	다정다감	徒手體操 맨손 체조.	도수체조
單一民族 조상 시조가 같은 민족.	단일민족	道聽塗說 들은 말을 경험한 것처럼 말함.	도청도설
丹脣皓齒 아름다운 여인을 일컬음.	단순호치	讀書三到 듣지 말고 보지 말고 집중함.	독서삼도
單刀直入 앞뒤 설명 없이 요구함.	단도직입	獨不將軍 자기 말만 앞세우는 사람.	독불장군
鍛冶硏磨 계속 단련하여 갈고 닦음.	단야연마	獨掌不鳴 두 손이 마주쳐야 소리가 남.	독장불명
擔保責任 담보를 서 준 책임.	담보책임	讀書三昧 오직 공부에만 빠짐.	독서삼매
膽大小心 꿈은 크게 갖고 말은 조심함.	담대소심	獨宿空房 홀로 외롭게 삶.	독수공방
大器晚成 큰 그릇은 오랜 시간이 필요함.	대기만성	突然變異 의외의 사물이 생겨남.	돌연변이
大同團結 모든 동포가 함께 뭉침.	대동단결	同價紅裳 같은 값이면 보기 좋은 것을 택함.	동가홍상
大同小異 모든 것이 비슷함.	대동소이	同苦同樂 기쁨과 슬픔을 함께 함.	동고동락
大馬不死 바둑에서 큰 말은 잡기 어려움.	대마불사	同門受學 같은 스승 밑에서 공부함.	동문수학
戴盆望天 두 가지 일을 동시에 할 수 없음.	대분망천	東問西答 질문에 엉뚱한 답변을 함	동문서답
大書特筆 크게 홍보함.	대서특필	棟梁之材 능력 있는 인재.	동량지재
大乘佛敎 모든 중생을 구제하는 교리.	대승불교	洞房花燭 결혼식 후 첫날밤.	동방화촉
大慈大悲 모든 사람에게 사랑을 배품.	대자대비	東奔西走 몹시 부지런히 뛰어다님.	동분서주

同病相憐 같은 걱정을 가짐.	동병상련	莫上莫下 실력이 비슷함.	막상막하
冬扇夏爐 격이 맞지 않음을 일컬음.	동선하로	漠然不知 막연해서 알 수가 없음	막연부지
同床異夢 같은 목적을 가짐.	동상이몽	莫逆之友 아무 꺼릴 것 없는 사이.	막역지우
同舟相救 같은 처지에서는 서로 도움.	동주상구	寞寞江山 막막하고 외로운 곳.	막막강산
棟折椽崩 기둥이 무너지면 서까래도 무너짐.	동절연붕	漠漠大海 이정표 없는 암담한 미래.	막막대해
凍足放尿 언 발에 오줌 누기. 작은 도움을 말함.	동족방뇨	莫重大事 매우 중요한 큰 일.	막중대사
東取西貸 사방에서 빚을 씀.	동취서대	幕天席地 하늘을 지붕 삼고 거리에서 잠.	막천석지
杜門不出 문밖에 나가지 않음.	두문불출	萬古風霜 오랜 세월을 함께 고생함.	만고풍상
登高自卑 높은 자리에 서면 겸손해야 함.	등고자비	萬古不變 영원히 변하지 않음.	만고불변
燈火可親 공부를 열심히 한다는 뜻.	등화가친	滿面愁色 걱정이 얼굴에 가득함.	만면수색
燈火管制 적의 공격을 막기 위해 어둡게 함.	등화관제	滿面羞慚 부끄러워하는 마음이 가득함.	만면수참
燈下不明 자기 잘못은 잘 모름.	등하불명	滿面喜色 기쁜 기색이 얼굴에 가득함.	만면희색
磨斧作針 도끼를 갈아서 바늘을 만듦.	마부작침	萬病通治 모든 병을 치료함.	만병통치
麻中之蓬 비슷한 수준끼리 띠 짐.	마중지봉	萬事休矣 온갖 노력을 해도 안 되어 체념함.	만사휴의
馬脚露出 본색을 드러내 보임.	마각노출	萬全之策 모든 어려움을 대비한 계책.	만전지책
馬耳東風 어떤 충고도 못 들은 척함.	마이동풍	萬有引力 우주 사물의 당기는 힘.	만유인력

萬覇不聽 만패불청
아무리 사정해도 들어주지 않음.

罔知所措 망지소조
어찌 할 바를 몰라 함.

萬事亨通 만사형통
하는 일마다 모두 이루어짐.

每事不成 매사불성
아무것도 되는 일이 없음.

萬壽無疆 만수무강
오래 사시고 건강하심을 빔.

買占賣惜 매점매석
미리 사 두고 팔지 않음.

滿月則携 만월즉휴
달이 차면 일그러짐.

脈絡相通 맥락상통
같은 생각과 뜻이 통함.

滿場一致 만장일치
의견이 모두 같음.

孟母三遷 맹모삼천
교육의 환경을 중시함.

晚時之歎 만시지탄
기회를 놓치고 후회함.

孟母斷機 맹모단기
공부를 쉬자 짜던 베를 절단함.

滿身瘡痍 만신창이
심신에 깊은 상처를 입음.

盲者丹靑 맹자단청
못하면서 잘 하는 척함.

末梢神經 말초신경
예민한 감촉을 감지하는 신경.

盲者正門 맹자정문
우연히 행운을 잡음.

罔極之痛 망극지통
부모를 여읜 마음의 고통.

滅門之禍 멸문지화
매우 큰 죄를 저지름.

亡命政府 망명정부
나라를 잃고 타국에 세운 정부.

明鏡止水 명경지수
거울 같이 맑은 물.

茫然自失 망연자실
모든 의욕을 잃어버림.

明眸皓齒 명모호치
초롱초롱한 눈빛과 하얀 이.

望洋之嘆 망양지탄
무능한 능력을 한탄.

名不虛傳 명불허전
이름이 공연히 알려진 것이 아님.

亡羊補牢 망양보우
양을 잃어버린 후 외양간 고친다.

名勝古蹟 명승고적
유명하고 역사적인 유적지.

望雲之情 망운지정
가까이하기 어려운 짝 사랑.

名實相符 명실상부
명성과 실상이 같음.

忙中有閑 망중유한
급박해도 마음에는 여유를 가짐.

銘心不忘 명심불망
마음 깊이 새겨 잊지 않음.

亡者計齒 망자계치
지나간 일에 연연함.

名譽毀損 명예훼손
남의 이름을 더럽히고 떨어뜨림.

命在頃刻 오늘 내일을 다투는 운명.	명제경각	無限責任 끝까지 책임을 짐.	무한책임
冒沒廉恥 염치를 무릅쓰고 사정함.	모몰염치	蚊見拔劍 작은 일에 과하게 대처함.	문견발검
目前之計 임기방편의 대책.	목전지계	文盲退治 글을 모르는 사람이 없도록 함	문맹퇴치
目不忍見 눈 뜨고는 차마 못 볼 상황.	목불인견	文房四友 붓 종이 벼루 먹.	문방사우
猫頭縣鈴 고양이 목에 방울 달기.	묘두현령	問一知十 하나를 가르치면 열 가지를 앎.	문일지십
苗鼠同眠 상하가 함께 부정을 저지름.	묘서동면	門前乞食 이곳저곳에서 얻어먹음.	문전걸식
無骨好人 성품이 매우 좋은 사람.	무골호인	門前沃畓 가까운 곳에 있는 기름진 전답.	문전옥답
無窮無盡 끝이 없는 사리나 물량.	무궁무진	門前成市 집에 찾아오는 사람이 많음.	문전성시
無念無想 아무 생각이 없음.	무념무상	門戶開放 누구에게나 비법을 전수함.	문호개방
無味乾燥 별다른 의미가 없음.	무미건조	物質萬能 도덕이 없는 물질 우선주의.	물질만능
武陵桃源 별 천지. 천국.	무릉도원	微服潛行 변장하고 미행함.	미복잠행
無不干涉 아무 데나 간섭함.	무불간섭	彌勒菩薩 미래의 부처님.	미륵보살
無用之物 아무 것도 쓸모가 없음.	무용지물	末職末職 직급이 낮은 직책.	미관말직
無知莫知 아무 것도 모름.	무지막지	美辭麗句 말이 반지르르 함	미사여구
無爲徒食 하는 일 없이 밥만 먹음.	무위도식	蜜月旅行 남들 모르게 여행함.	밀월여행
無血革命 피를 보지 않고 혁명을 이룸.	무혈혁명	薄利多賣 적은 이익을 보고 많이 팔음.	박리다매

斑駁之嘆	반박지탄	拔本塞源	발본색원
편파적이고 불공평을 한탄함.		원인을 철저히 파헤침.	
博物君子	박물군자	勃然變色	발연변색
여러 가지를 다 잘하는 사람.		얼굴색이 갑자기 돌변함.	
拍手喝采	박수갈채	放聲大哭	방성대곡
힘차게 박수를 침.		큰소리로 우는 것.	
博施濟衆	박시제중	坊坊曲曲	방방곡곡
사랑으로 많은 사람을 구제함.		여기 저기 모든 곳.	
拍掌大笑	박장대소	傍若無人	방약무인
두 손을 마주치며 크게 웃음.		무례한 사람	
薄志弱行	박지약행	妨害工作	방해공작
결단력이 약해 실천을 못함		남의 일에 훼방을 놓음.	
博學多識	박학다식	背水之陣	배수지진
지식과 상식이 많음.		뒤돌아갈 수 없는 처지.	
伴侶動物	반려동물	背恩忘德	배은망덕
가족 같은 동물.		은덕을 입고도 배신함.	
半面之識	반면지식	白骨難忘	백골난망
아주 조금 아는 사람.		백골이 되어도 잊을 수 없는 은혜.	
反目嫉視	반목질시	百科事典	백과사전
무시하고 쳐다보지도 없음.		모든 지식을 실은 사전.	
伴食宰相 반식재상 . 자기 할일을 다하지 않는 관리.		百計賞罰	백계상벌
		상벌은 공평해야 함.	
伴僧半俗	반승반속	百年偕老	백년해로
스님 같은 일반인.		영원히 함께함.	
半信半疑	반신반의	百年河淸	백년하청
믿기도 어렵고 안 믿기도 난처함.		일이 해결될 가망이 아득함	
般若心經	반야심경	百聞一見	백문일견
불법의 지혜를 일컬음.		듣는 것보다 보는 것이 나음.	
半醉半醒	반취반성	白面書生	백면서생
취한 듯 깬 듯 아리송함.		경험이 없는 젊은 선비.	
反哺之孝	반포지효	百發百中	백발백중
자식이 자란 후에는 부모를 봉양함.		하는 일마다 다 성공함.	

百拜謝禮	백배사례	浮言流說	부언유설
깊은 감사를 드림.		근거 없이 떠다니는 말.	
白衣從軍	백의종군	父爲子綱	부위자강
벼슬 없이 따름.		부모에 효도해야 함.	
百戰百勝	백전백승	浮雲之志	부운지지
싸울 때마다 항상 이김.		부귀에 연연하지 않는 모습.	
百折不屈	백절불굴	夫爲婦綱	부위부강
끝까지 의지가 꺾이지 않음.		부부는 화합해야 함.	
伯仲之勢	백중지세	父子有親	부자유친
우열을 가리기 힘든 실력.		부모와 자식은 친애가 있어야 함.	
百害無益	백해무익	父傳子傳	부전자전
이로움은 없고 해로움만 많음.		아버지의 유지를 보전함.	
病入骨髓	병입골수	不知下問	부지하문
병이 매우 깊어짐.		모르면 아랫사람에게도 물어야 함.	
兵家常事	병가상사	夫唱婦隨	부창부수
실수는 누구나 있음을 위로함.		부부가 함께 밀고 당기며 나아감.	
丙子胡亂	병자호란	附和雷同	부화뇌동
1636년 인조가 청나라에 항복함.		남의 권고에 무작정 따라함	
複雜多端	복잡다단	粉骨碎身	분골쇄신
여러 가지가 얽혀 복잡함.		몸이 부서지도록 일함.	
複式呼吸	복식호흡	奮戰力鬪	분전역투
배로 숨을 쉼.		죽을 각오로 노력함.	
本末顚倒	본말전도	不可思議	불가사의
선후의 순서가 바뀜.		상상도 하기 힘든 일.	
父母俱沒	부모구몰	不可抗力	불가항력
부모가 다 돌아가심.		거역할 수 없는 위력.	
父母俱存	부모구존	不俱戴天	불구대천
부모가 모두 살아계심.		하늘 아래 함께 살기 싫은 미움.	
夫婦有別	부부유별	不勞所得	불로소득
부부 간에는 분별이 있어야 함.		노력 없이 소득을 얻음.	
附仰無愧	부앙무괴	不問曲直	불문곡직
하늘을 우러러 부끄러움이 없음.		옳고 그름을 따지지 않음.	

不法逮捕 죄도 없이 잡혀감.	불법체포	肥己潤身 자신의 이익만 챙김.	비기윤신
不要不急 필요하지도 급하지도 않음.	불요불급	非夢似夢 정신이 뚜렷하지 못한 상태	비몽사몽
不遠千里 머나먼 길을 찾아옴.	불원천리	秘密漏泄 중요한 정보가 새어나감.	비밀누설
不遠將來 멀지 않은 앞날에.	불원장래	悲憤慷慨 너무 억울하고 분함.	비분강개
不偏不黨 부당한 대우를 당함.	불편부당	脾胃難定 몹시 아니꼬운 행동을 봄.	비위난정
朋友有信 친구 사이에는 신의가 있어야 함	붕우유신	飛鳥不入 완벽한 방어 태세.	비조불입
鵬程萬里 아득히 먼 거리.	붕정만리	氷山一角 아주 작은 부분.	빙산일각
肥己之慾 자기만족만을 추구함.	비기지욕	氷淸玉潔 매우 깨끗함.	빙청옥결

▌다음 한자의 음을 우리말로 쓰시오.

01	單一民族(	)	02	大同團結(	)
03	讀書三昧(	)	04	同病相憐(	)
05	登高自卑(	)	06	萬事休矣(	)
07	晩時之歎(	)	08	忙中有閑(	)
09	孟母三遷(	)	10	名不虛傳(	)
11	目不忍見(	)	12	無爲徒食(	)
13	門前沃畓(	)	14	博學多識(	)
15	伴侶動物(	)	16	反哺之孝(	)
17	百年偕老(	)	18	百拜謝禮(	)
19	百折不屈(	)	20	兵家常事(	)
21	附和雷同(	)	22	不偏不黨(	)
23	悲憤慷慨(	)	24	氷淸玉潔(	)

사기왕성(士氣旺盛)~
십중팔구(十中八九)

士氣旺盛	사기왕성	山戰水戰	산전수전
의욕이 넘침.		온갖 어려움을 다 겪음.	
四顧無親	사고무친	産兒制限	산아제한
의지할 곳 없는 외로운 신세.		출산을 제한함.	
士農工商	사농공상	山海珍味	산해진미
공무원, 농민, 공장인, 상인.		맛있는 음식이 가득함.	
事大主義	사대주의	殺身成仁	살신성인
약소국을 얕보는 주의.		몸을 돌보지 않고 남을 도움.	
査頓八寸	사돈팔촌	三角關係	삼각관계
나와는 상관없는 사람.		한 사람을 두 사람이 좋아함.	
四面楚歌	사면초가	三綱五倫	삼강오륜
사방에 장애물이 널려 있음.		사람이 지켜야 할 도리.	
四分五裂	사분오열	三顧草廬	삼고초려
의견이 가지각색임.		거절해도 반복해서 부탁함.	
捨小取大	사소취대	三國史記	삼국사기
큰 것을 위해 작은 것을 버림.		신라, 백제, 고구려의 역사.	
沙上樓閣	사상누각	森羅萬象	삼라만상
기초가 부실해 위태로운 상태.		세상의 모든 사물.	
四通五達	사통오달	三位一體	삼위일체
교통이 아주 편리한 곳.		세 가지 조건이 맞아야 되는 일.	
裟婆世界	사파(바)세계	三一運動	삼일운동
중생이 사는 세상.		기미년 삼월 일일. 독립운동.	
事必歸正	사필귀정	三尺童子	삼척동자
원인에 따라 결과가 따름.		어린아이.	
削髮染衣	삭발염의	三寒四溫	삼한사온
속세를 떠나 스님이 됨.		삼일 간 춥고 사일 간 따뜻함.	
削足適屨	삭족적리	喪家之狗	상가지구
잘 하려다 더 잘못됨.		얻어먹기를 좋아하는 사람.	
削奪官職	삭탈관직	象嵌青瓷	상감청자
관직을 빼앗음.		무늬를 새겨 넣어 만든 청자.	
山間僻地	산간벽지	傷弓之鳥	상궁지조
깊은 산속 외진 장소.		크게 상처를 입으면 기억에 남음.	

上流社會 관재가 풍요로운 사람들의 사회.	상류사회	釋迦牟尼 부처님.	석가모니
上陸作戰 육지에 올라가 싸움.	상륙작전	席藁待罪 거적을 깔고 처벌을 기다림.	석고대죄
相扶相助 서로 도우며 살아감.	상부상조	先見之明 앞날을 예측하는 밝은 지혜.	선견지명
傷痍軍人 큰 부상을 당한 군인.	상이군인	先公後私 공적인 일을 중하게 여김.	선공후사
桑田碧海 세상 일이 덧없이 변천함.	상전벽해	宣撫工作 민심을 안정시키는 정책.	선무공작
常套手段 항상 쓰는 수법.	상투수단	先後倒錯 일의 순서가 뒤바뀜.	선후도착
常平通寶 이씨조선 때 쓰던 동전.	상평통보	舌乾脣焦 매우 잘 지껄임.	설건순초
象形文字 물체의 모양을 본뜬 글자.	상형문자	舌芒于劍 혀가 칼보다 무서울 수 있음.	설망우검
上厚下薄 상사에게는 후하고 부하에게는 박정함.	상후하박	雪上加霜 어려운 일이 겹침.	설상가상
塞翁得失 반대의 변화가 올 수도 있음.	새옹득실	說往說來 옥신각신 말이 오고감.	설왕설래
塞翁之馬 인생은 예측할 수 없음.	새옹지마	雪膚花容 하얀 피부 아름다운 얼굴.	설부화용
生死決斷 죽기 살기로 최선을 다함.	생사결단	纖纖玉手 여자의 고운 손.	섬섬옥수
生産過剩 생산이 수요를 초과함.	생산과잉	聲東擊西 엉뚱한 곳을 공격함.	성동격서
生老病死 나고 늙고 병들고 죽는 것.	생로병사	聖地巡禮 성인의 자취를 찾아 봄.	성지순례
生存競爭 살아가기 위해 서로 경쟁함.	생존경쟁	城狐社鼠 사리사욕을 채우는 무리.	성호사서
書類審査 서류를 보고 심사함.	서류심사	歲月如流 시간은 쉼 없이 흘러감.	세월여류

勢不兩立	세불양립	受恩罔極	수은망극
두 세력이 함께 존립할 수 없음.		받은 은혜가 막중함.	
小貪大失	소탐대실	水滴穿石	수적천석
작은 것을 취하려다 큰 것을 놓침.		지속적으로 노력하면 이루어짐.	
掃除天下	소제천하	壽則多辱	수즉다욕
잘못된 세태를 깨끗이 정화함.		오래 살면 욕됨이 많음.	
束手無策	속수무책	水淸無魚	수청무어
아무런 대책이 없음.		맑은 물에는 고기가 살기 어려움.	
損害賠償	손해보상	水火相剋	수화상극
입은 손해를 보상함.		함께 할 수 없는 사이.	
損益計算	손익계산	熟讀玩味	숙독완미
이해타산을 해봄.		익숙하도록 읽어 뜻을 깨달음.	
送舊迎新	송구영신	菽水之供	숙수지공
추억은 간직하고 새로운 꿈을 가짐.		가난 중에도 부모를 잘 공양함.	
垂簾聽政	수렴청정	夙興夜寐	숙흥야매
어린 왕을 엄마나 할머니가 도움.		일찍 일어나고 늦게까지 일함.	
水陸珍味	수륙진미	純潔無垢	순결무구
제일 맛있는 산해진미.		아무런 티도 없이 깨끗함.	
壽福康寧	수복강령	脣亡齒寒	순망치한
건강하고 편안하게 오래 삶.		입술이 없으면 이빨이 시림.	
首鼠兩端	수서양단	脣齒之勢	순치지세
이럴까 저럴까 망설임.		입술과 이처럼 의지하는 사이.	
袖手傍觀	수수방관	乘夜逃走	승야도주
도와주거나 간여하지 않음.		밤의 어둠을 틈타 도망감.	
修身齊家	수신제가	始終一貫	시종일관
몸과 집안을 잘 다스림.		처음과 끝이 변함이 없음.	
隨時順應	수시순응	時機尙早	시기상조
하자는 대로 따라함.		아직 실행하기에 빠른 일.	
隨時變通	수시변통	植松望亭	식송망정
형편에 따라 일을 해치움.		이루어짐이 아득한 꿈.	
羞惡之心	수오지심	食飮全廢	식음전폐
잘못함을 보고 부끄러워하는 마음.		마시지도 먹지도 못하는 상태.	

識字憂患	식자우환
잘 아는 것이 병.	

信賞必罰	신상필벌
잘못을 엄중히 처리함.	

辛未洋擾	신미양요
고종8년에 강화도에 미국 군함이 침입.	

辛酉邪獄	신유사옥
순조 때 천주교 박해 사건.	

身邊雜記	신변잡기
자기 신변에서 일어나는 여러 가지 일을 적은 수필체의 글.	

身外無物	신외무물
몸보다 중요한 것이 없음.	

伸冤雪恥	신원설치
원한을 풀고 수치스러움을 씻음.	

辛壬士禍	신임사화
경종 때 노론, 소론의 정치 싸움.	

新陳代謝	신진대사
묵은 것이 멸하고 새 물질이 생김.	

神出鬼沒	신출귀몰
갑자기 나타나고 사라짐.	

新婚旅行	신혼여행
결혼식 후 신랑 신부가 여행함.	

辛亥邪獄	신해사옥
1197년 천주교 첫 순교.	

實事求是	실사구시
사실을 토대로 진상을 탐구함.	

實踐躬行	실천궁행
실제로 몸소 실행함.	

深根固柢	심근고저
뿌리가 튼튼해야 넘어지지 않음.	

心機一轉	심기일전
마음을 새롭게 다짐함.	

心理描寫	심리묘사
마음 상태를 표현함.	

深思熟考	심사숙고
마음 깊이 생각함.	

深山幽谷	심산유곡
깊은 산 그윽한 계곡.	

心身疲弊	심신피폐
몸과 마음이 모두 지침.	

心則是佛	심직시불
모든 사람이 본심은 착함.	

十年知己	십년지기
오랜 친구.	

十匙一飯	십시일반
여럿이 조금씩 모아서 도움.	

十中八九	십중팔구
대부분. 거의 다.	

▌다음 한자의 음을 우리말로 쓰시오.

01	四面楚歌(	)	02	山海珍味(	)
03	三顧草廬(	)	04	桑田碧海(	)
05	塞翁得失(	)	06	席藁待罪(	)
07	聲東擊西(	)	08	小貪大失(	)
09	掃除天下(	)	10	束手無策(	)
11	袖手傍觀(	)	12	脣亡齒寒(	)
13	伸冤雪恥(	)	14	十匙一飯(	)
15	沙上樓閣(	)	16	削足適履(	)
17	森羅萬象(	)	18	舌芒于劍(	)
19	雪膚花容(	)	20	送舊迎新(	)
21	首鼠兩端(	)	22	羞惡之心(	)
23	純潔無垢(	)	24	識字憂患(	)

아전인수(我田引水)~
입신양명(立身揚名)

我田引水	아전인수	仰天大笑	앙천대소
자기에게 유리한 쪽으로 해석함.		허탈하게 크게 웃음.	
餓死之境	아사지경	仰強扶弱	앙강부약
굶어 죽을 형편.		잘하면 배우고 못하면 이끌어줌.	
阿鼻叫喚	아비규환	哀乞伏乞	애걸복걸
살려달라고 울부짖음.		머리 숙이고 계속 빌며 애원함.	
蝸角之勢	아각지세	曖昧模糊	애매모호
없는 것을 있다고 우기는 형세.		아리송함.	
惡戰苦鬪	악전고투	愛之重之	애지중지
역경 속에서 고생함.		매우 아끼고 사랑함.	
眼高手卑	안고수비	野壇法席	야단법석
꿈은 높이고 몸은 낮춤.		무질서하고 시끄러운 자리.	
顔面不知	안면부지	藥師如來	약사여래
만나본 적이 없는 사람.		중생의 어려움을 도와주는 부처.	
顔面薄待	안면박대	弱肉強食	약육강식
눈앞에서 사람을 무시함.		강한 자가 약한 자를 해침.	
安貧樂道	안빈낙도	羊頭狗肉	양두구육
가난해도 마음을 편하게 가짐.		양고기를 개고기라고 속임.	
安逸主義	안일주의	兩豆塞耳	양두색이
게으름뱅이의 사고방식.		작은 것도 큰일을 할 수 있음.	
安全對策	안전대책	梁上君子	양상군자
사고를 예방하는 조치.		높은 곳에서 다 보고 있음 .	
安全無缺	안전무결	佯若不知	양약부지
결점이 없고 철저함.		알고도 거짓으로 모른 척함.	
眼下無人	안하무인	良藥苦口	양약고구
잘난 체하며 남을 무시함.		좋은 약은 입에 씀.	
暗中摸索	암중모색	量入爲出	양입위출
위기에서 벗어나는 방법을 찾음.		수입을 계산해서 지출함.	
暗行御史	암행어사	羊質虎皮	양질호피
아무도 모르게 감찰하는 관리.		양가죽을 호랑이 가죽이라고 함.	
殃及子孫	앙급자손	陽春佳節	양춘가절
죄악의 화가 자손에게도 미침.		꿈 많은 청춘시절.	

漁夫之利	어부지리	劣等意識	열등의식
뜻밖의 횡재를 얻음.		자신감이 결여됨.	
瘀血腰痛	어혈요통	炎涼世態	염량세태
허리가 아픈 질환.		좋을 때와 나쁠 때가 있음.	
語不成說	어불성설	榮枯盛衰	영고성쇠
이치에 맞지 않은 말.		성하고 쇠함이 서로 뒤바뀜.	
魚變成龍	어변성룡	永遠無窮	영원무궁
미꾸라지가 용이 되는 원대한 꿈.		다함이 없이 오래 지속됨.	
魚目混珠	어목혼주	永字筆法	영자필법
물고기는 눈이 나빠 진주를 모름.		운필의 방법을 말함.	
魚遊釜中	어유부중	寤寐不忘	오매불망
금방 죽을 줄 모르고 설침.		자나 깨나 항상 잊지 못함.	
言語道斷	언어도단	奧密稠密	오밀조밀
말하는 의도가 지나침.		의장의 기술이 세밀함.	
言中有骨	언중유골	五里霧中	오리무중
말 속에 깊은 뜻이 숨어 있음.		갈피를 잡을 수 없음.	
焉敢生心	언감생심	五輪大會	오륜대회
분수에 맞지 않는 과욕을 부림.		올림픽.	
嚴妻侍下	엄처시하	吾不關焉	오불관언
아내에게 쥐여사는 남편을 일컬음.		나는 그 일에 관여하지 않음.	
嚴冬雪寒	엄동설한	烏飛梨落	오비이락
몹시 추운 겨울.		까마귀 날 자 배가 떨어짐.	
餘裕寂寂	여유작작	吾鼻三尺	오비삼척
여유 있는 느긋한 행동.		내 처지도 어려움.	
易地思之	역지사지	五色玲瓏	오색영롱
입장을 바꿔 생각함.		휘황찬란함.	
緣木求魚	연목구어	五臟六腑	오장육부
불가능한 일을 시도함.		뱃속의 모든 장기	
連帶保證	연대보증	吳越同舟	오월동주
채무를 대신 보증함.		같은 공격을 받은 같은 처지.	
連鎖反應	연쇄반응	烏鳥私情	오조사정
연달아 호응이 일어남.		길러준 은혜를 갚는 마음.	

烏之雌雄	오지자웅	要領不得	요령부득
일의 선악을 구별하기 힘듦.		일의 처리 방법을 알지 못함.	
吳下阿夢	오하아몽	搖之不動	요지부동
오래 배워도 학문에 진전이 없음.		어떤 유혹에도 굴하지 않음.	
烏合之卒	오합지졸	要式行爲	요식행위
숫자만 많고 쓸모가 없음.		형식적인 행위.	
沃野千里	옥야천리	窈窕淑女	요조숙녀
기름진 땅이 넓게 이어져 있음.		얌전한 부녀.	
屋上家屋	옥상가옥	辱及父兄	욕급부형.
기초가 미약한 불안전한 상황.		잘못하여 부모 형제를 욕 먹임.	
溫故之新	온고지신	欲哭逢打	욕곡봉타
옛것을 배우고 새로움을 찾음.		울고 싶은데 때려줌.	
溫言順辭	온언순사	欲急不形	욕급부형
따뜻하고 부드러운 말씨.		너무 급하게 서둘면 실패함.	
瓦釜雷鳴	와부뇌명	欲巧反拙	욕교반출
알지 못하면서 큰소리만 침.		욕심이 지나치면 실패함.	
瓦解氷銷	와해빙소	勇敢無雙	용감무쌍
모든 꿈이 산산이 사라짐.		위력에 대응할 사람이 없음.	
臥薪嘗膽	와신상담	龍頭蛇尾	용두사미
외로이 깊은 고민에 빠짐.		시작은 옹골차지만 마무리가 약함.	
臥治天下	와치천하	龍虎相搏	용호상박
임금이 할 일 없도록 태평한 세상.		실력이 출중한 실력끼리 다툼.	
完全無缺	완전무결	雨順風調	우순풍조
약점이 하나도 없음.		비와 바람이 알맞게 내림.	
緩衝地帶	완충지대	雨過天晴	우과천청
충돌을 완화시키는 지역.		비가 지나가고 하늘이 맑음.	
曰可曰否	왈가왈부	雨天順延	우천순연
의견이 분분함.		비가 와서 일을 연기함.	
外柔內剛	외유내강	右往左往	우왕좌왕
남에게는 잘하면서 집에서는 까칠함.		갈피를 못 정하는 상황.	
外間男子	외간남자	迂餘曲折	우여곡절
친척 외의 남자.		뒤얽힌 사연.	

雨後竹筍	우후죽순	有終之美	유종지미
사방에서 동시에 나타남.		좋게 마무리함.	
郵便葉書	우편엽서	有害無害	유해무해
간단한 편지.		이익도 손해도 없는 상관없는 일.	
牛耳讀經	우이독경	有價證券	유가증권
설명해도 못 알아들음.		사법상 인정하는 약속어음 등	
優柔不斷	우유부단	有口無言	유구무언
맺고 끊음이 없는 성품.		변명의 여지가 없음.	
雲消霧散	운소무산	類萬不同	유만부동
모든 장애물이 사라짐.		많은 것이 서로 같지 않음.	
雲龍風虎	운룡풍호	有名無實	유명무실
꿈이 같은 사람끼리 어울림.		소문만 대단하고 실속이 없음.	
雲合霧集	운합무집	有備無患	유비무환
구름과 안개처럼 많이 모임.		미리 대비하여 사고를 예방함.	
旭日昇天	욱일승천	宥恕減刑	유서감형
의욕이 매우 강함.		정상을 참작하여 형량을 감해줌.	
熊虎之將	웅호지장	柔能制剛	유능제강
곰과 호랑이처럼 용맹한 장수.		부드러운 것이 강한 것을 이김.	
怨入骨髓	원입골수	類類相從	유유상종
원망이 뼈에 사무침.		비슷한 뜻을 가진 사람들의 만남.	
遠洋漁船	원양어선	悠悠自適	유유자적
먼 바다에서 고기를 잡는 배.		여유로운 행동.	
原狀回復	원상회복	唯我獨尊	유아독존
원상태로 돌아감.		아무에게도 의지하지 않음.	
鴛鴦衾枕	원앙금침	流言蜚語	유언비어
사랑하는 부부가 이용하는 침구.		흘러 다니는 소문.	
越畔之思	월반지사	肉頭文字	육두문자
남의 일은 관여하지 않음.		욕지거리. 상스러운 말.	
危機一髮	위기일발	圓卓會談	원탁회담
위급한 일이 일어날 상태.		원탁에서 토론하는 회의.	
危險千萬	위험천만	圓形劇場	원형극장
위험하기 그지없음.		무대가 가운데에 있는 극장.	

殷鑑不遠 은감불원
깨우쳐 줄 사람이 가까이 있음.

耳目之欲 이목지욕
보고 들으면 가지고 싶어 함.

隱忍自重 은인지중
자신의 감정을 스스로 진정함.

以實直告 이실직고
사실대로 상세히 말함.

乙巳勒約 을사늑약
'을사조약'의 옳은 표현.

二律背反 이율배반
잘 해주는 사람을 배신함.

淫談悖說 음담패설
속되고 야한 이야기.

二重人格 이중인격
말과 행동이 다른 사람.

泣斬馬謖 읍참마속
사심 없이 엄벌에 처단함.

異體同心 이체동심
몸은 다르나 마음과 뜻은 같음.

意氣銷沈 의기소침
하고자 하는 의욕이 미약함.

利害相半 이해상반
이익도 있고 손해도 있음.

意氣投合 의기투합
뜻을 합침.

益者三友 익자삼우
정직과 지식과 벗의 도리.

意氣揚揚 의기양양
의욕이 넘침.

因果應報 인과응보
원인에 따라 결과가 옴.

依門之望 의문지망
자녀를 기다리는 부모 마음.

人面獸心 인면수심
짐승 같은 행위를 한 사람.

意思相通 의사상통
생각이 서로 통함.

人命在天 인명재천
살고 죽음은 하늘의 뜻에 있음.

依願免職 의원면직
본인이 원하여 직위를 면직함.

人事不省 인사불성
사람도 알아보지 못할 의식.

利害得失 이해득실
손해와 이익을 따짐.

人山人海 인산인해
많은 인원이 운집함.

異口同聲 이구동성
여러 사람이 같은 말을 함.

人生朝露 인생조로
인생의 무상함을 일컬음.

以心傳心 이심전심
마음과 마음이 통함.

人身攻擊 인신공격
험담으로 깎아 내림.

以熱治熱 이열치열
같은 방법으로 대처함.

因襲道德 인습도덕
현실에 맞지 않는 옛 관습.

以卵投石 이란투석
계란으로 바위 치기.

因人成事 인인성사
남의 힘을 빌려 일을 이루어냄.

人才登用　　인재등용
실력 있는 인재를 골라 씀.

日就月將　　일취월장
나날이 발전해 나감.

人長之德　　인장지덕
잘된 사람의 덕을 봄.

日暮途遠　　일모도원
날은 저물고 갈 길은 멈.

人之常情　　인지상정
거절하기 어려운 정분.

日久月深　　일구월심
오랜 세월을 기다림.

仁者無敵　　인자무적
어진 사람은 적이 없음.

臨渴掘井　　임갈굴정
목마른 사람이 우물을 팜.

咽喉之地　　인후지지
매우 긴요한 요새의 땅.

臨機雄辯　　임기웅변
상황에 따라 대처함.

一擧兩得　　일거양득
한 가지 일로 두 가지 이득을 얻음.

壬辰倭亂　　임진왜란
선조25년 일본의 침략 행위.

一網打盡　　일망타진
어떤 무리를 한꺼번에 처리함.

入國査證　　입국사증
외국에 갈 때의 입국 허가증.

一脈相通　　일맥상통
이상과 생각이 서로 통함.

入國審査　　입국심사
외국인이 입국할 때 심사함.

一瀉千里　　일사천리
거침없이 사리를 처리함.

立身揚名　　입신양명
출세하여 명성을 날림.

一石二鳥　　일석이조
한꺼번에 두 가지 일을 이룸.

▌다음 한자의 음을 우리말로 쓰시오.

01 我田引水(   )   02 眼高手卑(   )

03 殃及子孫(   )   04 良藥苦口(   )

05 魚遊釜中(   )   06 緣木求魚(   )

07 烏之雌雄(   )   08 溫故之新(   )

09 搖之不動(   )   10 龍頭蛇尾(   )

11 雨後竹筍(   )   12 怨入骨髓(   )

13 柔能制剛(   )   14 隱忍自重(   )

15 陽春佳節(   )   16 易地思之(   )

17 榮枯盛衰(   )   18 吳越同舟(   )

19 臥薪嘗膽(   )   20 牛耳讀經(   )

21 殷鑑不遠(   )   22 泣斬馬謖(   )

23 因果應報(   )   24 日就月將(   )

자력갱생(自力更生)~
쾌도난마(快刀亂麻)

自力更生	자력갱생	自問自答	자문자답
스스로의 힘으로 살아남.		스스로 묻고 답하며 반성함.	
自家撞着	사사낭작	自激之心	자격지심
앞뒤가 일치하지 않음.		자신을 격려하는 마음.	
資本主義	자본주의	自暴自棄	자포자기
자본을 우선시하는 사회.		스스로 포기해 버림.	
自手成家	자수성가	自花受精	자화수정
누구의 도움도 없이 성공함.		암꽃과 수꽃이 함께 피는 식물.	
自繩自縛	자승자박	昨醉未醒	작취미성
자기 꾀에 자기가 넘어감.		어제 먹은 술이 아직 깨지 않은 상태.	
雌雄同株	자웅동주	作舍道傍	작사도방
암꽃과 수꽃이 함께 피는 나무.		여러 사람이 간섭해서 일을 못함.	
雌雄異株	자웅이주	酌水成禮	작수성례
암수가 따로 있는 나무.		가난한 집안의 혼인 의식.	
自由放任	자유방임	作心三日	작심삼일
행동을 간섭하지 않음.		끈기가 없는 성품.	
自淨作用	자정작용	潛德幽光	잠덕유광
스스로 반성해나감.		익명으로 기부하는 천사.	
自初至終	자초지종	長足發展	장족발전
처음부터의 사실을 말함.		매우 많은 발전.	
自他共認	자타공인	長幼有序	장유유서
모두가 인정하는 실력.		어른을 공경해야 함.	
自畵自讚	자화자찬	才勝薄德	재승박덕
자기 자랑을 함.		재능을 과신하여 건방짐.	
自勝自强	자승자강	才德兼備	재덕겸비
자신을 이겨야 강해짐.		재능과 덕망을 두루 갖춤.	
自愧之心	자괴지심	在鄕軍人	재향군인
자신이 생각해도 부끄러운 일.		현역에서 물러난 예비군.	
自給自足	자급자족	猪突豨勇	저돌희용
스스로 앞날을 헤쳐나감.		저돌적으로 나아가는 용기.	
自中之亂	자중지란	賊反荷杖	적반하장
자기 모순에 빠짐.		자기 허물을 전가시킴.	

赤手成家 맨손으로 집안을 일으킴.	적수성가	轉地療養 공기가 좋은 곳에 가서 요양함.	전지요양
赤口毒舌 남을 몹시 저주함.	적구독설	前後曲折 처음부터 끝까지 어려움이 있었음.	전후곡절
適口之餠 자기 입맛에 맞춤.	적구지병	轉禍爲福 어려움이 오히려 복이 됨.	전화위복
積水成淵 물방울이 모여 연못을 이룸.	적수성연	電光石火 갑자기 떠오른 좋은 생각.	전광석화
適才適所 적성에 맞는 일을 시킴.	적재적소	切磋琢磨 덕을 쌓고 학문을 이룸.	절차탁마
適時適所 때와 장소가 알맞음.	적시적소	切齒腐心 고민 끝에 결심.	절치부심
適正規模 필요한 만큼의 규모.	적정규모	絶海孤島 몹시 외로운 처지.	절해고도
傳家之寶 대대로 보전해온 귀한 물건.	전가지보	漸入佳境 갈수록 아름다운 경치가 나타남.	점입가경
前功可惜 하던 일을 그만두려니 아쉬움.	전공가석	接人春風 사람을 따뜻하게 대해야 함.	접인춘풍
前代未聞 예전에 들은 적이 없는 일.	전대미문	頂門一鍼 약점을 찾아 공격함.	정문일침
前途有望 장래가 밝음.	전도유망	頂上會談 국가 최고 지도자들의 회담.	정상회담
前途遼遠 앞날이 아득함.	전도유원	情狀參酌 인정상 매정하게 못함.	정상참작
專賣特許 판매하는 권리를 독점함.	전매특허	正正堂堂 태도나 수단이 공정함.	정정당당
前生緣分 전생에서부터 인연이 있음.	전생연분	井中之蛙 세상 물정을 모름. 우물 속 개구리.	정중지와
全身不隨 온몸을 못 쓰는 중병.	전신불수	濟度衆生 모든 사람을 구제함.	제도중생
戰戰兢兢 몹시 걱정이 많은 상황.	전전긍긍	濟世安民 정치를 잘해서 국민이 편함.	제세안민

朝令暮改 계획이 자주 바뀜.	조령모개	酒色雜技 술, 여색, 노름.	주색잡기
糟糠之妻 함께 고생하고 살아온 부인.	조깅지처	做作浮言 터무니없는 말을 지어냄.	주작부언
鳥足之血 아주 작은 피해.	조족지혈	酒池肉林 술과 안주가 매우 풍성함.	주지육림
朝得暮失 쉽게 얻으면 쉽게 잃음.	조득모실	晝寢夜遊 하는 일이 하나도 없는 사람.	주침야유
早失父母 어린 나이에 부모를 잃음.	조실부모	晝耕夜讀 낮에는 일하고 밤에 공부함.	주경야독
鳥窮則啄 급하면 두려움을 모름.	조궁즉탁	晝夜不息 밤낮없이 노력함.	주야불식
棗栗利柿 제사상에 올리는 과일.	조율이시	竹馬故友 등말타기 하던 옛 동무.	죽마고우
猝地風波 갑자기 찾아온 사고.	졸지풍파	啐啄同時 병아리가 나올 때 어미가 도와줌.	줄탁동시
猝難變通 급박하여 대처할 방법을 모름.	졸난변통	衆寡不敵 적은 수효로 많은 수효에 맞서지 못함.	중과부적
種豆得豆 재앙과 복은 뿌린 대로 거둠.	종두득두	衆口難防 의견이 모두 다름.	중구난방
終無消息 소식이 끊어짐.	종무소식	憎罪不人 죄는 미워도 사람은 미워하면 안 됨.	증죄불인
縱橫無盡 다 잘하는 팔방미인.	종횡무진	證券手票 가용 재산.	증권수표
坐不安席 몹시 불안한 심리.	좌불안석	甑已破矣 시루는 이미 깨져버림.	증이파이
左衝右突 이리저리 치고 박고함.	좌충우돌	芝蘭之交 의기가 통하는 친구 사이.	지란지교
罪重罰經 죄는 무거운데 처벌은 가벼움.	죄중벌경	知斧斫足 자기 도끼에 발등 찍힘.	지부작족
舟梁回甲 결혼한 지 60주년.	주량회갑	至死不屈 죽음에 임해도 굽히지 않음.	지사불굴

至誠感天 진심으로 행동하면 하늘이 도움.	지성감천	借廳入室 마루를 빌려주니 안방으로 들어감.	차청입실
咫尺不辨 한 치 앞일을 알 수 없음.	지척불변	滄桑之變 사람의 형편은 변화무상함.	창상지변
知彼知己 상대방의 실력을 알고 도전해야 함.	지피지기	創業守成 시작하기는 쉬워도 성공은 어려움.	창업수성
遲遲不進 능률이 나타나지 않음.	지지부진	倉卒之間 갑작스러운 짧은 기간.	창졸지간
咫尺千里 가까이 살면서 소원한 사이.	지척천리	滄海一栗 아주 작은 일.	창해일속
直系血族 직계의 자손.	직계혈족	采色不定 속마음을 감추기 어려움.	채색부정
眞金不鍍 순수한 순금은 꾸밀 필요가 없음.	진금부도	千態萬象 갖가지 상태.	천태만상
珍羞盛饌 여러 가지 음식이 차려짐.	진수성찬	千慮一失 잘하는 사람도 실수 할 때가 있음.	천려일실
盡心竭力 마음과 힘을 다함.	진심갈력	天壤之差 몹시 큰 차이.	천양지차
盡忠報國 충성을 다함.	진충보국	千載一遇 가장 좋은 기회.	천재일우
進退兩難 나아가기도 물러나기도 어려운 상황.	진퇴양난	天地震動 매우 큰 재난.	천지진동
進退維谷 궁지에 몰린 상황.	진퇴유곡	千思萬考 여러 가지 방법을 생각해봄.	천사만고
震天動地 하늘이 울리고 땅이 움직일 큰일.	진천동지	千辛萬苦 많은 어려움을 견디어 냄.	천신만고
塵合太山 티끌이 모이면 산이 됨.	진합태산	千秋有限 오래도록 잊지 못할 원한.	천추유한
差先差後 앞서기도 하고 뒤서기도 함.	차선차후	天人共怒 모든 사람이 분노함.	천인공노
此日彼日 일을 계속 미룸.	차일피일	天高馬肥 하늘은 맑고 식욕이 당기는 계절.	천고마비

天氣漏泄	천기누설	靑天霹靂	청천벽력
운명을 회피하려는 방책.		갑자기 재앙이 찾아옴.	
天生緣分	천생연분	靑出於藍	청출어람
운명적인 인연.		선생보다 나은 제자가 나옴.	
天佑神助	천우신조	焦眉之急	초미지급
기적적으로 회생함.		순식간에 위기에 처함.	
天災地變	천재지변	初志一貫	초지일관
피할 수 없는 변고.		변함없는 의지.	
天地開闢	천지개벽	草露人生	초로인생
자연계나 사회의 큰 변혁.		이슬이 사라지듯 인생이 짧음.	
天眞爛漫	천진난만	草根木皮	초근목피
때 묻지 않은 순수한 심성.		너무 가난함.	
徹頭徹尾	철두철미	稍解文字	초해문자
빈틈없이 철저함.		겨우 글자를 알아보는 지식.	
徹天之恨	철천지한	寸鐵殺人	촌철살인
아주 큰 원한.		짧은 경구로도 사람을 크게 감동시킬 수 있음.	
晴耕雨讀	청경우독	聰明叡智	총명예지
맑은 날은 일하고 비오면 공부함.		성인의 네 가지 덕.	
淸涼飮料	청량음료	錐處囊中	추처낭중
시원한 음료.		수재는 언제라도 특출함을 발휘함.	
靑孀寡婦	청상과부	秋風落葉	추풍낙엽
젊은 나이에 남편을 잃은 여자.		작은 충격에도 무너짐.	
淸心寡慾	청심과욕	追友江南	추우강남
마음을 다잡고 욕심을 줄임.		실속 없이 남을 따라함.	
聽而不聞	청이불문	秋風過耳	추풍과이
듣지 않은 것만 못한 얘기.		남의 말을 못 들은 척함.	
靑雲之氣	청운지기	出嫁外人	출가외인
훌륭한 생각을 하는 기개.		출가한 여자를 말함.	
晴耕無垢	청정무구	醉生夢死	취생몽사
티 없이 순수한 심성.		항상 술에 취해서 삶.	
靑天白日	청천백일	取捨選擇	취사선택
경사스러운 날.		마음에 드는 것을 선택함.	

治外法權   치외법권
남이 간섭할 수 없는 지위.

寢不安席   침불안석
걱정이 많아 잠을 못 잠.

齒亡舌存   치망설존
리더가 없어도 스스로 헤쳐나감.

惻隱之心   측은지심
불쌍히 여기는 마음.

七寶丹粧   칠보단장
온갖 보화로 치장함.

層層侍下   층층시하
곳곳에 어려움이 있음.

七顚八起   칠전팔기
실패해도 계속 시도함.

快刀亂麻   쾌도난마
엄벌한 벌칙으로 정화시킴.

針小棒大   침소봉대
작은 일을 크게 부풀려 말함.

▌다음 한자의 음을 우리말로 쓰시오.

01 雌雄同株( )		02 才德兼備( )	
03 積水成淵( )		04 切磋琢磨( )	
05 糟糠之妻( )		06 鳥窮則啄( )	
07 酒池肉林( )		08 啐啄同時( )	
09 芝蘭之交( )		10 眞金不鍍( )	
11 借廳入室( )		12 滄海一栗( )	
13 千慮一失( )		14 千載一遇( )	
15 天佑神助( )		16 晴耕雨讀( )	
17 淸心寡慾( )		18 晴耕無垢( )	
19 靑出於藍( )		20 稍解文字( )	
21 寸鐵殺人( )		22 聰明叡智( )	
23 惻隱之心( )		24 快刀亂麻( )	

타산지석(他山之石)~
희로애락(喜怒哀樂)

他山之石	타산지석	偸鷄摸狗	투계모구
남의 허물이 지표가 될 수도 있음.		손버릇이 나쁨.	
蛇心佛口	타심불구	特用作物	특용작물
못된 행동을 하며 말은 성인처럼 함.		특별히 사용하려고 키운 작물.	
卓上空論	탁상공론	波瀾曲折	파란곡절
현실과 맞지 않는 이론.		여러 가지 곤란과 어려움.	
炭水化物	탄수화물	波瀾萬丈	파란만장
탄소와 물분자를 합친 영양소.		온갖 어려움과 시련이 많음.	
坦坦大路	탄탄대로	波狀攻勢	파상공세
거침이 없는 앞길.		다양한 방법으로 공격함.	
貪官汚吏	탐관오리	破顔大笑	파안대소
재물을 탐하고 행실이 나쁜 관리.		마음껏 크게 웃음.	
太平聖代	태평성대	破竹之勢	파죽지세
평화로운 세상		거침없이 나아감.	
泰山峻嶺	태산준령	八方美人	팔방미인
큰 산과 험한 고개.		어떠한 일도 잘하는 사람	
泰然自若	태연자약	敗軍之將	패군지장
어려운 일에도 침착함.		실패 후 변명하지 말라는 뜻.	
兌換制度	태환제도	敗家亡身	패가망신
정부가 보증하는 보조화폐제도.		재산을 탕진하고 몸도 망침.	
澤及萬世	택급만세	偏母侍下	편모슬하
혜택이 영원히 미침.		홀어머니 밑에서 자람.	
吐强如柔	토강여유	平地風波	평지풍파
쓰면 토하고 달면 삼킴.		갑자기 수난이 찾아옴.	
兎營三窟	토영삼굴	平地落傷	평지낙상
위기를 피하는 대책을 세움.		뜻밖의 불행을 당할 때를 비유.	
兎死狗烹	토사구팽	平價切下	평가절하
대신 희생시킴.		실제보다 낮게 평가함.	
土亭秘訣	토정비결	肺腑之言	폐부지언
운세를 예견하는 책.		마음속을 찌르는 진실한 말.	
通過儀禮	통과의례	抱腹絶倒	포복절도
거쳐 지나가는 관습.		배를 잡고 크게 웃음.	

布衣之交 가난할 때의 친구.	포의지교	何厚何薄 차별 대우를 함.	하후하박
表裏不同 겉과 속이 다름.	표리부동	夏爐冬扇 상황에 맞게 대처함.	하로동선
豹死留皮 표범은 죽어서 가죽을 남김.	표사유피	鶴首苦待 간절하게 기다림.	학수고대
風飛雹散 강한 세력에 모두 무너짐.	풍비박산	漢字敎育 한자를 가르침.	한자교육
風前燈火 몹시 위태로운 상황.	풍전등화	割恩斷情 애틋한 정을 끊고 멀리함.	할은단정
風餐露宿 생활이 어려워서 노숙함.	풍찬노숙	緘口無言 알고도 모른 체 말을 하지 않음.	함구무언
皮骨相接 너무 여윔.	피골상접	咸興差使 심부름을 보냈는데 소식이 없음.	함흥차사
避獐逢虎 노루 피하려다 범을 만남.	피장봉호	抗拒運動 민주화 운동.	항거운동
彼此一斑 너도 나도 똑같음.	피차일반	抗生物質 세균에 저항력이 강한 물질.	항생물질
被害妄想 피해를 입을까 싶어 조마조마함.	피해망상	海難救助 조난당한 배를 구조함.	해난구조
必有曲折 모든 일은 까닭이 있음.	필유곡절	駭怪罔測 보기에 부끄러운 행동.	해괴망측
筆墨紙硯 문방사우.	필묵지연	幸州大捷 권율 장군이 대승한 전투.	행주대첩
匹馬單騎 도움 없이 홀로 헤쳐나감.	필마단기	憲法準守 법을 엄히 지킴.	헌법준수
匹夫之勇 실천은 없고 장담만 잘함.	필부지용	鶴首苦待 간절히 기다림.	학수고대
筆翰如流 글씨를 물 흐르듯 씀.	필한여류	虛構捏造 터무니없는 거짓을 꾸며냄.	허구날조
河海之澤 큰 강과 바다 같은 큰 은혜.	하해지택	虛送歲月 하는 일 없이 세월만 보냄.	허송세월

虛心坦懷	허심탄회	呼訴無處	호소무처
속마음을 털어놓음.		하소연할 곳이 없음.	
虛張聲勢	허장성세	虎視耽耽	호시탐탐
허풍을 부림.		항상 기회를 노림.	
賢母良妻	현모양처	豪言壯談	호언장담
좋은 엄마 어진 아내.		거리낌 없이 당당히 말함.	
狹路相逢	협로상봉	晧齒蛾眉	호치아미
피하기 어려운 상황.		하얀 이와 예쁜 눈썹.	
螢雪之功	형설지공	糊口之策	호구지책
악조건에서 공부해서 성공함.		먹고 살기 위한 최후의 방법.	
兄弟友愛	형제우애	好事多魔	호사다마
형제간의 우애.		좋은 일에는 나쁜 일도 많음.	
紅東白西	홍동백서	呼兄呼弟	호형호제
제사 상차림의 과일 순서.		형 동생 하는 가까운 사이.	
弘益人間	홍익인간	惑世誣民	혹세무민
모든 사람을 이롭게 함.		세상을 어지럽힘.	
狐假虎威	호가호위	昏睡狀態	혼수상태
남의 세력을 믿고 위세를 떨침.		정신이 흐린 상태.	
毫釐不動	호리부동	混聲合唱	혼성합창
꿈적도 하지 않음.		남녀가 성부를 나누어 노래함.	
豪氣滿發	호기만발	魂飛魄散	혼비백산
호기가 외모에 나타남.		정신이 나갈 정도의 긴박한 상황.	
毫釐不差	호리불차	紅爐點雪	홍로점설
털끝만큼의 차이도 없음.		큰일에 도움이 안 되는 작은 도움.	
狐死首丘	호사수구	哄然大笑	홍연대소
근본을 잊지 않음.		지껄이며 크게 웃음.	
狐死兎泣	호사토읍	和信家樂	화신가락
남의 불행을 같이 슬퍼함.		화목하면 가족이 행복함.	
浩然之氣	호연지기	畵龍點睛	화룡점정
원대한 의기.		최종적인 완결사항.	
豪華燦爛	호화찬란	畵蛇添足	화사첨족
호화스럽고 찬란함.		없는 일을 사실처럼 꾸밈.	

畵中之餠 실제 가질 수 없는 물체.	화중지병	灰色分子 이간질하는 사람.	회색분자
和氣靄靄 좋은 분위기.	화기애애	會者定離 만나면 헤어짐이 따름.	회자정리
和風甘雨 부드러운 바람과 단비.	화풍감우	橫說竪說 요지를 알 수 없는 말.	횡설수설
禍福無門 재앙과 복은 불시에 찾아옴.	화복무문	後進養成 후배들을 길러냄.	후진양성
華燭洞房 첫날밤 신랑 신부가 자는 방.	화촉동방	後生可畏 젊은이를 두려워함.	후생과외
確固不動 흔들리지 않은 의지.	확고부동	訓民正音 백성이 배우기 쉬운 한글.	훈민정음
患難相求 어려운 일에는 서로 도움.	환난상구	毁家黜送 풍속을 어긴 집을 쫓아냄.	훼가출송
換骨脫退 완전히 탈바꿈함.	환골탈퇴	黑頭宰相 젊은 인재.	흑두재상
荒唐無稽 어처구니없는 일.	황당무개	黑白不分 의도가 분명치 않은 사람.	흑백불분
項羽壯士 힘이 아주 센 사람.	항우장사	興亡盛衰 흥하여 일어나고 망하여 없어짐.	흥망성쇠
荒餐身利 거친 음식이 몸에는 좋음.	황찬신이	稀世之才 보기 드문 천재.	희세지재
悔過自責 죄를 뉘우치고 스스로 반성함.	회과자책	喜怒哀樂 기쁘고 화나고 슬프고 즐거움.	희로애락

▌다음 한자의 음을 우리말로 쓰시오.

01 蛇心佛口(   )   02 吐强如柔(   )

03 肺腑之言(   )   04 豹死留皮(   )

05 風飛雹散(   )   06 避獐逢虎(   )

07 筆墨紙硯(   )   08 筆翰如流(   )

09 夏爐冬扇(   )   10 螢雪之功(   )

11 毫釐不動(   )   12 狐死首丘(   )

13 好事多魔(   )   14 惑世誣民(   )

15 畵龍點睛(   )   16 畵蛇添足(   )

17 畵中之餠(   )   18 禍福無門(   )

19 患難相求(   )   20 換骨脫退(   )

21 荒餐身利(   )   22 會者定離(   )

23 毀家黜送(   )   24 稀世之才(   )

제5부 삶을 윤택하게 하는 성구(成句)

가화만사성(家和萬事成)~
후신자선굴(後伸者先屈)

家和萬事成   가화만사성
집안이 화목하면 모든 일이 이루어진다.

公事不私議   공사불사이
공적인 일은 사사로이 논하지 말라.

公心如日月   공심여일월
공평한 마음이 해와 달과 같다.

君子大路行   군자대로행
군자는 큰 길로 간다. 사리사욕이 없음.

君師父一體   군사부일체
임금과 스승과 아버지의 은혜는 같다.

卷中對聖賢   권중대성현
책 속에서 성현을 만날 수 있다.

勤百善之長   근백선지장
근면은 모든 선행의 으뜸이다.

德敎溢四海   덕교일사해
덕으로 가르침이 사해에 가득하다.

道行之而成   도행지이성
도는 닦아야 이루어진다.

百忍有泰和   백인유태화
백 번 참으면 항상 평화가 있다.

善正眞愛勤   선정진애근
착함 · 정의 · 진실 · 사랑 · 근면.

歲寒之松柏   세한지송백
온갖 역경 속에서도 지조를 지키는 사람.

笑門萬福來   소문만복래
웃으면 온갖 복이 든다.

水急月不流   수급월불류
물은 바삐 흐르지만 달은 흘러가지 않음.

信爲萬事本   신위만사본
믿음은 모든 일의 근본이 된다.

心與月俱靜   심여월구정
마음이 달과 더불어 고요하다.

溫良恭儉讓   온양공검양
온화 · 선량 · 공경 · 검소 · 겸양.

流水不爭先   유수부쟁선
흐르는 물은 앞을 다투지 아니한다.

有志事竟成   유지사경성
뜻이 있으면 마침내 이루어진다.

理由充足律   이유충족률
모든 일에는 일어나게 된 원인이 있다.

仁義禮智信   인의예지신
어질고 의롭고 예의바르고 지혜롭고 미덥게.

一日難再晨   일일난재신
하루에 새벽은 두 번 오지 않는다.

一切唯心造   일체유심조
모든 것은 마음이 좌우한다.

至心歸命禮   지심귀명래
지극한 마음으로 귀의하여 예배함.

眞玉泥中異   진옥니중이
진짜 옥은 진흙 속에서도 변하지 않는다.

靑春不再來   청춘부재래
청춘은 다시 오지 않는다.

初心卽至心   초심즉지심
처음 마음이 곧 지극한 마음이다.

治罪不治人   치죄불치인
죄는 다스리되 사람은 다스리지 말라.

親義別序信   친의별서신
부자유친, 군신유의, 부부유별, 장유유서, 붕우유신.

和愛眞善美   화애진선미
화목하고, 사랑하고, 참되고, 착하고, 아름답게.

孝百行之本   효백행지본
효는 모든 행실의 근본이다.

孝誠信愛實　　　　　효성신애실

효도 · 성실 · 신의 · 사랑 · 실천.

後伸者先屈　　　　　후신자선굴

뒤에 펴려는 자는 먼저 굽혀야.

▌다음 성구(成句)의 뜻을 적으시오.

01 家和萬事成

_____

02 公事不私議

_____

03 君師父一體

_____

04 卷中對聖賢

_____

05 勤百善之長

_____

06 百忍有泰和

_____

07 笑門萬福來

_____

08 水急月不流

_____

09 有志事竟成

_____

10 眞玉泥中異

_____

경천존지애인(敬天尊 地愛人)~
행사례동사의(行思禮 動思義)

敬天尊　地愛人　　　경천존지애인
하늘을 공경하고 땅과 사람을 사랑하라.

空手來　空手去　　　공수래공수거
빈손으로 왔다가 빈손으로 간다.

公生明　廉生威　　　공생명염생위
공정하면 밝아지고 청렴은 위엄을 얻는다.

口者禍　福之門　　　구자화복지문
입은 화복의 문. 말은 신중해야 함.

根本固　枝葉茂　　　근본고지엽무
뿌리가 강하면 가지와 잎이 무성하다.

今日事　今日畢　　　금일사금일필
오늘 일은 오늘 마치자.

能爲恕　他之人　　　능위서타지인
능히 남을 용서하는 사람이 되어라.

道德根　於孝悌　　　도덕근어효제
도덕은 효도와 우애에 뿌리 내린다.

德不孤　必有隣　　　덕불고필유린
덕은 외롭지 않고 반드시 이웃이 있다.

萬福吉　祥如意　　　만복길상여의
모든 복과 좋은 일이 뜻대로 됨.

滿招損　謙受益　　　만초손겸수익
거만하면 손해를 부르고, 겸손하면 이익을 받는다.

百聞不　如一見　　　백문불여일견
백 번 듣는 것이 한 번 보는 것만 못하다.

富潤屋　德潤身　　　부윤옥덕윤신
부는 집을 빛내고. 덕은 몸을 빛낸다.

不怨天　不尤人　　　불원천불우인
하늘을 원망 말고, 사람 탓을 하지 말라.

愼言語　節飮食　　　신언어절음식
말은 삼가고 음식을 절제하라.

小屈必　有大伸　　　소굴필유대신
조금 몸을 굽히면 후에 펼 날이 온다.

吾日三　省吾身　　　오일삼성오신
매일 자신에 대해 세 가지를 반성한다.

言忠信　行篤敬　　　언충신행독경
말은 참되고 미덥게 하고, 행동은 도탑고 공손히
하라.

有大德　享百福　　　유대덕향백복
큰 덕을 베풀어야 온갖 복을 누린다.

有志者　事竟成　　　유지자사경성
뜻이 있으면 마침내 이루어진다.

智和孝　行成人　　　지화효행성인
지혜롭고 화목하며 효를 행하면 사람다운 사람
이 된다.

盡人事　待天命　　　진인사대천명
사람의 일을 다 하고 하늘의 명을 기다림.

學然後　知不足　　　학연후지부족
배운 연후에야 부족함을 안다.

幸福出　於不慾　　　행복출어불욕
행복은 욕심을 버려야 생긴다.

行思禮　動思義　　　행사례동사의
행함에 예와 의를 생각하라.

▎다음 성구(成句)의 뜻을 적으시오.

01 口者禍 福之門

_____

02 德不孤 必有隣

_____

03 富潤屋 德潤身

_____

04 不怨天 不尤人

_____

05 愼言語 節飮食

_____

06 有志者 事竟成

_____

07 盡人事 待天命

_____

08 學然後 知不足

_____

09 幸福出 於不慾

_____

10 行思禮 動思義

_____

건불수신병후회(健不守身病後悔)~
쾌심사과필유앙(快心事過必有殃)

健不守身病後悔　건불수신병후회
건강할 때 자만하면 병든 후 후회함.

男兒一言重千金　남아일언중천금
남자의 말 한 마디는 천금처럼 무겁다

讀書百遍義自見　독서백편의자현
글을 백 번 읽으면 뜻을 알게 된다.

梅一生寒不賣香　매일생한불매향
매화는 추위도 향기를 팔지 않는다.

百忍堂中有泰和　백인당중유태화
백 번 참으면 집안에 평화가 있다.

布施生涯樂無盡　보시생애락무진
베푸는 것이 생애의 최대 즐거움이다.

富不儉用貧後悔　부불검용빈후회
넉넉할 때 아껴 쓰지 않으면 가난해진 후에 뉘우친다.

不知足富貴亦憂　부지족부귀역우
만족을 모르면 부귀해도 불행하다.

不孝父母死後悔　불효부모사후회
어버이께 효도하지 않으면 돌아가신 뒤에 뉘우친다.

思其始而成其終　사기시이성기종
처음을 생각하여 끝까지 노력하라.

爽口勿多能作疾　상구물다능작질
맛있는 음식을 즐기면 병을 불러온다.

少不勤學老後悔　소불근학로후회
젊어서 부지런히 배우지 않으면 늙어서 뉘우친다.

少年易老學難成　소년이노학난성
소년은 늙기 쉽고 배움은 어렵다.

樹欲靜而風不止　수욕정이풍부지
나무는 가만히 있고자 하나 바람이 뜻대로 두지 않는다

實踐的勤儉節約　실천적근검절약
부지런하고 아끼는 것을 생활화하라.

安不思難敗後悔　안불사난패후회
편할 때 어려움을 생각하지 않으면 실패한 뒤에 뉘우친다.

有恒爲成功之本　유항위성공지본
꾸준한 노력은 성공의 근본이 된다.

人之行莫大於孝　인지행막대어효
사람의 행실 중에 효보다 큰 것은 없다.

一勤天下無難事　일근천하무난사
부지런하면 어려운 일을 면할 수 있다.

志士不受嗟來食　지사불수차래식
지사는 거저 주는 밥은 먹지 않는다.

知足者貧賤常樂　지족자빈천상락
만족할 줄 알면 가난해도 즐겁다.

智欲圓而行欲方　지욕원이행욕방
지혜는 원만하고, 행동은 방정해야 함.

天生我材必有用　천생아재필유용
천부적인 재능은 최대한 활용하라.

快心事過必有殃　쾌심사과필유앙
쾌락이 과하면 반드시 재앙이 온다.

▌다음 성구(成句)의 뜻을 적으시오.

01 健不守身病後悔

02 百忍堂中有泰和

03 富不儉用貧後悔

04 不知足富貴亦憂

05 不孝父母死後悔

06 樹欲靜而風不止

07 有恒爲成功之本

08 知足者貧賤常樂

09 天生我材必有用

10 快心事過必有殃

◇ 확인학습 정답

▌확인학습(1)

01 아름다울 가. 맺을 약
02 깨달을 각. 깨달을 성
03 느낄 감. 품을 회
04 건강할 강. 편할 령
05 굳셀 건. 이길 승
06 공경할 경. 경건할 건
07 경사 경. 일 사
08 한 가지 공. 공제할 제
09 공손할 공. 겸손할 손
10 쇳덩이 광. 맥 맥
11 구할 구. 거칠 황
12 본받을 귀. 볼 감

▌확인학습(2)

01 따뜻할 난. 흐를 류
02 고요할 념. 맑을 담
03 허락 낙. 맺을 약
04 따뜻할 난. 흐를 류
05 남쪽 남. 다할 극
06 농사 농. 갈 경
07 번뇌할 뇌. 괴로울 고
08 더듬거릴 눌. 말씀 언
09 능할 능. 힘 력
10 무늬 비단 능. 비단 라
11 들일 납. 세금 세
12 견딜 내. 뜨거울 열

▌확인학습(3)

01 끝 단. 실마리 서
02 담백할 담. 맛 미
03 볼 도. 별 성
04 기둥 동. 들보 량
05 단결 단. 몸 체
06 끓을 단. 터럭 발
07 발달 달. 붓 필
08 말씀 담. 웃음 소
09 대답 답. 답변할 변
10 대신 대. 겉 표
11 이를 도. 다다를 착
12 눈동자 동. 구멍 공

▌확인학습(4)

01 즐거울 락. 동산 원
02 밝을 랑. 외울 송
03 올 래. 손 빈
04 수량 량. 생산할 산
05 짝 려. 짝 반
06 지낼 력. 역사 사
07 익힐 련. 익힐 습
08 단련할 련. 갈 마
09 편안할 령. 살 거
10 예절 례. 절기 절
11 기록 록. 소리 음
12 떠날 리. 흩어질 산

▌확인학습(5)

01 마술 마. 기술 술
02 장막 막. 사이 간
03 잊어버릴 망. 물리칠 각
04 팔 매. 점포 점
05 낱 매. 수량 수
06 맥 맥. 두드릴 박
07 면할 면. 허락할 허
08 실 면. 빽빽할 밀
09 사모할 모. 뜻 정
10 화목할 목. 벗 우
11 춤출 무. 뛸 용
12 아름다울 미. 말씀 사

▌확인학습(7)

01 사기 사. 연극 극
02 일 사. 이치 리
03 빽빽할 삼. 수풀 림
04 생각 상. 형상 상
05 저녁 석. 빛 양
06 혀 설. 싸울 전
07 부를 소. 모을 집
08 손자 손. 여식 녀
09 닦을 수. 길 도
10 익힐 습. 지을 작
11 저자 시. 마당 장
12 집 실. 안 내.

▌확인학습(6)

01 넓을 박. 사랑 애
02 돌이킬 반. 보낼 송
03 곱 배. 더할 가
04 일백 백. 목숨 수
05 벽 벽. 그림 화
06 근본 본. 돈 전
07 부할 부. 넉넉할 유
08 부인 부. 큰 덕
09 비용 비. 쓸 용
10 날을 비. 다닐 행
11 비석 비. 돌 석
12 얼음 빙. 점 점

▌확인학습(8)

01 눈 안. 눈 목
02 밤 야. 말씀 화
03 날릴 양. 힘 력
04 말씀 언. 소리 성
05 길 영. 묶일 속
06 다섯 오. 우렁찰 륭
07 구슬 옥. 책 편
08 집 옥. 위 상
09 갈 왕. 진찰할 진
10 욕심 욕. 구할 구
11 집 우. 집 주
12 뜻 의. 욕심 욕

▌확인학습(9)

01	스스로 자. 강할 강
02	빌릴 장. 큰 대
03	재주 재. 능할 능
04	과녁 적. 가운데 중
05	정할 정. 값 가
06	아침 조. 저녁 석
07	일직 조. 급할 급
08	발 족. 자취 적
09	머무를 주. 집 택
10	머무를 주. 수레 차
11	무거울 중. 수량 량
12	증험할 질. 물을 문

▌확인학습(11)

01	다를 타. 나라 국
02	벗을 탈. 옷 의
03	집 택. 땅 지
04	흙 토. 바탕 질
05	통할 통. 풍속 속
06	거느릴 통. 셈할 계
07	상쾌할 쾌. 즐길 락
08	맡길 탁. 보낼 송
09	뛰어날 탁. 공 구
10	벗을 탈. 옷 의
11	탈 탑. 오를 승
12	특별할 특. 권세 권

▌확인학습(10)

01	빌릴 차. 쓸 용
02	참여할 참. 자리 석
03	부를 창. 노래 가
04	책 책. 평상 상
05	하늘 천. 인륜 륜
06	푸를 청. 봄 춘
07	마디 촌. 연극 극
08	가장 최. 좋아할 선
09	봄 춘. 꿈 몽
10	이 치. 가지런할 열
11	친할 친. 오랠 구
12	베게 침. 갖출 구

▌확인학습(12)

01	여덟 팔. 방향 방
02	조각 편. 구름 운
03	평할 평. 정할 정
04	닫을 페. 마당 장
05	펼 포. 가르칠 교
06	쌀 포. 꾸밀 장
07	물가 포. 입 구
08	겉 표. 낯 면
09	풍성할 풍. 넉넉할 부
10	저 피. 언덕 안
11	고달플 피. 수고할 로
12	붓 필. 힘 력

▌확인학습(13)

01	배울 학. 연구할 구
02	하나라 한. 글월 문
03	바다 해. 군인 군
04	씨 핵. 마음 심
05	향할 향. 배울 학
06	어질 현. 밝을 명
07	맏 형. 아우 제
08	좋을 호. 느낄 감
09	부를 호. 이름 명
10	혼인할 혼. 혼인할 인
11	꽃 화. 동산 원
12	임금 황. 집 실

▌확인학습(15)

01	낙천가	02	낙하산
03	내구성	04	농작물
05	다세대	06	단행본
07	대외비	08	대장경
09	대표작	10	도화선
11	독창력	12	동료애
13	등용문	14	만우절
15	망원경	16	면사포
17	면세점	18	명승지
19	모범생	20	모조품
21	목민관	22	무관심
23	문학상	24	미식가

▌확인학습(14)

01	가공비	02	가창력
03	간호사	04	강수량
05	개선책	06	건전지
07	경계심	08	경축사
09	고성능	10	골동품
11	공사관	12	공통점
13	관리직	14	교향곡
15	구성원	16	구호품
17	국어학	18	국제화
19	군악대	20	권위자
21	귀금속	22	극작가
23	금강석	24	기숙사

▌확인학습(16)

01	박물관	02	반환점
03	방명록	04	방조림
05	방한복	06	배수진
07	백중세	08	백화점
09	병문안	10	보증금
11	복제품	12	본존상
13	부담액	14	부산물
15	부의금	16	부작용
17	분기점	18	분실물
19	불명예	20	불청객
21	비고록	22	비상구
23	비판력	24	빙초산

▌확인학습(17)

01	사군자	02	사명감
03	사절단	04	사춘기
05	상견례	06	상록수
07	상아탑	08	서예가
09	선각자	10	성가대
11	성수기	12	성탄절
13	소득세	14	소식통
15	송별회	16	수료증
17	수산물	18	수지침
19	순례자	20	승강기
21	시말서	22	시상식
23	신기록	24	심박동

▌확인학습(18)

01	안보리	02	애국심
03	야심작	04	양도인
05	양로원	06	양식업
07	양화점	08	어업권
09	여객선	10	여의주
11	역동성	12	역세권
13	연구회	14	연료봉
15	연미복	16	연설문
17	연체료	18	연하장
19	열대야	20	엽록체
21	영사관	22	영웅심
23	위인전	24	이상향

▌확인학습(19)

01	자선회	02	잡화점
03	저작권	04	적십자
05	정물화	06	조리사
07	종착지	08	주의보
09	주차장	10	중금속
11	지배인	12	진면목
13	차용증	14	처방전
15	청문회	16	초능력
17	초대장	18	추기경
19	충전기	20	타협안
21	탐험대	22	탑승구
23	태극기	24	통역사

▌확인학습(20)

01	표창장	02	피고인
03	필요악	04	핵무장
05	향신료	06	현충사
07	호신술	08	호환성
09	환승역	10	활력소
11	황금기	12	회고록
13	후견인	14	휴게실
15	휴대품	16	휴양지
17	해결사	18	행복감
19	호기심	20	호소력
21	호신술	22	호환성
23	회심작	24	후천성

확인학습(21)

01	각양각식	02	각골난망
03	간담상조	04	감탄고토
05	개과천선	06	개선장군
07	격물치지	08	견마지로
09	결초보은	10	경천동지
11	고군분투	12	고색창연
13	고정관념	14	과유불급
15	괄목상대	16	금수강산
17	금의환향	18	길흉화복
19	남가일몽	20	내허외식
21	노심초사	22	노이무공
23	논공행상	24	뇌봉전별

확인학습(22)

01	단일민족	02	대동단결
03	독서삼매	04	동병상련
05	등고자비	06	만사휴의
07	만시지탄	08	망중유한
09	맹모삼천	10	명불허전
11	목불인견	12	무위도식
13	문전옥답	14	박학다식
15	반려동물	16	반포지효
17	백년해로	18	백배사례
19	백절불굴	20	병가상사
21	부화뇌동	22	불편부당
23	비분강개	24	빙청옥결

확인학습(23)

01	사면초가	02	산해진미
03	삼고초려	04	상전벽해
05	새옹득실	06	석고대죄
07	성동격서	08	소탐대실
09	소제천하	10	속수무책
11	수수방관	12	순망치한
13	신원설치	14	십시일반
15	사상누각	16	삭족적리
17	삼라만상	18	설망우검
19	설부화용	20	송구영신
21	수서양단	22	수오지심
23	순결무구	24	식자우환

확인학습(24)

01	아전인수	02	안고수비
03	앙급자손	04	양약구고
05	어유부중	06	연목구어
07	오지자웅	08	온고지신
09	요지부동	10	용두사미
11	우후죽순	12	원입골수
13	유능제강	14	은인자중
15	양춘가절	16	역지사지
17	영고성쇠	18	오월동주
19	와신상담	20	우이독경
21	은감불원	22	읍참마속
23	인과응보	24	일취월장

▌확인학습(25)

01	자웅동주	02	재덕겸비
03	적수성연	04	절차탁마
05	조강지처	06	조궁즉탁
07	주지육림	08	줄탁동시
09	지란지교	10	진금부도
11	차청입실	12	창해일속
13	천려일실	14	천재일우
15	천우신조	16	청경우독
17	청심과욕	18	청정무구
19	청출어람	20	초해문자
21	촌철살인	22	총명예지
23	측은지심	24	쾌도난마

▌확인학습(26)

01	타심불구	02	토강여유
03	폐부지언	04	표사유피
05	풍비박산	06	피장봉호
07	필묵지연	08	필한여류
09	하로동선	10	형설지공
11	호리부동	12	호사수구
13	호사다마	14	혹세무민
15	화룡점정	16	화사첨족
17	화중지병	18	화복무문
19	환난상구	20	환골탈퇴
21	황찬신이	22	회자정리
23	혜가출송	24	희세지재

▌확인학습(27)

01	집안이 화목하면 모든 일이 이루어진다.
02	공적인 일은 사사로이 논하지 말라.
03	임금과 스승과 아버지의 은혜는 같다.
04	책 속에서 성현을 만날 수 있다.
05	근면은 모든 선행의 으뜸이다.
06	백 번 참으면 항상 평화가 있다.
07	웃으면 온갖 복이 든다.
08	물은 바삐 흐르지만 달은 흘러가지 않음.
09	뜻이 있으면 마침내 이루어진다.
10	진짜 옥은 진흙 속에서도 변하지 않는다.

▌확인학습(28)

01	입은 화복의 문. 말은 신중해야 함.
02	덕은 외롭지 않고 반드시 이웃이 있다.
03	부는 집을 빛내고. 덕은 몸을 빛낸다.
04	하늘을 원망 말고, 사람 탓을 하지 말라.
05	말은 삼가하고 음식을 절제하라.
06	뜻이 있으면 마침내 이루어진다.
07	사람의 일을 다 하고 하늘의 명을 기다림.
08	배운 연후에야 부족함을 안다.
09	행복은 욕심을 버려야 생긴다.
10	행함에 예와 의를 생각하라.

▌확인학습(29)

01   건강할 때 자만하면 병든 후 후회함.

02   백 번 참으면 집안에 평화가 있다.

03   넉넉할 때 아껴 쓰지 않으면 가난해진
       후에 뉘우친다.

04   만족을 모르면 부귀해도 불행하다.

05   어버이께 효도하지 않으면 돌아가신
       뒤에 뉘우친다.

06   나무는 가만히 있고자 하나 바람이 뜻
       대로 두지 않는다.

07   꾸준한 노력은 성공의 근본이 된다.

08   만족할 줄 알면 가난해도 즐겁다.

09   천부적인 재능은 최대한 활용하라.

10   쾌락이 과하면 반드시 재앙이 온다.

후기

漢字에는 뜻과 음이 두 가지 이상인 글자가 많으니 유념하기 바랍니다.

惡 ; 악할 악. 사나울 악. 부끄러울 오. 미워할 오.
樂 ; 풍류 악. 즐길 락. 좋아할 요.
復 : 다시 복. 다시 부.
不 : 아니 불. 아니 부.

위와 같은 글자들은 앞 뒤 글자에 따라 쓰임세가 다를 수 있습니다.

아쉬운 점은 姓氏의 漢字와 이름에 쓰이는 漢字 등은 단어를 만들 수 없어 많은 漢字가 빠지게 되었습니다. 主語가 되지 못하고 助語에 쓰인 漢字가 많이 있으므로, 실제로는 3500여 漢字가 수록되었을 것입니다.

모두 익힌다면 한자 1급 자격증을 충분히 취득할 수 있으리라 믿습니다.

저자 백